한국어로 내려온
New Bible

새로운
성 경

제155권 10부 | 총10부

하얀마음

하나님 말씀 중에서

1. 사랑의 하나님

- 세상을 창조하신 하나님은 모두를 사랑하신다. 인간만 특별히 더 사랑하지 않고, 우주 만물을 다 똑같이 사랑하신다. 그러니 하나님이 창조하신 천지 만물과 화친하고, 미물까지도 소중히 대하라.

- 하나님은 특정 종파나 민족만을 더 사랑하지 않으신다. 자기 자신만 구원받겠다는 욕심을 버리고, 자기 종파만 구원받는다는 편협한 교리에서 벗어나야 한다. 종파를 초월해서, 모두를 사랑하라.

- 원수까지 사랑하라 했으니, 이 세상에 사랑하지 못할 자가 누가 있겠는가? 종파가 다르다고 해서 부모 형제와 원수처럼 지내는 자는 인간의 근본을 모르는 자다. 가장 가까운 가족부터 사랑할 때 남도 진심으로 사랑할 수 있다.

- 한 사람을 원수같이 생각하던 마음에서 사랑하는 마음으로 돌리면, 자기 자신의 마음이 가장 기쁘고 행복하다. 하나님께서는 인간의 마음속에 무거움이 없이 기쁘고 행복한 삶을 살기를 바라신다.

- 이웃을 "내 몸처럼" 사랑하라 했으니, 마지막 한 장 남은 천국의 티켓도 이웃에게 양보하라. 자기 중심적인 신앙에서 벗어나서 남을 위해 살아야 한다.

- 독초도, 약초도, 이단도 사탄도 천사도 다 필요하기에 존재한다. 독초일지라도 극소량을 사용해서 생명을 살릴 수 있고, 약초라 하더라도 남용하면 생명을 잃을 수 있다.

- 세상 모든 것을 명약으로 활용하는 것은 인간의 지혜에 달렸다. 어떤 것이든 어떤 사람이든 적재적소에 꼭 필요한 명약으로 승화시키라.

- 사탄도 이단도 천사도 모두 하나님의 주관하에 존재한다. 진정한 하나님의 백성은 사탄과 마귀까지도 감화시켜서 천사로 거듭나게 한다.

2. 기도

- 하나님은 인간의 생각까지 모두를 다 알고 계신다. 우리의 소원도 이미 알고 계시기에, 소원의 기도를 할 필요가 없다. 우리가 받을 자격이 되면 내려 주신다.

- 죄를 짓고 아무리 회개를 해도 용서받지 못한다. 도둑질한 자는 용서해 달라고 기도하고, 도둑맞은 자는 도둑을 잡게 해 달라고 기도하면, 공의의 하나님은 누구의 편에 서시겠는가?

- 자기가 잘못한 것은 그 사람에게 직접 갚고 용서를 구하라. 그가 용서하면 하나님도 용서하신다. 땅에서 매면 하늘에서도 매이고, 땅에서 풀리면 하늘에서도 풀리는 이치다.

- "회당에서 기도하지 말고 골방에서 기도하라" 했다. 눈에 보이는 골방이 아니라, 골방과 같이 고요한 마음이다. 잡념을 버리고 하나님을 향해 마음을 집중하며, 사랑하고 용서하는 아름다운 생각만 나오도록 하라.

- "두드리면 열릴 것이다." 하는 것은 육의 소원을 위해 두드리라는 것이 아니라, 진리의 깨달음을 얻기 위해 두드리라는 것이다.

- 기도하는 방법: 생활 속에서 수시로 기도하는 삶을 살아야 한다.

- "저의 죄를 용서하여 주옵소서." 하는 회개의 기도를 하라.
- 범사에 "하나님! 감사합니다." 하라. 현재 가진 것에 감사하며, 과욕하지 말라. 자기 노력 이상의 것을 더 갖고자 기도하는 것은 도둑놈심보다. 공의의 하나님은 각자 노력한 만큼 주신다.
- "하나님 뜻대로 살아가겠나이다." 하며 마음의 각오를 다지라.

- 기도는 하나님의 말씀을 받아서 "행하는 것"이다. 하나님이 계심을 굳건히 믿고, 하늘을 향하여 한 점 부끄럼 없이 사는 삶 자체가 가장 위대한 기도이며, 삶이 곧 예배다.

3. 지도자

- 똑같이 사랑한다는 말을 해도, 순수하게 하는 말은 천사의 말이지만, 사기 쳐서 재산을 가로채려고 하는 말은 사탄의 말이다.

- 종교 지도자가 아무리 훌륭한 설교를 해도, 신도의 재물을 거둬서 더 큰 교회를 짓고 자기의 부귀영화를 바라며 설교하면 사탄의 가르침이 된다.

- "저희 교회는 만원사례요, 믿음은 다 같으니 이웃의 개척 교회에 가서 예배를 드리시오." 하며, 이웃 교회의 부흥을 먼저 생각하여 제 신도를 보내는 종교 지도자가 있다면 그를 따르라. 그가 하나님의 사랑을 실천하는 자다.

- "부자가 천국에 들어가는 것은 낙타가 바늘구멍을 통과하는 것보다 더 힘들다" 하였거늘, 지금의 교회에서는 부자가 되기만을 기도하고 소원하니, 이는 곧 천국을 포기하고 지옥 행 열차의 티켓을 사는 것과 같다.

- 예수는 빈손이었다. 종교 지도자가 예수보다 더 호화롭고 편안하게 살아간다면 잘못된 것이다. 부귀영화와 명예를 바라는 자는 절대로 갈 수 없는 좁고 협착한 길이 종교 지도자의 길이다.

- 종교 지도자는 유리로 비춰 봐 한 점의 부끄러움이 없이 살아야 한다. 의식주도 직접 일해서 해결하고, 예수의 가르침과 행함을 그대로 따라야 한다.

- 종말은 없다. 지금의 잘못 가는 종교 집단에게만 종말이 있다. 보이지 않는 하나님은 보이는 육의 종말은 관여하지 않으신다. 환경 파괴로 인간이 스스로 멸망을 자초하는 것이다. 종파끼리 싸우기 전에, 무너진 인성을 바로잡고 지구의 몸살을 해결하는 데 뜻을 모으는 게 급선무다.

4. 성전이란

- 이 세상 자체가 하나님께서 만드신 성전이다. 자연보다 더 아름다운 성전이 있는가? 보이는 건물이 성전이 아니라, 성스러운 마음가짐이 성전이다.

- 반석 위에 교회를 지으라 했다. 지상의 단단한 돌은 인간이 쪼갤 수 있으나, 마음속의 굳은 결의는 세상 무엇으로도 쪼갤 수 없다. 바르고 굳건한 믿음으로 성경의 가르침을 실천하는 것이 마음의 반석 위에 교회를 짓는 것이다.

- 손으로 지은 건물의 교회에 모여서 복음을 전하는 것이 아니라, 교회를 개인과 가정에 심어 주어야 한다. 무너지고 부서지는 건물을 짓지 말고, 마음속에 영원히 불변하는 참진리의 교회를 지으라.

5. 십계명

- 십계명은 인간이 죽어서 반드시 통과해야만 하는 열 개의 관문이다.

- 부모를 공경하지 아니한 자는 “네 부모를 공경하라.” 하는 제5계명의 관문이 열리지 않으니 구원받을 수 없다.
- 살인, 간음, 거짓, 우상 등의 나머지 계명도 마찬가지다.

- 십계명은 하나님의 친필이다. 모기소리만 한 하나님의 음성이라도 들어 보겠다고 여기저기 찾아 헤매지 말고, 십계명부터 암송하고 지키라.

- 십계명은 영혼을 구원하는 양식이며, 십계명을 지키는 것이 구원을 받는 길이다. 인간이기에 지키고자 노력하고 또 노력한다면 지킬 수 있다.

- 십계명을 지키고 천사처럼 아름답게 살아가는 그 마음 하나면 세상에 이루어지지 않는 것이 없다.

6. 보물

- 하나님은 재물이 아니라 우리의 마음을 받으신다. 사랑을 실천하며 천사처럼 변하는 마음이 하나님께 바치는 보물이다.

- 보이지 않는 하나님께 재물을 바치려 하지 말고, 너희를 길러 준 부모에게 용돈 드리고, 찾아뵙고, 효성을 다하라. 그것이 하나님께 효도하는 것이다.

- 하늘에는 선과 악의 창고가 있다. 자기 창고에 선이 많으면 천국으로 구원을 받고, 악이 많으면 심판받아 지옥으로 간다. 그것이 바로 “선한 일을 행한 자는 생명의 부활로, 악한 일을 행한 자는 심판의 부활로” 나오는 것이다.

- “선악과를 따먹지 말라”는 것은 양심을 지키라는 것이다. 선과 악을 구분할 수 있는 양심을 최초에 인간에게 주셨다. 선한 열매는 취하고, 악한 열매는 버리며, 양심에 비추어 부끄럼 없는 삶을 살아가라.

- 가장 작은 거짓말을 하지 않고, 가장 작은 죄를 짓지 않으며, 가장 작은 선행을 하고, 가장 작은 악행을 멀리하는 것이 율법의 일점 일획도 빠뜨리지 말고 다 지키는 삶을 사는 것이다.

7. 우상

- 박물관에 있는 불상은 하나의 예술품이다. 그 조각품에 대고 제 소원을 빌 때 우상숭배가 된다. 십자가라 하여도 그 앞에서 소원을 빈다면 우상숭배하는 것이며, 하나님께 소원을 빈다면 하나님을 우상으로 전락시키는 것이다.
- 지금 기복신앙에 젖어 있는 모든 사람이 우상 앞에 절을 하고 있다. 조각품을 우상이라며 파괴하지 말고, 네 마음속에 있는 욕심의 우상을 무너트리라.
- 생수를 약초가 먹으면 약을 만들고 독사가 먹으면 독을 만든다. 같은 성경을 봐도 선한 지도자는 신도를 천사로 만드는 데 활용한다. 그러나 욕심이 가득한 지도자는 재물을 거두어들여 제가 부귀영화를 누리는 데 악용한다. 그가 바로 성경을 우상숭배의 도구로 전락시키는 거짓 선지자다.
- 성경을 한 획도 빼거나 더하지 말라는 것은, 그 가르침을 빠트리지 말고 온전히 지키라는 것이다. 성경 속에서 자기에게 유리한 구절만 보는 것은, 자기에게 불리한 구절들을 빼 버리는 것이다. 믿음이 제일이요, 행함은 구원과는 관계없다는 것은 자신에게 유리한 쪽으로 성경을 악용하는 것이다.
- 진정한 종교 지도자는 종파에 관계없이 어떤 종파든 어떤 책이든 접하고 보고 깨우쳐 견문을 넓히도록 인도한다. 참진리를 모르고 자신이 없는 자가 남을 이단이라며 배척하고, 신도들의 눈과 귀를 가린다.

8. 예수

- 예수의 재림은 없다. 예수가 다시 온다 해도, 과연 누가 그를 예수라고 믿겠는가? 예수와 같은 삶의 행함이 곧 예수의 재림이다. 각자 모두가 "재림 예수"가 되는, 차원 높은 믿음으로 가야 한다.
- 예수는 "주여 주여 하지 말고, 아버지의 뜻대로 행하라"고 했다. 예수가 전한 하나님의 뜻이 곧 "길이요, 진리요, 생명"이며, 그 가르침이 예수의 보혈처럼 소중한 것이다. 예수를 믿는 것은, 예수의 가르침을 믿고 따르는 것이다.
- 예수는 낮은 자로서 만백성을 섬기고자 했다. 만나는 모든 사람을 다 하나님이라 생각하라. 돈을 벌수록 겸손하고, 높은 지위를 얻을수록 낮아지라.

▪ 예수는 종파를 만들지 않았다. 인간이 만든 종교와 인간의 교리를 따르지 말고, 예수를 통해 전한 하나님의 참진리를 연구하고 따르라.

▪ 예수가 2천 년 전에 만백성을 위해 죽었으니, 지금 이 땅에는 예수의 가르침대로 사는 천사만 존재해야 한다. 예수가 죽어 가면서 바란 것은 만백성이 천사가 되어 예수의 자리를 채워 주는 것이지, 지금과 같이 재물을 바치면서 중언부언 제 소원만을 비는 백성들을 바란 것이 아니다.

9. 구원

▪ 천사가 사는 천국에는 천사만 갈 수 있으니, 천사 같은 마음을 길러야 한다.

- "천국 열쇠를 네게 주리니 땅에서 무엇이든지 매면 하늘에서도 매일 것이라" 했다. 땅에서 천사같이 사는 자가 하늘에서도 천사가 되어 천국에 들어간다. 모든 사람에게 천사같다는 말을 듣는 삶을 살아야 한다.

▪ 천사의 곱고 아름다운 마음은 부모를 공경하고 어른을 어른으로 대접하는 데에서 출발한다. 효도하는 자는 형제와 화목하게 지내기에 가정이 화목해지고, 이웃과 화목해지고, 국가가 화목해지고, 온 인류가 화목해진다.

- 그러므로 지상의 아름다운 소왕국은 가정에서부터 이루어야 한다.

▪ 선택된 14만 명만 구원받는 것이 아니라, 천사처럼 변하고자 하는 14만 명을 기초로 온 인류가 천사처럼 거듭나는 영적인 개혁이 시작되는 것이다.

▪ 천 년에 걸쳐서 하늘에서 이루어진 것같이 이 세상을 낙원으로 만들어, 만백성이 지상의 천국에서 살다가 죽어서 그대로 하늘의 천국으로 들어가는, 영원한 지상 낙원을 건설하는 것이 하나님의 계획이다.

- **이것이 구약과 신약에 이어 "새로운 성경"으로 역사하시는 하나님의 창조의 완성이다.**

▪ 지금의 믿음으로 구원받을 수 있다면 그 길을 가라. 그러나 자신이 없다면 하나님께서 직접 내리신 160권의 "새로운 성경"을 읽고 구원의 길을 보라!

하나님 머리말씀

이 새로운 성경을 읽는 너희 모두는
이 율법에 따라 행하면 영원히 구원받을 것이니라.

너희 인간이 수년, 수십 년, 평생
성서를 공부하고 기도하는 것은
하늘나라 나의 곁으로 오고 싶은 소망일진대,

몇천 년 전의 너희 인성과 생각이
지금의 너희와는 판이하게 다르니,

꺾여 가고 병들어 가는 너희를 고칠 수 있는 길은,
오늘 내가 선지자에게 내리는 새로운 성경과 같이
너희가 변화되는 것뿐이니라.

나의 예수가 태어난 것처럼
내가 아들 선지자를 선택하여
나의 새로운 성경을 온 세계에 전하고자 하니,

묵은 것은 버리고 새로운 것은 취하여,
너희 모두는
'여호와 하나님! 저의 죄를 용서하여 주옵소서.'
하는 기도문으로 기도하고, 죄를 뉘우치라.

이 새로운 성경은
수천 년간 내려온 성서를 요약한 것이니,
너희는 이 책을 정독하여 쉽게 깨달음을 얻고,
이대로 실천하여 하늘에 오르라.

대역자 머리말

■ 하나님의 율법을 지키는 선지자로 선택을 받도다.

저는 남들처럼 그저 열심히 살아온 평범한 사람이었습니다. 그러나 50대 중반에 사업에 실패하여 많은 부채에 시달렸으며, 건강도 악화되어 눈이 잘 안 보이고, 걷기도 어렵고, 두통이 심해서 잠을 이룰 수 없는 고통의 나날을 보냈습니다. 그때 제가 선택할 수 있는 것은 육의 삶을 끝내는 길뿐이었습니다.

죽기 직전에 그동안에 죄를 지은 이들에게 용서를 빌고 인생을 끝내기로 작정하였습니다. 어려서부터 지은 죄를 빌고 빌다 보니 끝이 없었고, 죽음으로도 그 많은 죄를 용서받을 길이 없다는 생각에 하염없이 눈물이 흘렀습니다. 그 순간 '재래식 화장실의 구더기는 죄를 짓지 않는데, 나는 인간으로서 구더기만도 못한 삶을 살았구나.' 하는 생각이 들면서 괴로움에 몸부림칠 때, 갑자기 하나님의 음성이 들렸습니다.

"나는 여호와 하나님이니라. 너는 십계명을 암송하고 내가 내려 주는 메시지를 받아 책으로 만들어 만백성을 구하라." 하시며, 제 눈을 손으로 문지르게 하시고, 아픈 머리와 다리를 손으로 두드리게 하셨습니다. 그러고 나니 눈도 잘 보이고 걸을 수 있었으며 머리의 통증도 말끔히 낫게 되었습니다. 그때부터 십계명을 암송하고 나면 들려주시는 말씀을 기록하였고, 1999년 8월부터 2004년 7월까지 권당 288쪽, 총 160권을 받아서 "새로운 성경"이라는 책으로 펴내게 되었습니다.

그러한 저에게 죽기보다도 힘든 길이 시작되었습니다. 모든 교인들이 저에게 사탄이요, 이단이요, 악마요, 마지막 시대에 온 거짓 선지자라 하면서 공격하였고, 저를 짐승을 보듯이 대하는가 하면, 편협한 종교 지도자들의 선동으로 신도들이 이 책을 직접 읽어 보고 평가할 기회마저 막아 버렸습니다. 그래서 하나님의 말씀을 세상에 내는 데 많은 어려움을 겪으며, 피를 토하는 심정으로 책을 전하고 있습니다.

그러나 아무리 인간의 힘으로 막으려 해도, 하나님의 뜻이 세상에 전해지는 위대한 역사는 계속될 것입니다. 책으로 전해지는 "하나님의 말씀"은 세상 끝날까지 항상 우리와 함께하실 것입니다. 사람은 죽어도, 책에 기록된 말씀은 영원히 남으니까요.

■ 따뜻한 실천

하나님께서는 어려운 사람들에게 삶의 터전을 마련해 주고, 미래를 열어 주는 것을 기뻐하십니다. 어려운 이웃이 스스로 자립할 수 있도록 이끌어 주는 것이 진정으로 이웃을 돕는 것이라고 말씀하셨습니다. 그래서 일자리가 없는 제자들에게 작은 사업장을 만들어 주는 "달란트 사업"을 하고 있습니다. 식당, 반찬 가게 등을 차려 주고, 기존의 어려운 사업장이 자립할 수 있도록 돕고 있습니다(커피숍, 미용실, 의상실 등).

하나님께서는 교회에 나와서 모든 시간과 재물을 쏟기를 원하지 않으시고, 그 시간과 재물을 교육에 투자하여 스스로 미래를 열어 가기를 원하십니다. 그래서 제때 공부하지 못한 제자들에게 학업을 이어 가도록 하였습니다. 중화요리 주방장을 하며 초등학교 검정고시부터 공부하여 2012년에 방통대를 졸업한 36세 남성, 만학도들의 2년제 중학교에 입학해서 2007년에 명지대학을 졸업한 38세 여성, 중학교 검정고시를 시작으로 숭의여자대학을 졸업한 47세 여성 등이 있습니다. 그밖에도 많은 제자들에게 나이를 초월하여 배우고 깨우쳐서 사회 속의 당당한 일원이 되도록 인도하고 있습니다.

학자금 대출로 힘겨워하는 젊은이들을 위해 "따뜻한 바람 장학회"를 발족하여(2016년 12월) 대출받은 학자금 전액을 매월 갚아 주고 있습니다. 또한, 다문화 가정을 위해 "다문화 가족 랜드"를 조성하여, 각종 시설을 무료로 활용하도록 하고 있습니다.

이러한 따뜻한 실천이 아직은 미약합니다. 그러나 책의 수입이 늘고, 저와 뜻을 같이하는 분들이 늘어나면 계속 확대할 것입니다. 지도자로서 신도의 재물을 헌금으로 거둬들여 착복하는 것이 아니라, 하나님께서 기뻐하시는 일에 사용하도록 중매 역할만 하며 살아가고자 합니다. 이런 제가 과연 사탄이고 이단인가요? 하나님께서 기뻐하시는 일이라면, 저에게 사탄이라 하든 거짓 선지자라 하든 굽히지 않고 실천해 나갈 것입니다.

끝으로, 일상의 삶 속에서 "지금 내가 하는 행동이 과연 하나님께서 기뻐하실까, 슬퍼하실까?" 생각하고, 매사에 하나님께서 기뻐하시는 길을 택하기 바랍니다. 교회에 모여서 집단적으로 예배 드리는 것이 아니라, 개인이나 가정 단위로 새로운 성경을 읽어 스스로 깨우치고 그대로 행하면 충분합니다. 그것이 마음속에 성전을 짓고, 신령과 진정으로 예배 드리는 길입니다. 그러면 천국의 문에 들어서게 됩니다.

2017.2.1.

하나님 말씀 대역자 김용철

차 례

십계명

이 책은 십계명을 암송하고 나면 내려 주시는 “하나님의 음성”을 듣고 그대로 받아쓴 기록입니다. 하나님께서 십계명을 모세에게 내려 주셨지만, 그것은 만백성에게 내려 주신 것입니다. 마찬가지로 이 책의 모든 말씀도 저에게 내려 주셨지만, 만백성 각자에게 들려주시는 말씀입니다. 여러분도 이 책을 접할 때마다 십계명을 암송하고 나서 정독해 주시기 바랍니다.

제일은, 너는 나 외에는 다른 신들을 네게 있게 말지니라.
제이는, 너를 위하여 새긴 우상을 만들지 말고, 또 위로 하늘에 있는 것이나, 아래로 땅에 있는 것이나, 땅 아래 물 속에 있는 것의 아무 형상이든지 만들지 말며, 그것들에게 절하지 말며, 그것들을 섬기지 말라.
제삼은, 너는 너의 하나님 여호와의 이름을 망령되이 일컫지 말라.
제사는, 안식일을 기억하여 거룩히 지키라.
제오는, 네 부모를 공경하라.
제육은, 살인하지 말지니라.
제칠은, 간음하지 말지니라.
제팔은, 도적질하지 말지니라.
제구는, 네 이웃에 대하여 거짓 증거하지 말지니라.
제십은, 네 이웃의 집을 탐내지 말지니라.

나 여호와가 존재함을 믿는 그 자체가 구원의 길에 들어서는 기본이요, 근본이며, 나의 새로운 성경을 가슴에 안고 정독하는 자, 반석 위에 서서 하늘에 오르는 찬란한 빛을 보게 되는 영광을 얻게 됨이니라. 진정 나를 따르고 믿는 자는 감히 사탄이나 마귀도 근접하지 못하느니라.

〈하나님 말씀〉

2004년 6월

11,784 번째 하나님 말씀

2004년 6월 24일 21시 17분

1 사랑하는 나의 아들아!
2 "네, 아버님! 말씀하옵소서."
3 사랑하는 나의 아들을 따르는 제자 너희들이요, 나의 새로운 성경을 읽고 깨우친 만백성, 너희들은 어떠한 작든 크든 거짓된 행동으로써 거짓 증거로 하여 남을 울리는 그와 같은 일을 해서는 절대로 안 되는 것이니라.
4 모든 백성들이 그와 같은 것을 서슴없이 하며, 죄인 줄 모르며 두려운 줄을 모르고 한다 해도, 결코 나의 아들을 따르는 제자 너희들은 남을 울리는 그와 같은 거짓된 증거요, 거짓된 행동을 작든 크든 해서는 아니 됨이니라.
5 그 모두가 너희들이 나를 욕되게 하는 것이며, 160권의 새로운 성경을 다 욕되게 하기 때문이니라.
6 그리하여 나의 아들을 따르는 제자들과 그리고 나의 새로운 성경을 읽고 깨우친 선택된 은혜를 입은 백성, 너희들은 어떠한 이해관계요, 어떠한 일이 있다 해도, 너희들의 모두를 다 잃는다 해도,
7 거짓 증거로써 억울한 마음을 갖도록 하여 상대방을 울리는 그와 같은 행위는 안 되느니라.
8 어떠한 형태든 너희들은 그를 해서는 아니 됨이니라.
9 이 모든 죄의 대가를 너희들이 치르기가 너무나 어렵고 힘들며 견딜 수 없는 고통이기 때문이니라.
10 남을 울리는 것, 남에게 고통스러움을 주어서는 아니 되느니라.
11 너희들이 베풀고 나누고 살지 못할망정 거짓된 증거요, 거짓된 행동으로써 남을 울리는 그와 같은 행위는 결코 견딜 수 없는 벌을 받으니, 내가 너희들에게 이리 깨우쳐 줌이니라.
12 사랑하는 나의 아들딸들아! 너희들이 살아가면서 어떠한 일이든 억울한 백성을 만들지 말며, 너희들이 선행을 한다 하여 남을 울리는 행위도 해서는 아니 됨이니라.
13 너희들이 남을 울리며 남에게 고통을 주면서 선행을 하는 것은 진정한 선행이 아니니라.
14 그러니 그와 같은 행동을 하지 말도록 그리하라.
15 너희들이 이를 지키지 아니하면 아니 됨이니라.
16 이 세상에 거짓된 것이요, 거짓된 행동으로써 남을 울리고 남을 고통스럽게 몰아넣는 것이 얼마나 많더냐?
17 그 많은 것들이 하나하나 없어지며 지워지는 그와 같은 세상이 되어야 함이니라.
18 그리하여 너희들부터 다스려 나가도록 함이니, 나 여호와의 뜻을 명심하여 새겨듣도록 그리하라.

11,785 번째 하나님 말씀

2004년 6월 24일 21시 21분

1 사랑하는 나의 아들아!
2 "네, 아버님! 말씀하옵소서."
3 너희들이 이 세상을 살아가면서 남들
에게 거짓된 마음이 있다 하면, 그 마
음만큼 너희들 또한 남에게 거짓된 행
위로써 당하게 된다는 것을 알아야 될
것이니라.
4 너희들이 얼마만큼 거짓된 마음이요,
남을 속일 수 있는 마음을 가지고 있
느냐, 그 마음의 양에 따라서 너희들
이 남에게 거짓을 당하며 속임을 당한
다는 것을 잊지 말라. 이것이 하늘의
법도이니라.
5 하늘의 뜻이란 너희들이 남에게 거짓
을 당한다면, 그만큼 거짓된 마음을
너희들이 가지고 있기에 그만큼 당하
느니라.
6 욕심이요, 남을 속이고자 하는 마음이
있기에 너희들이 속일 수 있는 마음,
속이는 악한 마음을 가지고 있는 만큼
너희들이 당하며, 거짓된 것에 너희
자신이 넘어가는 그와 같은 삶이 하늘
의 순리라는 것을 알라.
7 그 모두가 욕심이요, 너희들의 마음
상태대로 곧 너희들이 그대로 당하고
이루어지는 것이니라.
8 너희가 남의 장점을 보는 것도 내가
뭐라 했느냐?
9 너희들이 장점의 마음을 가지고 있는
만큼 볼 수 있으며, 남을 사랑하는 것
도 너희들이 사랑하는 마음을 가지고
있는 만큼 남이 사랑하는 것을 보는
것,
10 사랑을 받는 것도 모두가 다 네가 사
랑을 베풀고 사랑을 할 수 있는 것만
큼 볼 수 있으며 받을 수 있다 내가 너
희들에게 그리 전하지 아니하였더냐?
11 그러니 너희들이 남에게 사랑을 받고
자 한다면, 너희들이 먼저 사랑을 베
풀어야 하며, 사랑하는 마음으로써 살
아가는 것이 중요하며, 그것이 하늘의
이치이니라.
12 너희들은 하늘의 이치요, 하늘의 뜻을
거역하고 살아갈 수는 없는 것이니라.
13 이 세상의 이치가 다 너희들이 마음을
얼마나 비우고 살며, 얼마나 너희 자
신을 버리고 사느냐에 따라서 모든 상
대성이 그와 같이 이루어지느니라.
14 너희들이 남과 대화하는 것, 너희들이
모두를 거래하는 것, 그때도 너희들이
마음을 얼마나 비웠느냐에 따라서 비
운 만큼 상대방도 너희들 앞에 마음을
비운다는 것을 알라.
15 그러니 너희들이 한 치의 거짓된 행위
요, 남을 속이는 행위를 한다면, 결국
남들도 너희들을 속이며 너희들에게
거짓된 행위를 하느니라.
16 그리하여 너희들에게 완벽한 사람이
되라 하며 한 점의 부끄럼이 없는 사
람이 되라 함이니라.
17 사랑하는 나의 아들딸들아! 누가 뭐
라 해도 어떠한 백성도 이와 같이 살
수 없다, 이는 다 헛된 소리요, 너희들
이 지킬 수 없는 것을 가르친다 말을
해도,
18 너희들은 마음을 비우며 거짓된 마음
을 갖지 말며 욕심된 마음을 버리라.

19 그러면 너희들이 그리 당하지 아니하
며, 그와 같이 억울한 일은 결코 있지
않을 것이니라.
20 이것이 하늘의 뜻이요, 하늘의 순리이
니, 너희들이 남에게 당하지 아니하며
남에게 욕된 일, 억울함을 당하지 아
니하려거든 모든 마음을 다 비우라.
21 비우지 못하는 만큼 너희들이 당할 것
이니라.
22 너희들이 어렵고 힘든 그 마음 자세가
또한 무엇이냐?
23 너희들은 모르나 스스로 욕심이 있음
이니라.
24 그리고 그 욕심을 버리지 못하기 때문
임이니라.
25 욕심을 버리는 만큼 너희들이 모두를
취할 수 있다는 것을 잊지 말라, 사랑
하는 나의 아들딸들아!
26 이것이 너희들이 인간 세상에 살아가
는 마음이니라.
27 너희들은 물질을 가지고 버리고 얻는
것을 따지기 전에 나에게 오를 수 있
는 그 마음을 비우는 것, 너희들의 마
음을 다스리는 것만큼 나 여호와의 마
음이 너희들에게 자리를 잡는다는 것,
이것을 먼저 깨우치며 이를 알아듣도
록 하라 함이니 그리 알라.

11,786 번째 하나님 말씀

2004년 6월 24일 21시 27분

1 사랑하는 나의 아들아!
2 "네, 아버님! 말씀하옵소서."
3 너희가 이 세상에 살면서 어떠한 마음
자세로 살아가느냐, 그것이 인간 세상
에서 중요함이니라.
4 너희들이 인간 세상의 삶에 있어서 주
관 없이 살아가는 자, 남의 말을 따라
서, 남의 뜻을 따라서 그저 좌우로 움
직이는 이와 같은 백성은 아무것도 이
루는 것이 없으며, 그 또한 모든 불행
을 초래하는 그와 같은 삶을 당하게
됨이니라.
5 결국은 아무것도 이룬 것이 없으며 역
사한 것이 없으며, 그리고 너희들은
고통스러운 삶을 마치게 될 것이니라.
6 더욱이 나에게 오르는 길이요, 하늘에
오르는 길을 역사하고 선택해야 되는
너희들은 그 길을 선택하지 아니할 수
없으며, 그 길을 비켜 갈 수 없는 것이
나의 피조물 만백성 너희들이니라.
7 그러니 비켜 갈 수 없으며 선택하지
아니할 수 없는 그 길을, 이제 나의 백
성 너희들은 다른 사람들의 믿음이요,
다른 사람들의 뜻에 따라 신앙생활을
하며 믿음의 길을 가는 것, 그리고 신
앙을 선택하는 것을 너희들은 여기서
고려하고 또 고려하며, 생각해 보고
또 생각해야 되며, 연구하고 또 연구
하지 아니하면 아니 됨이니라.
8 너희들이 남의 뜻에 따라가는 것, 남
의 주관에 따라 살아가는 것, 중심이
없는 자는 인간 세상의 육의 삶도 모
두가 다 실패자로 끝난다 하지 않았더
냐?
9 더욱이 너희들이 영원히 사는 것이요,
하늘나라에 와 거듭나는 그 은혜, 무
엇과도 바꿀 수 없는 것, 소중하고 귀
하고 귀한 그 길을 너희들이 남의 뜻
에 따라, 남의 신앙에 따라, 남의 권고

에 따라 쳐 놓은 덫에 걸려서 그 길을
간다는 것은,
10 너희들이 인내할 수 없으며 고통스러
움을 견딜 수 없는 그와 같은 어려운
삶을 사는 것만이 너희들에게 남아 있
음을 알아야 될 것이니라.
11 너희들이 모두를 다 양보하고 이해한
다 해도 신앙의 길이요, 하늘에 오르
는 길이요, 그 길을 선택하는 것만큼
은 너희들이 연구하고 깨우쳐 확고한
길을 선택하지 아니하면 아니 됨이니
라.
12 너희들이 구원에 오르고 못 오르는
것, 거듭나고 나지 못하는 것, 어떠한
것과 바꿀 수 없는 것, 너희들의 목숨
을 천 개를 바쳐도 바꿀 수 없는 그 귀
하고 소중한 길을 선택하는 것을 남의
가는 길이요, 남의 믿는 신앙에 따라
서 좌우된다면,
13 너희들은 감당할 수 없는 그 신앙의
대가를 치른다는 걸 절대 잊지 말라.
14 그 대가는 다시 돌이킬 수 없으며 인
내할 수 없는 길이라는 것을 알라.
15 거짓된 자들이 지금 쳐 놓은 덫에 걸
리면 아니 됨이니라.
16 저희들이 지금 울고불고 소리 지르며
하늘에 오르는 길이요, 진정한 믿음의
길이라 하여 길거리에 나와 외치는
자, 그리고 너희들을 유혹하는 자, 그
와 같은 자들의 덫에 걸리면 너희들
은 처음부터 거짓으로 시작하는 것이
요,
17 거짓으로 시작한 자이기 때문에 거듭
날 수 없음을 너희들은 알아야 될 것
이니라.
18 너희들이 그들의 덫에 걸리게 되면 구
원을 받을 수 없으며 거듭날 수 없느
니라.
19 처음부터 위장된 것이요, 거짓된 것으
로 시작한 백성들이기 때문에 너희들
을 속이는 데는 그들이 이골이 나 있
으며, 속이는 데는 그들이 자신을 가
지고 있음이니라.
20 그러니 속임을 당하면서도 속임을 당
하는 줄 모르고 끌려가는 것이 바로
그들의 거짓된 덫에 걸린 자들이니라.
21 그리하여 처음에 거짓으로 시작하였
으며, 끝까지 거짓된 행동으로써 너희
들을 이끌어 가기 때문에, 너희들이
알지 못하여 거기서 벗어나지 못하는
그와 같은 백성들이니라.
22 그리하여 너희들이 세월이 흐르고 또
흐른 다음에 깨우쳐서 그곳에서 나오
려 해도 너희는 나올 수도 없으며, 헤
어나려 해도 헤어날 수도 없음이니라.
23 그러니 너희들이 그 길을 선택하는
것, 너 자신의 육의 세상의 삶을 천
개, 만 개의 목숨을 바치는 것보다도
더 귀중하고 소중한 너희들의 믿음의
길이요, 신앙의 길을 선택하는 것은
너희들이 연구하고 또 연구하고 스스
로 깨우쳐 선택해야 됨이니라.
24 절대 남들이 쳐 놓은 덫에 걸리는 어
리석은 신앙의 선택의 길을 가지 말라.
25 사랑하는 나의 아들딸들아!
26 이 세상의 모두 존재하는 것은 나 여
호와의 뜻이라 하였음이니라.
27 그러니 너희들이 읽고 깨우치고 스스
로 터득하여 바른길을 선택하도록 그
리하라, 사랑하는 나의 아들딸들아!

28 인간의 말을 듣고 남을 따라가 주관
없이 남의 뜻대로 움직이는 자, 너희
들은 감당할 수 없는 희생의 대가를
치른다는 것을 명심하고 또 명심하도
록 그리 전하라.

11,787 번째 하나님 말씀

2004년 6월 24일 21시 32분

1 사랑하는 나의 아들아!
2 "네, 아버님! 말씀하옵소서."
3 너희들이 구원의 길이요, 하늘에 오르
는 길이요, 하늘의 길을 볼 수 있는 나
여호와의 뜻이요, 참진리의 길을 가고
못 가는 것은 내가 너희들에게 수없이
말했느니라.
4 너희들이 스스로 찾아야 되며, 스스로
선택해야 되며, 너희들이 싸워 이기는
그 길밖에 없다 하였음이니라.
5 너희들이 어려운 고통과 시련이요, 그
모두와 싸워 부닥치고 또 부닥치는 그
속에서 깨달음을 얻을 것이며, 진정한
참진리요, 나 여호와의 뜻이 무엇인가
를 알게 될 것이니라.
6 그러니 스스로 그 길을 찾지 못하면
절대 아니 됨이라 내가 너희들에게 전
함이니라.
7 너희들은 지금 스스로 그 지위를 찾지
못하며 진정한 하늘에 오르는 길이요,
참진리를 보지 못한다면, 희생자가 될
수밖에 없는 것이 너희들의 운명이니
라.
8 그리고 항상 사탄이요, 마귀가 너희들
에게 그저 먹이를 물도록 그 먹이를
너희들 앞에 놓고 계속 유인하고 있기
때문이니라.
9 그리하여 너희들이 그 먹이를 무는 그
순간부터 사탄의 노예가 되며 거듭나
는 기회를 얻을 수 없다 함이니라.
10 그리하여 지금 내가 너희들에게 새로
운 성경 160권의 이 책을 내려보내니,
이는 모두가 읽고 듣고 깨우쳐 바로
이해할 수 있도록 모두를 풀어서 다
내려보냄이니라.
11 그러니 너희들이 정녕 그 믿음의 길을
선택하고자 한다면, 너희들은 나의 새
로운 성경을 정독해 보라.
12 또한, 지금의 믿음의 길을 가는 백성,
그 길이 정녕 구원이 아닌지 불안을
느끼는 백성, 너희들은 나의 새로운
성경을 가슴에 안고 정독해 보라.
13 그러면 너희들이 얻지 못한 답을 거기
서 찾을 것이니라.
14 사랑하는 나의 아들딸들아!
15 누구도 너희에게 참진리요, 하늘에 오
르는 길을 물건을 건네주는 것처럼 깨
우쳐 주고 전해 주고 이끌어 갈 수 있
는 것은 없음이니라.
16 스스로 너희들이 찾아야 되며 너희들
이 싸워서 이겨야 되며, 너희 자신들
을 다스려 나가야 된다는 걸 절대 잊
지 말라.
17 가장 소중한 삶의 참진리의 길을 가는
길이니, 이를 너희들이 알아야 될 것
이니라.
18 그러니 너희들이 이를 선택할 때 얼마
나 신중에 신중을 거듭해야 되는가?
19 그리하여 지금 선택하지 못한 백성,
그리고 선택하여 지금 그 길을 가는
백성, 너희들이 모두 나의 새로운 성

경이요, 160권의 이 책을 읽고서 참진
리의 길을 선택하도록 하고자 하며,
20 이제 잘못 가고 있는 그 백성들 또한
이를 보고 깨우쳐, 죽음에서 광명의
세상으로 나오는 그와 같은 영광이요,
은혜를 얻으라 하는 것이 나 여호와의
뜻이니라.

11,788 번째 하나님 말씀

2004년 6월 24일 21시 37분

1 사랑하는 나의 아들아!
2 "네, 아버님! 말씀하옵소서."
3 너희들에게 내가 뭐라 말하였느냐?
4 너희들이 욕심과 욕망을 모두 다 버리
라 하였음이니라.
5 너희가 그를 버리지 아니하고 세상사
에서 살면 결국 너희 자신이 무너지는
그와 같은 결과가 된다 하지 않느냐?
6 모든 욕심으로써 너희들의 눈을 가림
이니, 모두가 실패하는 그와 같은 삶
을 살기 때문이니라.
7 그리하여 너희가 세상사에 살면서 욕
심을 버리지 못한다면, 그 욕심 때문
에 너희들이 무너지는 것이 왜 그러하
더냐?
8 욕심이라는 것은 채우고 채워도 그 끝
이 없음이니라.
9 붓고 부어도 끝이 없는 것이 바로 너
희들의 욕심이기 때문이니라.
10 그리하여 너희들이 거듭나는 다음 세
상의 역사함을 알지도 못하며, 보려
하지도 아니하는 것이 너희들이요, 그
리하여 어리석은 백성으로 전락하게
됨이니라.
11 욕심을 가지고 있는 백성은 아무리 부
귀영화를 누린다 하여도, 너희들이 인
간 세상에서 낙이 없으며 행복이 없으
며 기쁨이 없음이니라.
12 계속 채워야 되고 더 부어야 되기 때
문에, 너희들은 거기에 시달려 너희
자신이 인생의 아름다움이요, 즐거움
이요, 인간의 가치의 삶을 모두 다 잃
어버리고 사는 것이니라.
13 그러니 부귀영화요, 재물을 가졌다 해
도 너희 자신이 고달프고 힘들며 어려
운 인생사의 삶을 사는 것이니라.
14 그러니 이 세상에 내가 내려 준 것, 그
리고 내가 너희들에게 베풀어 준 이
대자연의 아름다움이요, 이 지상의 위
대함을 모르며 그 은혜도 모르며 감사
함을 모르고 사느니라.
15 오로지 욕심을 채우기 위해서, 그를
더 채우기 위해서, 더욱 거두기 위해
서, 더 붓기 위해서 그와 같이 살아가
는 백성이 가장 어리석은 백성이기에,
16 너희들은 아예 그 욕심이요, 욕망의
뿌리를 뽑아 버리라 하는 것이 나 여
호와의 뜻이니라.
17 그와 같은 마음을 가지고 있는 자들이
나의 성전에 와 나의 아들의 강론을
들으며 나의 하늘의 뜻을 아무리 듣고
익힌다 해도, 견디지 못하고 떠나게
되어 있는 것이 너희들이라는 것을 알
라.
18 너희들은 모두를 다 잃기 때문이니라.
19 사랑하는 나의 아들딸들아!
20 너희들은 이 세상에 살면서 만족의 기
쁨을 모르고 사는 백성이 되어서야 되
겠는가?

21 인간의 도리요, 내 뜻대로 살아갈 때, 너희들이 욕심을 비우며 모두를 비우고 사는 백성, 너희들은 정녕 기쁨을 얻을 수 있으며, 인간의 삶의 즐거움을 알며,
22 자연에 내가 너희들을 보호하고 취하고 살 수 있도록 내려 준 그 오묘함이요, 그 기쁨이요, 행복함을 느끼고 살 수 있는 것이니라.
23 그 모두를 잊어버리고 그 모두를 저버리고 어리석게 사는 백성이 욕심을 버리지 못한 자들이니라.
24 그러니 내가 너희들에게 명함이니라.
25 너희들은 어떠한 일이 있어도 욕심이라는 근본을 다 버리라.
26 그리고 그들을 다 뽑아 버리지 아니하면 너희들이 거듭날 수 없음을 알라 그리 전하라.

11,789 번째 하나님 말씀

2004년 6월 24일 21시 44분

1 사랑하는 나의 아들아!
2 **"네, 아버님! 말씀하옵소서."**
3 너희들이 인간 세상에 살아가면서 세속의 삶이요, 생명이 존재하는 그와 같은 삶 속에서 너희들에게 가장 귀하고 소중한 것이 있다면, 생명보다 더 귀중하고 소중한 것이 없다 말할 것이니라.
4 그렇다면 과연 그리 귀중하고 소중한 생명의 가치를 알며, 그 생명이 어디로부터 세상에 왔는가를 생각하는가?
5 그 귀하고 귀중한 너희들의 생명의 삶이 나로부터 받은 것이라 생각하는가?
6 너희들이 나로부터 받은 것이라 생각한다면, 그리고 귀중한 생명이라면, 과연 그만큼 생명의 존엄성과 고귀함을 지키고 다스리고 살아가는가?
7 지금 나의 피조물 만백성 너희들은 그와 같은 것을 잊고 사는 자들이니라.
8 말로써는 이 세상에 생명보다 더 귀한 것은 없다 하면서 너희들은 그 생명이 누구로부터 받아 세상에 나왔으며,
9 귀하고 소중한 생명이기에 그 존엄성과 귀하고 소중한 것만큼 너희들이 과연 다스리고 살아가는 그와 같은 세상이 되었는가?
10 너희들은 인간의 생명의 존엄성을 이미 상실했으며, 나로부터 받아 나간 그 생명의 존귀함을 모르느니라.
11 그리하여 너희들이 몇 푼 안 되는 재물 앞에 남의 생명을 그저 파리 목숨같이 생각하는 자가 있는가 하면, 부모가 자식의 생명을, 자식이 부모의 생명을, 이제는 그와 같은 관계성도 없이 남과 남 같은 그와 같은 형국이 되었느니라.
12 재물과 이해관계에 따라서 너희들이 유산을 받고 못 받는 것, 그리고 부모가 남겨주는 재산에 대하여 그 만족도와 만족하지 않은 것, 이와 같은 불화로써 자식이 부모를 업신여기며, 그 생명까지 노리는 이와 같은 험악한 세상이 되었느니라.
13 더욱이 무지한 백성들이 그와 같은 행위를 하는 세상이 아니라, 배우고 지식이 있는 자, 남을 가르치는 자들이 오늘에 그와 같이 무너지고 험악한 세상이 되었음이니라.

14 그러니 이를 과연 너희들은 어찌 말할 것이며, 이런 세상을 과연 누가 만들었다 말하느냐?
15 나는 너희들에게 물어보느니라.
16 인간 세상의 교육의 방법이요, 너희들이 가르치고 배우는 것은 인간의 가르침의 한계가 있다 하였음이니라.
17 그리고 인간의 교육에 의한 것이요, 인간의 교육이요, 인간의 생각은 한계가 있으며, 하늘의 뜻을 침범할 수 없으며, 하늘의 뜻을 알 수 없다 하였음이니라.
18 그러나 너희들은 나의 뜻을 공부하며, 나에게 오는 백성을 인도하며, 나의 성경을 가르치며, 그 뜻을 가지고 너희들이 만백성을 구하는 길을 간다 하면,
19 과연 너희들은 인간 세상에서 받는 교육이요, 인간 세상에서 가르치는 그 교육의 과정보다 훨씬 높이 있는 자요, 너희들이 위에 있는 것을 가르치고 배우는 자들이 아니더냐?
20 인간 세상의 교육보다 높이 있는 자가 과연 이 세상의 재물 앞에 부모가 자식을 모르며, 자식이 부모를 모르는 그와 같은 세상을 만든 것이 과연 높은 교육 수준을 가진 것, 높이 있는 나라의 공부를 하는 자, 차원 높은 것을 연구하고 배우는 자들의 책임인가?
21 너희들이 그 밑에서 기초적인 인간의 한계를 벗어나지 못함이니, 육의 세상의 가르침으로써 모두를 역사하는 그 선생이요, 그 백성들이 책임을 져야 될 것인가?
22 너희들은 여기서 인간 세상의 너희 부모를 탓할 것이며, 인간 세상의 선생들을 탓할 것이며, 가르치는 자들을 탓할 것이니라.
23 종교 집단의 지도자들이 그리 항변하고 그리 변명할 것이니라.
24 그러나 하늘의 뜻을 전하는 것, 하늘의 뜻을 가르친다는 너희들은 인간 세상의 인간의 어떠한 교육보다도 차원 높은 수준에 있음이니,
25 그 모든 책임을 져야 될 것이며, 그 모두는 너희들로부터 이루어졌다는 너희들의 자성의 소리요, 반성의 뜻을 너희들이 하지 아니하면 아니 될 것이니라.
26 그렇다면 지금까지 왔던 결과가 무엇이더냐?
27 너희들이 그 백성들을 그리 험악하게 만들었으며 모두를 다 파괴시킨 것이니라.
28 그리하여 내가 너희들을 더 이상 볼 수 없기에 하늘의 뜻이요, 나의 성령을 세상에 내려 새로운 성경을 내려보내며, 나의 아들을 따르는 제자들로 하여금 이 세상의 만백성을 구하려 하니,
29 육의 선생이 가르친 것이요, 수천 년 동안 흘러오면서 그 많은 종교 집단이요, 그 힘을 가진 너희들이 가르치고 역사하지 못한 것을,
30 나의 아들을 통하여 내가 10년 안에 모든 기초를 다스릴 것이며 그 모두는 변하게 될 것이니,
31 그리하여도 나의 아들이 가는 길이요, 그를 따르는 제자들을 이단이요, 사탄이라 너희들이 그리 말할 수 있는가?

32 너희들이 몇천 년 동안 망가트리고
파괴시킨 것을 10년이라는 그 세월
속에 기초를 다져 내가 새로운 시대를
열고자 함이니, 너희들이 그때 가서도
할 말이 있는가?
33 너희들이 다스리지 못하고 역사하지
못한 것, 부모가 재물 앞에 자식을 버
리며, 자식이 부모를 버리며, 이웃의
생명을 파리 목숨만큼도 여기지 않는
그와 같은 사악한 세상을,
34 천사와 같은 자들이요, 아름다운 자들
이 사는 세상이요, 남의 생명을 귀하
게 알며, 그 생명의 존엄성을 알며, 스
스로 각자가 나로부터 생명을 받은 그
귀중함을 알며 귀함을 알아 너희들의
소중함을 아니,
35 남의 생명도 소중함을 알고 귀하게 여
기는 그와 같은 세상으로 내가 역사하
고 회복시켜 놓는다면, 인성을 내가
모두를 10년 안에 걸쳐 바꿔 놓는다
면 너희들은 그때 뭐라 말할 것이냐?
36 너희들은 결국 유황불에 들어가는 길
밖에 없다는 것을 알라.

11,790 번째 하나님 말씀

2004년 6월 24일 21시 49분

1 사랑하는 나의 아들아!
2 "네, 아버님! 말씀하옵소서."
3 나 여호와의 세상이요, 하늘의 세상은
무엇이더냐?
4 너희들이 죽고 사는 자도 없으며, 병
드는 자도 없으며, 오로지 먹고살기
위해 일하는 자도 없으며, 모두가 나
의 은혜 속에 천국의 그 모두를 누리
며 살아가면 되는 것이라 하지 아니하
였더냐?
5 그러니 하늘에 오르는 백성이 그와 같
은 백성이거늘, 너희들이 이 세상에
살아가면서 어떠한 삶을 사느냐?
6 내가 지금 말한 대로 그러하니라.
7 죄도 없으며, 미워하는 것도 없으며,
악도 없으며, 선한 것도 없느니라.
8 그 모두가 아무것도 없는 것이 바로
하늘나라의 이치이니라.
9 그러니 너희들이 참진리요, 나의 길을
오는 백성이라면, 너희들은 미워하는
것도, 싫어하는 것도, 사랑하는 것도,
소중한 것도 그 모두가 다 없는 것이
니라, 사랑하는 나의 아들딸들아!
10 아무것도 없는 것이니라.
11 내가 너희들에게 손을 쥐었다 놓으니
그 손에 아무것도 남지 않듯이, 그것
이 하늘에 오르는 길이요, 하늘의 법
도이니라.
12 그리고 나 여호와의 참진리의 길을 가
는 백성이라는 것을 알라.
13 덥다 해도 더운 것을 모르며, 차다 하
여 찬 것을 모르며, 너희들은 악하고
선한 것이 없는 것이니라.
14 아픔도, 슬픔도, 즐거움도 아무것도
없는 것, 그것이 하늘나라에 사는 백
성들이니,
15 이 세상에 너희들이 살아가는 그 마음
이 참진리요, 나 여호와에게 오는 백
성이라면,
16 그 모두를 초월하는 그와 같은 삶을
사는 것이 너희들이 나로부터 선택된
백성이요, 나에게 오를 수 있는 백성
의 마음이니라.

17 사랑하는 나의 아들아!
18 "네, 아버님! 말씀하옵소서."
19 너의 제자들에게 그리 전하라.
20 너희들이 미워하는 것도, 사랑하는 것
도, 질투하는 것도, 시기하는 것도, 그
리고 죄를 용서해 주는 것도, 용서를
비는 것도, 아무것도 없는 것이 하늘
나라의 뜻이거늘,
21 이 세상에 참진리요, 나의 뜻에 의해
살아가는 백성은 그 아무것도 없는 것
이라는 그와 같은 이치를 깨달으라.
22 여기에 시달리며, 저기에 시달리며,
이것에 매달리며, 저것에 매달리며,
이를 생각하고 저것을 생각하는,
23 그리고 이를 취할까, 저를 취할까, 버
릴까, 얻을까, 너희들이 누구를 사랑
할까 말까, 미워할까, 시기하고 질투
할까,
24 네가 더 좋은 것을 갖고자, 또 네가 그
를 더 취하고자 하는 그 모든 것이 다
아무것도 없는 것이 하늘에 오르는 백
성이요, 선택된 백성들이 가는 길이니,
25 그 백성이 바로 아무것도 없고 그와
같은 것이 필요 없는 그 세상에 올 수
있는 백성이라는 것을, 너희들이 마음
을 그리 가지고 살라 그리 전하라.

11,791 번째 하나님 말씀

2004년 6월 24일 21시 53분

1 사랑하는 나의 아들아!
2 "네, 아버님! 말씀하옵소서."
3 아픔이요, 슬픔이요, 기쁨이요, 어떠
한 것도 모두 존재하지 않는 것, 그 아
무것도 없는, 그를 느끼지 아니하며
의식하지 않는 그 세상의 삶이 하늘에
오르는 길이요, 나에게 오르는 백성들
이 가지고 있는 마음이요, 너희들이
사는 길이라 하였음이니라.
4 그와 같은 백성만이 그와 같은 나의
나라에 올 수 있다 하지 아니하였더냐?
5 그러니 오늘의 종교 집단의 지도자들
이 과연 그를 알고 그를 깨우치고 가
는 백성들이더냐?
6 그들은 전혀 그를 알지 못하며 생각도
못 하고 있느니라.
7 그러면 그들은 그리 말할 것이니라.
8 이는 사탄이 말하는 것이요, 저희들이
다 알고 다 역사하는 부질없는 소리를
가지고 하늘의 진리요, 나 여호와의
뜻이라 그리 장난치며 많은 백성들을
미혹게 한다 그리할 것이니라.
9 그러나 너희들은 들으라.
10 오늘의 종교 집단의 지도자들이 그와
같은 마음으로 살아가는가?
11 모든 종교 집단의 지도자들이 집단의
힘과 그들이 가지고 있는 재력이요,
그들이 가지고 있는 능력이요, 그들의
숫자를 가지고 모두가 역사하려 하고
있지 않은가?
12 그것이 참진리요, 그 모두가 다 이루
어지는 것이요, 너희들이 그리 생각하
고 있지 않으냐?
13 그러니 그와 같은 어리석은 생각을 하
고 있는 너희들이 어찌하여 마음을 비
우며, 너희들의 모두를 다 비우며, 아
무것도 없는 그와 같은 무아지경의 정
신이요, 그 세상의 삶이 하늘에 오르
는 길이라 말하며, 너희들이 그를 지
키고 가는 백성이라 말할 수 있느냐?

14 너희들은 집단의 힘과 너희들이 가지
고 있는 그 모든 외형적인 힘을 가지
고 모두를 역사하고 진리요, 참진리
요, 그것까지 구분하는 어리석은 백성
들이니라.
15 그와 같은 종교 집단의 우두머리가 세
상을 지배하며, 그 밑에서 배우고 깨
달은 그 지도자 또한 그리 맹종하고
맹신하는 그와 같은 하수인이 되었음
이니라.
16 그 하수인이 된 그 밑에서 나의 사랑
하는 백성들이 무슨 믿음을 얻을 수
있으며, 하늘에 오르는 길을 볼 수 있
으며, 내 뜻을 알 수 있단 말이더냐?
17 그러니 그 백성들이 진정한 믿음의 길
을 보지 못하며, 참진리요, 하늘에 오
르는 길을 오지 못하고 저희들이 나의
뜻과는 관계없는 길을 간다 하지 않더
냐?
18 이제 사랑하는 나의 아들딸 너희들은
들으라.
19 너희들이 누구나 읽고 깨우쳐 바로 구
원의 길을 볼 수 있는 160권의 새로운
성경을 내가 세상에 내려보내니, 이를
읽고 깨우쳐 너희들이 지혜를 얻으라,
그리고 지혜로운 삶을 살도록 그리하
라.
20 지혜로운 삶을 사는 자 지혜로움을 더
얻게 됨이니라.
21 악한 마음은 악을 더 성장하게 되며,
선한 마음은 선한 것을 성장하는 것이
너희들의 마음이라 하지 않더냐?
22 나의 새로운 성경을 읽고 너희들이 지
혜를 얻기 시작하면 지혜는 지혜를 더
얻음이니, 육의 세상의 지혜요, 인간
세상의 지혜의 한계를 넘어 하늘의 지
혜를 얻는 영광을 얻게 될 것이니라.
23 그리되면 너희들이 모두를 볼 수 있으
며, 모두를 너희가 다스릴 수 있으며,
그와 같은 경지에 오르는 영광을 얻게
됨이니라.

11,792 번째 하나님 말씀

2004년 6월 24일 21시 59분

1 사랑하는 나의 아들아!
2 "네, 아버님! 말씀하옵소서."
3 나의 피조물 만백성, 믿음의 길을 가
는 백성들이 울고불고 광란의 짓을 하
며 회개를 했으며 용서를 받았다 하여
그리 부르짖지 아니하느냐?
4 그러면서 너희들은 말하느니라.
5 믿기만 하면 나의 아들 예수의 보혈로
써 너희들이 지고 있는 그 많고 많은
죄를 다 용서받았다 그리 말하느니라.
6 그리하여 부끄럽고 절대로 용서받지
못할 죄요, 나에게 오를 수 없는 그와
같은 죄를 나의 아들의 보혈로써 모두
를 사해 주었으니, 그 감사함에 또 울
고불고 광란의 짓을 하고 있는 것이
오늘의 너희들의 믿음의 모두가 아니
더냐?
7 그러나 너희들은 여기서 알아야 될 것
이니라.
8 나 여호와는 나의 뜻에 따라 내가 원
하는 나의 사랑을 행하면 너희들이 모
든 것을 역사할 수 있는 것이니라.
9 그러니 네 이웃을 사랑하고 참진리의
길이요, 정의로운 삶을 산다면 너희들
이 의인이 되는 것이라, 내가 일찍이

성경에 기록하여 너희들에게 전했음
이니라.
10 네 이웃을 사랑하고 정의로운 삶을 사
는 것이 의인이 되는 길이라 하였으
니, 의인이 되는 길이 바로 하늘에 오
르는 그와 같은 은혜를 받는 백성이
아니더냐?
11 그러니 내가 그와 같이 살라 하였거
늘, 너희들은 그와 같은 삶을 살지 아
니하느니라.
12 그와 같은 삶을 위하여 살아오고자 노
력하고 그리 가면 모두가 나에게 구원
을 받으며 의인이 될 수 있거늘,
13 너희들은 내가 가르쳐 준 그 뜻은 생
각지도 아니하며 행하지도 않으려 함
이니라.
14 거기에 손해가 있으며 손실이 있으며
모두를 잃는 것과 같은 계산법에 의하
여 너희들이 그와 같은 삶을 살지 못
하느니라.
15 그러면서 너희들이 죄를 지었다 하여
그 용서를 빌며, 그리고 하늘을 향하
여 너희들이 울고불고 나의 아들 예수
의 보혈로써 모두를 면죄받았다 하며
모든 죄를 속죄받았다 그리 악을 쓰고
뒹굴고 춤을 추면 그 죄의 용서가 되
는 것이요, 회개가 되는 것처럼 너희
들이 그리하고 있지 않으냐?
16 그리하여 너희들이 기도라는 것을 짜
깁기하여 울고불고 그리하느니라.
17 그와 같이 세뇌된 자에게 너희들이 재
물을 바치라 하며 금화와 은화를 바치
라 함이니,
18 그 신도들은 그를 바침으로써 하늘에
오르는 길이요, 구원을 받으며 속죄가
된 것처럼 그와 같은 지금 신도들이
모든 악의 근원이요, 악의 뿌리요, 악
의 본산지를 지금 이끌어 가고 유지하
고 있지 않더냐?
19 그러니 악의 뿌리요, 죄의 온상이 된
그곳에 있는 그 백성들이 뭐라 말하느
냐?
20 만백성을 구하는 빛과 소금의 역할을
하는 자들이라, 그리고 너희들만이 빛
과 소금이 되어 만백성을 구하는 것이
라 그리 말하느니라.
21 내가 그들에게 말하느니라.
22 이제 나의 새로운 성경 160권이 나와
세상에서 너희들을 다스릴 때, 그때는
너희들이 그 어떠한 고통이요, 그 무
서운 것, 너희들이 어떠한 몸부림을
치고 울고불고 용서를 빈다 해도 용서
받지 못할 것이니라.
23 그러니 내가 너희들에게 전함이니, 회
개라는 것, 반성이라는 것, 깨우치는
것, 그것 하나도 진정한 회개가 어떠
한 길이며 어떠한 것으로써 회개의 길
을 갈 수 있는가 그것부터 깨우쳐 너
희들이 그를 행하는 거듭나는 삶을 살
지 아니하면,
24 내가 다스릴 때 너희들은 울고불고 뭐
라 해도 용서받지 못하는 그와 같은
백성이요, 모두 가라지를 뽑아 유황불
에 태워 버리는 그와 같은 신세를 너
희들이 면치 못할 날이 머지않았으니
그리 알라 전하라.

11,793 번째 하나님 말씀

2004년 6월 25일 05시 36분

1 사랑하는 나의 아들아!
2 "네, 아버님! 말씀하옵소서."
3 인간 세상에 너희들이 살아가면서 놀이라는 게 있느니라.
4 그러니 그와 같은 놀이를 할 때도 너희들이 여러 명이 한 사람을 빼놓고 여러 명이 눈을 맞추고 마음을 맞춰 놀이를 한다면, 거기서 제외된 한 사람은 반드시 실패하게 되며, 승리를 할 수 없지 않겠느냐?
5 결국 너희들은 한 사람을 무너트리기 위하여 여러 사람이 눈과 마음을 맞춰 그를 우롱한다면 그는 거기에서 넘어지고 일어설 수가 없는 것이니라.
6 오늘에 나의 새로운 성경이 세상에 나오니, 너희들이 몇 사람이 짜고서 놀이를 하며 한 사람을 우롱하듯이, 모든 종교 집단이요, 종파들이 지금 하나가 되어 너희들을 무너트리려 그와 같은 형국이 될 것이니라.
7 그러니 그들이 서로가 협잡하는 것, 서로가 눈을 맞추고 마음을 통하여 너희들을 공격하는 것, 그것이 얼마나 야비하고 얼마나 부끄러운 행위던가?
8 그러나 그들은 거침없이 그와 같은 행위를 할 것이니라.
9 거기서 너희들이 승리해야 되며, 거기서 무너지지 아니하며, 거기서 너희들이 지는 사람이 되지 아니하는 그와 같은 것을 깨우쳐야 될 것이니라.
10 그러니 너희들은 알아야 될 것이니라.
11 모든 사람이 눈을 맞추고 마음을 맞춰 한 사람을 공격할 때, 그 여러 사람을 혼자서 이길 수 있는 건 그들보다 더 실력이 나은 것이요, 너희들이 재주가 좋아야만 결코 그들한테 당하지 않을 것이니라.
12 여러 명이 너희들을 가지고 논다 해도 너희들이 재주가 있고 실력이 있으면 결코 짜고서 한 사람을 골탕먹인다 해도 지지 아니할 것이니라.
13 그러니 바로 여기에서 너희들이 그 뜻을 알라.
14 모든 종교 집단이요, 종파들이 모여서 너희들을 공격하되 너희들이 그들보다 한 수 위에 있으며 그들보다 깨달음이 높으면, 결코 그들은 너희들을 무너트리지 못하는 것이니라.
15 이것만이 그들이 짜고서 너희들을 무너트리려 하는 것, 모든 힘을 모아 너희들을 공격하는 것, 너희들이 존재치 못하도록 먹이를 공격하는 맹수보다도 더 무서우리만큼 너희들을 물고 늘어지려 할 것이니, 그들은 온갖 힘을 다하여 너희들을 공격할 것이니라.
16 그러니 몇 사람이 뜻과 눈을 맞춰 미리 계획을 짜서 한 사람을 골탕먹이는 놀이를 하듯이, 그들은 그보다도 더 강하고 더 간교한 방법으로써 너희를 무너트리고자 함이니,
17 여기에서 너희들이 그들을 방어하고 이길 수 있는 길은 보통의 같은 실력으로써는 결코 이길 수 없음이니라.
18 월등한 실력으로써 그들에게 속지 않는 자, 그들에게 우롱을 당하지 않는 실력만이 필요하지 않더냐?
19 그러니 너희들이 믿음이요, 깨달음이

요, 행함이 그들보다 아주 높은 경지
에 오른다 하면, 그들이 아무리 협잡
하고 짜고서 하나의 마음으로 너희들
을 무너트리려 공격한다 해도 결코 너
희들은 무너지지 아니할 것이니라.
20 그러니 내가 너희들에게 바라는 것이,
하늘을 향하여 한 점의 부끄럼이 없는
그와 같은 삶이요, 그와 같은 백성이
되지 아니하면 아니 됨이니라.
21 하늘을 향하여 한 점의 부끄럼이 없는
너희들이 된다면, 모든 세상의 종파가
모여서 너희들을 공격하고 무너트리
려 한다 해도, 너희들이 결코 무너지
지 아니하며 지지 아니할 것이니라,
사랑하는 나의 아들아!
22 그와 같은 이치를 깨달았다면 너희들
이 그 길을 가는 데 최선을 다하도록
하라.
23 모든 자들의 공격에서 살아남고 이길
수 있는 것은 그 길뿐이니라.

11,794 번째 하나님 말씀

2004년 6월 25일 05시 39분

1 사랑하는 나의 아들아!
2 **"네, 아버님! 말씀하옵소서."**
3 나의 피조물 만백성들이 참진리의 길
을 간다면 너와 내가 모두 다 하나의
끈으로써 하나가 된다 하지 않았더냐?
4 그러나 참진리요, 나 여호와의 뜻에
의하여 가지 않는 백성 너희들은 결코
하나가 될 수 없으며 하나의 끈으로
연결될 수 없음을 알라.
5 너희들은 하늘에 오르는 길이요, 구원
을 받고자 한다면, 반드시 나의 참진
리요, 그 삶을 살아 모두가 나와 하나
가 될 때만이 너희들이 그 뜻을 이룰
수 있으며 이루어짐을 알라.
6 결코 그와 같은 은혜가 없이는 너희들
이 하나로써 이루어질 수 없음이니라.
7 내가 너희들에게 말하여 전함이니라.
8 구약의 시대요, 신약의 시대의 그 모
든 시대가 너희들을 구원하는 시대요,
그것 외에는 역사하지 아니한다 하나,
9 이제는 모두가 변화되어 세월이 흐름
에 따라 거기에 맞는 나 여호와의 뜻
을 너희들이 알아야 될 것이니라.
10 그리하여 나의 새로운 성경을 내려보
내는 것은 너희들이 구약과 신약의 그
뜻도 잘 모르며 그 의미를 잘 알지 못
해 캄캄한 밤을 헤매고 있었기 때문이
니라.
11 그리하여 내가 이 새로운 성경을 내려
보내니, 너희들은 이것이 가장 중하고
소중한 것임을 알라.
12 그때 내리는 것, 그때 바로 받는 것,
그것보다 더 소중한 하늘의 뜻이 없음
을 너희들은 알아야 될 것이니라.
13 사랑하는 나의 아들딸들아! 너희들이
나의 새로운 성경을 가슴에 안고 정독
하고 깨우쳐 참진리의 뜻이 무엇이며
내가 원하고자 하는 것이 무엇인가 그
를 깨달아 너희들이 나와 하나가 되
는, 그리고 하나의 끈으로 연결되는
그와 같은 선상에 들어서지 못하면,
14 결코 너희들은 나에게 올 수 없으며
너희들의 뜻을 이룰 수 없다 함을 그
들에게 전하라.
15 그러니 나의 계명대로, 나의 새로운
성경대로 너희들이 맞춰 살아가는 것,

그걸 가지고 연구하고 공부하는 것, 그리하여 너희들이 깨닫는 것, 나의 아들을 통하여 직접 내리는 나의 강론이요, 내 뜻을 전하여 듣는 것, 그것만이 너희들이 하늘에 오르는 길이요, 거듭날 수 있는 영광이 거기에 있음이라 그리 전하라.

11,795 번째 하나님 말씀

2004년 6월 25일 05시 44분

1 사랑하는 나의 아들아!
2 "네, 아버님! 말씀하옵소서."
3 만백성 너희들이 구원의 길이요, 하늘
에 오르는 것은 참진리요, 나 여호와
가 원하는 그 길을 오지 아니하고는
너희들은 아무것도 역사할 수 없음이
니라.
4 그러니 너희들이 참진리의 길을 찾는
것은 내가 뭐라 말하였느냐?
5 남들이 너희들에게 갖다 주는 것이 아
니요, 너희가 스스로 노력하고 또 노
력하여 그 길을 찾지 아니하면 아니
된다 내가 그리하였느니라.
6 그러니 너희들이 참진리의 길을 찾는
지혜요, 그를 얻는 것은 너희들 스스
로 한 점의 부끄럼이 없는 삶을 살아
오고자 노력하는 자에게 지혜가 있을
것이며, 하늘의 뜻을 너희들이 알게
될 것이니라.
7 너희들은 노력하여 참진리요, 하늘에
오르는 길을 찾으려 하지 아니하고,
그저 울고불고 회개했다 하며, 그리고
죄를 다 사해 달라 그와 같은 짓을 하
면서 나에게 오르고자 함이니라.
8 그러니 너희들이 무엇을 달라, 무엇을
이루어 달라 소원하는 것, 그와 같은
것이 참진리요, 나에게 오는 길이라
그리 알고 그리 찾고 있지 않으냐?
9 그것은 다 부질없는 것이요, 나와는
관계없다 하였음이니라.
10 너희들이 참진리의 길을 찾는 것도 스
스로 노력하여 찾으라 하였음이니, 하
늘에 오르는 것, 구원을 받는 것, 거듭
나는 것, 그 모든 영광 또한 스스로 노
력해야 되는 것이며 이루어야 된다는
것을 절대 잊지 말라.
11 오로지 수천 년 동안 믿음의 길을 온
종교 집단의 지도자, 가르치고 배운
신도들, 너희들의 머릿속에 남는 것이
무엇이더냐?
12 죄를 사해 달라, 그저 믿기만 하면 된
다, 재물을 많이 바치면 구원을 받는
다, 그리고 모든 죄는 예수의 죽음으
로써 그 피로써 모두 다 속죄를 받았
으니 너희는 죄가 없는 자라 하면서
회개하고 반성해야 된다 그리 가르치
는 것,
13 우왕좌왕 너희들은 한 입 가지고 두말
하는 그와 같은 오늘의 신앙이요, 그
것이 하늘의 뜻이라 그리 알고 왔느니
라.
14 나는 너희들에게 명확히 말하였느니
라, 진리는 한 길이요, 하나의 뜻으로
써 모두가 역사한다는 것을.
15 진리는 한 입으로 두말을 하는 것이
아니니라.
16 그러니 너희들이 오늘에 얼마나 잘못
갔는지 너희 스스로 알겠는가?
17 너희들이 바로 오고 참진리요, 나 여

호와의 뜻에 의해 역사했다면, 너희들
로써 모두를 다 구원의 역사를 하여
지상의 낙원을 지금 이루었을 것이니
라.
18 너희들이 수천 년 동안 흘러오면서 지
상의 낙원을 이루지 못한 것, 그리고
너희들이 역사하지 못한 것은 무엇이
더냐?
19 너희들이 잘못 왔으며 여기까지 너희
들이 잘못 이끌어 온 결과라는 것을
스스로 반성하고 깨우치고 회개하는
것밖에 그 길이 없거늘,
20 지금도 그를 하늘에 오르는 길이요,
그 길만이 나에게 오르는 길이라 하여
나의 진리요, 참뜻이 세상에 내려가도
이를 보지 못하도록 하며 받아들이려
하지 아니하니,
21 너희들이 이러고도 어찌하여 하늘의
뜻을 역사하며 내 뜻에 순종하는 백성
이요, 내 뜻에 의하여 살아가는 백성
이라 그리 말하는가?
22 말로써는 너희들이 그리하나, 행동으
로써는 전혀 하지 않는 자요, 진실된
믿음이 없는 너희들의 삶이라는 것을
내가 다시 한 번 전하니, 명심하도록
그리하라.

11,796 번째 하나님 말씀

2004년 6월 25일 05시 49분

1 사랑하는 나의 아들아!
2 **"네, 아버님! 말씀하옵소서."**
3 너를 따르는 너의 그 제자들은 두려워
하지 말라, 그리고 너희들은 불안한
마음을 갖지 말라.
4 지금의 모든 종교 집단들이 그리 말하
느니라.
5 너희들은 사탄이요, 이단이요, 그리고
너희들은 허물어지고 무너질 것이며,
그리고 모두가 유황불에 던져지는 그
와 같은 벌을 받을 것이라, 너희들을
그리 핍박하며 그들은 그리 생각하느
니라.
6 그러나 너희들은 두려워하지 말라.
7 지금 그와 같이 말하는 그 백성들이
요, 그 종교 집단이야말로 저희들이
이단이요, 사탄이요, 잘못된 자들이기
때문에 그들은 허물어지고 심판을 받
게 될 것이며,
8 심판을 받을 때 가라지로서 유황불에
던져지는 자들이 바로 오늘의 종교 집
단이요, 그 신도요, 성도라는 이 무서
운 사실을 그들에게 전하라.
9 나 여호와의 뜻을 거역하고 사는 것은
그들이니라.
10 너희들이 하늘의 종이요, 만백성의 종
이라 하는 그 지도자들이 살아가는 모
습이요, 행함을 보라.
11 그리고 그들의 설교요, 강론을 하는
것, 배우가 웃기기 위하여 쇼를 하는
것보다도 더 기술적으로 고도의 방법
으로 쇼를 하느니라.
12 그 무대에 서는 자들은 너희들이 들어
올 때 입장권이라는 걸 받으며 그 대
가를 받느니라.
13 그러나 종교 집단의 지도자는 광대놀
이를 하되, 너희들이 들어올 때는 받
지 않느니라.
14 너나 할 것 없이 그저 들어오게 만드
느니라.

15 편안하게 들어오게 하여 들어온 다음
에 너희들은 거기에서 그 백성들을 우
롱하고 세 치 혓바닥으로써 간교한 방
법으로 사탄이 되어 그들에게 재물을
거둬들이는 그와 같은 사악한 행위를
하니,
16 얼마나 너희들이 고단수며 간교한 방
법으로써 재물을 거둬들이는 그와 같
은 짓을 하는가?
17 그리고 얼마나 그 방면에 모두 통달
한 자들인가?
18 이것이 오늘의 종교 집단의 지도자들
이니라.
19 너희들의 모든 강론이요, 깨우침의 그
결론은 나 여호와가 존재함을 믿으며,
하늘을 향하여 한 점의 부끄럼이 없는
삶을 사는 것이 은혜 입은 백성이요,
구원을 받는 백성들이라 그리하나,
20 결론은 재물을 많이 바친 자, 네 몸에
지니고 있는 금화와 은화를 다 떼어서
바치는 자, 그와 같은 자가 구원을 받
는 것이요,
21 그리고 주의 종을 잘 섬기는 것이요,
너희들이 주의 종을 잘 섬기지 못하니
주의 종을 섬기는 것부터 배우라, 주
의 종을 잘 섬기면 부흥하지 못하는
교회가 없다, 너희들은 이와 같은 것
으로써 결론을 맺으며 그리고 거래를
하느니라.
22 그리고 너희들이 세 치 혓바닥으로 떠
들고 감언이설로 거짓된 행위를 한 만
큼 그 대가를 주고받는 것이 오늘의
종교 집단의 지도자이니라.
23 어찌하여 너희들이 나 여호와의 뜻이
요, 하늘의 뜻에 순종하며 하늘의 뜻
에 의하여 역사하는 것을 바라지 아니
하며,
24 인간을 이용하여 불을 지피듯이 너희
들이 나의 피조물 만백성을 광분하도
록 만들어 재물을 거둬들이는 그와 같
은 행위를 거침없이 하는가?
25 그러니 너희들이 이단이요, 사탄이요,
그러한 자들이라는 것을 알라.
26 사랑하는 나의 아들딸들아!
27 너희들은 절대 무너지지 아니함이니
라.
28 새로운 성경, 이는 나 여호와가 같이
존재하며 내가 너희들과 같이 역사하
기 때문이니라.
29 그러나 너희들이 나의 새로운 성경대
로 나의 뜻대로 살아가며 너희들이 고
통과 시련이요, 무너지는 것 같은 것
이 있다 하여도, 그것은 결코 무너지
는 것이 아니요, 무너짐이 아니니라.
30 너희들은 그 길을 거침으로써 거듭나
며, 그 일을 역사함으로써 너희들이
나에게 상을 받을 것이니,
31 아무리 무너지는 것 같아도, 무너졌다
생각해도, 너희들이 나의 새로운 성경
대로 나의 계명대로 살아가다 그와 같
은 어려운 환란을 당한다면,
32 그는 무너지는 것이 아니요, 내가 너
희들을 버림이 아니요, 너희들이 허물
어짐이 아니니 두려워하지 말라, 사랑
하는 나의 아들딸들아!

11,797 번째 하나님 말씀

2004년 6월 25일 05시 56분

1 사랑하는 나의 아들아!

2 "네, 아버님! 말씀하옵소서."
3 너희들은 무엇이 진리며 하늘에 오르
는 길인지 이를 가지고 시시비비하지
말라.
4 너희들이 정녕 하늘에 오르는 길이요,
어떤 것이 진정한 나 여호와의 뜻인지
그는 너희들이 스스로 모두를 평가할
수 있으며 다 알 수 있는 것이니라.
5 너희들이 변하는 삶을 사는 것이면 하
늘에 오르는 뜻이요,
6 너희들을 변화시키지 아니하며 타락
의 길로 가도록 인도한다면, 결코 이
것은 하늘의 뜻이 아니요, 진리가 아
니라 사탄의 것이라는 것을 스스로 너
희들이 알 것이니라.
7 너희들은 나의 아들을 통하여 내리는
강론이요, 그리고 내가 나의 아들을
통하여 내리는 새로운 성경을 읽고 깨
우치면서 너희들의 마음과 육신의 변
화가 없다면, 이는 하늘의 뜻이 아니
요, 나 여호와가 역사하는 것이 아니
니라.
8 그러나 너희들의 마음과 육신이 변하
는 것을 느낄 때, 너희들이 그를 스스
로 체험하고 있을 때, 그것은 기적이
요, 은혜요, 역사요, 이것은 나 여호와
의 뜻임을 스스로 너희들이 평가하고
알고 가야 될 것이니라.
9 모든 백성 너희들은 들으라.
10 너희들이 성서를 가지고 평생 믿음의
길을 가는 자, 그리고 평생 그 설교를
듣는 자, 그래도 너희들이 변함이 없
어 제자리걸음을 하는 그와 같은 백성
이라면 그것은 모두가 다 잘못된 것이
니라.
11 사랑하는 나의 아들딸들아, 내가 너희
들에게 뭐라 말하였느냐?
12 똑같은 것을 가지고 누가 가르치느냐
에 따라서 그것이 다르다 하였음이니,
13 너희들이 가르침을 듣고 깨달음의 길
을 가는 것도 누구한테 듣고 누구의
가르침을 듣고 가느냐에 따라 다름이
니라.
14 너희들이 사탄이요, 잘못된 종교 지도
자의 가르침을 받는 것은 인간이 만든
욕심의 교리로써 모두를 역사하기에
너희들이 인간의 한계를 벗을 수 없으
니,
15 인간의 눈으로 인간의 생각으로 세상
을 보다 보니, 너희들이 참진리를 볼
수 없는 것이니라.
16 그러나 나의 아들이요, 나로부터 선택
된 자요, 나로부터 명받은 자에게 너
희들이 가르침을 받으며 깨달음을 얻
는다면, 너희들은 스스로 변하는 것을
알며, 하늘의 뜻을 아는 지혜를 얻게
됨이니,
17 너희들이 변화되는 것은 인간 세상의
한계를 벗어나 이미 하늘의 뜻에 따라
변화되는 그와 같은 위대한 역사요,
은혜를 입음이니,
18 그 백성은 결코 떠나지 아니하며 그
백성은 결코 무너짐이 없을 것이니라.
19 그러니 너희들이 왔다 가는 자, 그리
고 왔다 흔들려 떠나는 자, 그 모두가
인간의 욕심이요, 인간의 한계를 벗어
나지 못하는 잘못된 자들의 가르침에
이미 세뇌되었으며 거기에 훈련되어
있기 때문에, 그를 떠나지 못하며 다
시 그 물을 찾아감이니,

20 썩은 물에서 놀던 고기를 맑고 깨끗한 물에 옮겨 놓으니, 그 물을 마시고 사는 것이 너희들이 영원히 사는 길이며 너희들의 독소를 뽑아낼 수 있거늘,

21 아직 독소가 있기에 독소 속에 새로운 생수를 부어 넣으니, 아직 너희들이 생수와 독소의 싸움의 그 고통을 견디지 못하며 그 기간을 넘기지 못하고 다시 썩은 물을 찾아감이니,

22 이는 너희들이 구원을 받을 수 없으며 나에게 오를 수 있는 길이 없음이니,

23 인간의 생각이요, 인간의 한계요, 잘못된 그 길을 가고 있는 것이 너희들이니라.

24 여기에서 나의 피조물 만백성 너희들은 깨달아야 될 것이니라.

25 썩은 물에서 놀던 그 고기는 썩은 물에서만 살아야 되는 것이며, 맑은 물에서 살 수가 없는 그와 같은 너희들이니,

26 너희들이 맑은 물에서 살아갈 수 있는 그와 같은 노력이요, 지혜를 얻는 자만이 썩은 물에서 살던 고기가 다시 나고 거듭날 수 있는 것이니라.

27 그러니 너희들은 이와 같은 어렵고 힘든 고비를 한 번은 넘겨야 되는 것이 나에게 오르는 길이요, 구원에 오를 수 있는 백성들이니라.

28 모두가 다 부패하고 썩을 대로 썩은 중에서 너희들이 살아가며 견디는 자들이기에, 거기에서 아무리 생수를 접하고 생수를 부어 준다 해도 너희들은 아직 그 썩은 독소요, 부패된 독소가 남아 있기에 이를 받아들이지 못함이니라.

29 이를 받아들이는 자는 살 것이요, 받아들이지 않으면 죽음의 길이니,

30 모든 종교 집단 속에 있는 백성, 그리고 이방인이라 하는 백성, 잡신이나 귀신 앞에 머리를 숙이는 백성, 너희들은 나의 새로운 성경의 이 생수를 접하여 거듭나는 생명의 은혜를 얻도록 그리하라.

31 그렇지 않으면 너희들은 나를 볼 수 없으며 너희들이 영원히 거듭나는 은혜를 입을 수 없음이니,

32 그는 바로 너희들이 지옥 불에 가 끓는 물에, 훨훨 타는 불 속에 던져지는 그보다도 더 무서운 고통 속에서 너희들이 견뎌야 된다는 것, 이를 잊지 말라 전하라.

33 너희들이 지금 나의 새로운 성경을 읽고 깨우쳐 너희들의 마음의 변화요, 육신의 변화를 이루는 자, 그는 구원이요, 나에게 오를 수 있는 백성이요,

34 그렇지 아니하면 결코 너희들은 구원의 길을 볼 수가 없음이니라.

35 지금의 새로운 성경이 아니고 구약과 신약이요, 오늘의 종교 집단 지도자들이 가르치는 그 방법으로써는 너희들이 결코 구원을 받을 수 없으며, 새로운 변화를 이룰 수 없으며, 나에게 오를 수 없기 때문이니 이를 알라 그리 전하라.

11,798 번째 하나님 말씀

2004년 6월 25일 06시 01분

1 사랑하는 나의 아들아!

2 **"네, 아버님! 말씀하옵소서."**

3 너희들에게 욕심을 버리라, 부질없는 욕망을 버리라, 나 여호와가 수없이 그리 가르치고 전했느니라.

4 그를 듣고 깨닫는 나의 피조물 만백성, 나의 아들을 따르는 제자들이요, 새로운 성경을 읽고 공부하는 백성, 너희들은 과연 얼마나 자신의 욕심을 버렸는가?

5 인간의 욕심으로 인하여 너희들 자신의 모두를 무너트리게 되며, 너희들이 실패를 하게 되며, 너희들이 하늘에 오르는 길을 볼 수 없으며, 구원을 받을 수 없기 때문이니라.

6 사랑하는 나의 아들딸들아, 욕심이라는 것은 무엇이더냐?

7 채우고 채워도 끝이 없음이니라.

8 너희들이 갈증이 난다 하여 바닷물을 마신다면 결국 어떻게 되느냐?

9 바닷물은 물을 계속 마시게 만들게 됨이니라.

10 그러니 너희들이 다시 마시며 또다시 마실 수밖에 없는 것이 바닷물의 그 특성이니라.

11 그러니 바닷물을 마시기 시작하면 너희들이 더 마셔 결국은 목숨을 잃는 것처럼,

12 재물과 명예에 대한 욕심을 부린다면, 너희들은 그를 더 채우기 위하여, 더 이루기 위하여 거기에 살다 그 삶을 마치면 너희 스스로 모두를 잃게 된다는 것, 그리하여 사랑하는 나의 아들딸 너희들에게 욕심을 비우라 함이니라.

13 너희들 스스로가 욕심을 버리지 아니하면 너희들이 자멸의 길을 가며 구원의 길을 볼 수 없으며, 너희들은 영원히 나와 관계없는 그와 같은 백성으로 전락되게 된다는 것을 알라.

14 사랑하는 나의 아들딸들아! 너희들이 목이 마르다 하여 바닷물을 마시기 시작하면 계속 마시는 것처럼, 오늘의 나의 피조물 만백성 너희들이 지금 구원이라는 중병에 걸려 그저 '구원, 구원!' 그걸 부르짖다 말게 되니,

15 너희들의 욕심이 끝이 없어 채우지 못하는 자요, 너희들이 물이 없어 바닷물을 마시기 시작하니, 그 물을 너희들이 계속 마셔야만 되는 것, 그래도 너희들은 모두를 해결할 수 없는 것, 결국은 너희들이 목숨을 버리고 마는 그와 같은 구원의 병에 지금 빠져 있는 자들이니라.

16 그러니 나의 피조물 만백성 너희들이 구원의 중병에 걸려 있는 자, 알코올이요, 마약이라는 것에 중독된 자처럼 헤어나지 못하며 거듭나지 못하며,

17 그를 마시고 그를 취하지 아니하면 스스로 이겨 내지 못하는 그 백성들과 너희들이 하나도 다름이 없는 그와 같은 것이 오늘의 믿음의 길을 가는 백성들의 현실임을 알라.

18 그러니 너희들이 그 속에서 헤어나지 못하느니라.

19 그러면서 헤어나지 못하는 자, '구원, 구원!' 그리 부르짖고 있으니, 구원이라는 것은 너희들과 전혀 관계없음이니,

20 사랑하는 나의 아들딸들아! 그리고 구원의 중독병에 걸려 있는 백성들아! 너희들이 '구원, 구원!' 그 모든 구

원을 잊어버리라.
21 너희들이 구원이라는 것을 지워 버리
고 잊어버리면서 너희들은 나 여호와
가 너희들을 선택하여 구원을 해 주는
것, 그리고 선택될 수 있는 그와 같은
너희들의 노력이요, 그와 같은 삶이
요, 그와 같은 생각 속에 살아가도록
그리하라.
22 너희들이 울부짖고 눈물 흘리며 콧물
흘리고 애원하고 몸부림친다 해서, 너
희들이 재물을 바치는 것으로써 그 은
혜를 받고자 하며 구원을 받고자 한다
해서 그 모두를 받을 수 있는 것이 아
니며 헤어날 수 있는 것이 아니니라.
23 모두는 다 부질없는 것이니라.
24 너희들이 울고불고 그저 두드리고 한
다고 해서 너희들이 하늘에 오르는 그
영광된 문이 열리는 것이 아님을 알라.
25 너희들은 거듭나는 백성이요, 스스로
구원의 중독이라는 그 병에서 헤어나
는 자, 그리고 욕심이라는 그 뿌리를
버리는 자, 그들만이 너희들이 두드리
지 아니하여도 하늘의 천국의 문이 열
리며 거듭나는 은혜를 얻음이니라.
26 재물이요, 울고불고하는 그것으로써
그저 구원받는 것처럼 너희들이 구원
에 중독된 병자에서 치료하지 아니하
면 거기에 스스로 묻혀지게 된다는
것, 이 무서운 사실을 모든 백성에게
전하도록 그리하라.

11,799 번째 하나님 말씀

2004년 6월 25일 06시 05분

1 사랑하는 나의 아들아!
2 "네, 아버님! 말씀하옵소서."
3 새로운 성경이 진정한 나의 뜻임을 무
엇으로써 너희들이 알 수 있느냐?
4 너희는 이미 그를 체험하고 있으며 그
은혜를 받고 있음이니라.
5 사랑하는 나의 아들딸들아! 진정한
새로운 성경이 나의 성령이요, 나의
뜻이라면, 너희가 지금까지 살아가는
그 삶에서 너희들의 정신적인 면과 육
체적인 면의 변화를 모두 체험하게 되
어 있음이니라.
6 너희들의 마음이 격동하며 너희들의
육신이 격동하는 그와 같은 변화를 알
게 될 것이니라.
7 그와 같이 변화의 격동을 아는 백성,
너희들은 곧 이것이 나 여호와의 뜻이
요, 하늘의 뜻이라는 것을 알아야 될
것이니라.
8 너희들이 정신적인 면에서 변화되지
아니하며, 육체적인 행함에서 변하는
것을 느끼지 못한다면, 이는 나 여호
와의 뜻이 아니요, 하늘의 뜻이 아니
라 함을 알 것이니라.
9 새로운 성경을 읽고 나의 아들을 따라
공부하는 자, 너희 마음과 육체의 그
행함이요, 생각의 그 격동을 너희들이
느낄 수 있는 만큼 그와 같은 변화가
이루어진다면,
10 이는 나의 뜻이라는 것을 알 것이며,
그 백성은 구원의 길을 볼 수 있음이
니라.
11 너희들이 변하는 그 격동의 소리, 그
리고 그 고통의 소리, 그 모두가 너희
들이 변하는 하나의 단계요, 과정이니
라.

12 그러니 그 진통의 소리를 들을 수 있
는 자, 진통과 고통의 그 격동의 소리
가 네 속에서 들리며 너희들이 그를
듣고 느낀다면,
13 이는 제대로 믿음의 길을 가는 자요,
하늘을 향하여 지금 그 길을 들어선
자요, 이것이 모두 참진리요, 나의 뜻
이요, 나 여호와가 역사하는 것이라는
것을 알 것이니라.
14 그러나 변화가 없으며 느낌이 없으며
마음과 육의 격동을 느끼지 못하는 백
성, 너희들은 아직도 깨달음이 없는
자요, 나의 새로운 성경을 알지 못함
이니라.
15 그러니 사랑하는 나의 아들딸들아!
16 내가 내리는 새로운 성경이 나 여호와
의 뜻이요, 내가 역사하는 것이라는
것을 너희들이 증명하고 아는 것은 오
로지 네 마음과 네 행동의 그 변화의
소리, 그 격동의 소리를 너희들이 듣
고 느낄 때, 이미 나의 뜻에 의하여 하
늘에 오르는 길에 들어서 있는 백성이
라는 것을 알 것이니라.
17 스스로 그와 같은 깨달음을 느꼈을
때, 너희들은 나의 뜻이라 하여 모두
를 다 바쳐 따르면 될 것이요, 그렇지
아니한 자 그 판단은 너희에게 달렸음
이니, 그때 결정하도록 그리하라.
18 믿음의 길을 가는 모든 백성이 그리하
느니라.
19 나의 새로운 성경을 접하며 너희가 모
르던 것을 깨달으며 강론을 듣는 자,
너희들은 이와 같은 행위를 하는 것이
이단이요, 사탄이 하는 짓이요, 나에
게 돌아올 수 없는 백성이기에, 함부
로 발을 들여놓지 못하며 이 길을 가
지 못하며 이를 따르지 못한다 그리하
느니라.
20 나 여호와에게 너희들이 괘씸죄에 걸
리며 나 여호와에게 용서받지 못하는
죄를 짓는다는 그 불안한 마음을 너희
들이 갖느니라.
21 그러나 모든 백성, 너희들은 들으라.
22 이 세상에 존재하는 모든 것은 독소가
있든, 사랑의 생명수든, 그 모두는 다
나 여호와가 역사한 것이며, 내가 필
요하여 이 세상에 존재하도록 한 것이
라는 것을 너희들이 안다면,
23 이 세상에 어떠한 것이라도 너희들이
접하는 것을 두려워하지 말라.
24 너희들이 접하여 보고 읽고 깨우친다
하여 내가 너희를 괘씸죄로 용서하지
아니하며, 성령을 위반한 죄라 하여
용서하지 아니하며, 너희를 다시 받아
들이고 안 받아들이는 그런 나 여호와
가 아니니라.
25 모두를 접하여 읽고 깨우쳐 깨달음을
얻으라.
26 그것이 너희들이 내 뜻대로 역사하는
것이요, 나를 기쁘게 하며 내 뜻대로
살아가는 백성이 거듭나는 길의 기초
가 이루어진다는 것을 잊지 말고 그리
전하라.

11,800 번째 하나님 말씀

2004년 6월 25일 06시 12분

1 사랑하는 나의 아들아!
2 **"네, 아버님! 말씀하옵소서."**
3 지금까지 온 모든 종교 집단이요, 구

원을 받았다 말하는 그 백성, 너희들
이 정녕 영적인 믿음이요, 영적으로
성장했다면, 너희들은 나 여호와의 뜻
에 의하여 살아가는 백성이 되었을 것
이니라.
4 그리하여 너희들은 하늘의 이치요, 하
늘의 지혜를 얻었음이니, 그와 같은
백성 너희들은 모두를 다 놓을 수 있
으며, 모두를 다 사랑할 수 있으며, 모
두를 베풀 수 있음이니,
5 이 세상은 나누고자 하는 자, 나눠 주
고자 하는 자, 베푸는 백성으로 다 채
워졌을 것이라 그리하였느니라.
6 그러나 너희들이 지금 영적인 믿음이
요, 그 신앙의 길을 오지 아니하였으
며, 성령으로써 임한 생활을 하지 못
하며, 육에 대한 믿음이요, 육에 대한
신앙생활이요, 그 한계에서 너희들이
벗어나지 못하고 있기 때문에,
7 지금 이 세상은 나눠 주고자 하는 백
성이 아니요, 얻고자, 거둬들이고자
하는 백성이요, 고통과 시련을 겪는
백성이 너무나 많이 있음을 너희들은
알라.
8 사랑하는 나의 아들딸들아!
9 너희들이 육적인 믿음이요, 육적인 신
앙은 어느 정도 너희 자신이 이끌고
왔으나,
10 그는 영적인 나의 성령이요, 내 뜻을
거역하는 그와 같은 행위로 너희들이
왔느니라.
11 너희들의 그 믿음은 다 부질없는 것이
요, 내가 너희들을 들을 수 없다 그리
하였음이니라.
12 그리하여 이제 내가 나의 아들을 통하
여 영적인 믿음과 육적인 믿음의 백성
을 분류하여, 내가 거둬들일 자와 거
둬들이지 아니할 자를 분류하는 작업
을 시작함이니,
13 이것이 지금 새로운 성경이 내려와 마
지막 시대에 역사하는 것임을 너희들
은 알아야 될 것이니라.
14 사랑하는 나의 아들딸 너희들은 들어
야 될 것이니라.
15 너희들은 육적인 믿음이요, 육적인 신
앙에서 지금까지 살아왔으니, 하늘의
뜻이요, 영적인 믿음이요, 영적인 신
앙의 변화요, 성령이 임하는 그 길을
지금 오지 아니하였으며, 그 모두를
다 저버리고 지금까지 살아온 것이니
라.
16 이 모두는 종교 집단의 지도자들의 책
임이요, 욕심이라는 것, 구원의 중병
에 걸려 있는 너희들 또한 책임이니라.
17 너희들이 각자가 책임이 있다는 것을
알아야 될 것이니라.
18 내가 너희들을 재앙으로써 다스리고
자 하였으나, 이를 내가 다시 한 번 너
희들에게 그 기회를 줌이니라.
19 그리하여 너희들이 기초 단계에서부
터 한 단계 한 단계 다시 공부하며 다
시 깨우치는 변화의 절차를 밟지 아니
하면 거듭날 수 없는 것이 너희들의
운명이니라.
20 그리하여 지금 내가 나의 아들을 통하
여 가장 낮은 첫 번째 계단서부터 하
나하나, 단계 단계 깨우쳐 오는 그 순
서를 모든 너희들이 그리 밟아 올 수
있도록,
21 내가 160권이라는 이 위대한 새로운

성경을 내려보내어 너희들을 영적인
믿음으로써 변화를 시키며 너희들이
구원의 길을 올 수 있도록 하며,
22 나의 성령으로 충만한 백성으로 이루
도록 하고자 하는 것이 나 여호와의
뜻이니라.
23 너희들이 영적인 기초가 없었기에 영
적인 믿음이요, 하늘의 성령이 임하는
그 단계를 하나하나 밟지 아니하면 이
룰 수 없으며 나에게 올 수 없음이니
라.
24 그리하여 내가 나의 아들을 통하여 새
로운 성경에 기록하여 너희들에게 전
하는 가장 무서운 것은,
25 이 새로운 성경을 너희들이 접하지 아
니하며 이를 읽고 깨우치지 아니하면
구원을 받을 수 없다는 그 무서운 의
미를 알라.
26 너희들이 어찌하여 그와 같은 것을 깨
닫지 못하며, 아직도 오류 속에 흘러
온 그 집단의 아집과 고집을 버리지
못하며, 나의 피조물 만백성을 계속
그리 우롱하며 지옥의 길로 인도하는
가?
27 나의 백성 너희들은 이제 들으라.
28 스스로 너희들이 그 잘못된 길이요,
구원을 받고 못 받는 것, 그 모두를 너
희들이 선택했듯이,
29 이제 다시 한 번 마지막으로 너희들이
새로운 성경을 접하는 것, 이를 정녕
하늘에 오르는 길이라 하여 너희들이
정독하고 또 읽고 깨우쳐 지혜를 얻는
그것은 너희들에게 한 번의 기회요,
마지막의 기회가 남았다는 것을 알며,
30 너희 스스로 모두를 역사해야 된다는
것, 누구도 너희들에게 이를 한 번에
이루어지도록 선물을 주는 것처럼 줄
수가 없는 것이 성령이요, 너희들이
영적인 믿음으로 변화되는 길이라는
걸 알라 그리 전하라.

11,801 번째 하나님 말씀

2004년 6월 25일 06시 16분

1 사랑하는 나의 아들아!
2 "네, 아버님! 말씀하옵소서."
3 나 여호와의 본체가 사랑이라 하였음
이니라.
4 너희들이 사랑하는 마음으로써 이 세
상을 볼 때, 그 아름다움이요, 그 모두
를 느끼고 살 수 있다 하였느니라.
5 이제 사랑하는 나의 아들을 따르는 제
자들이요, 그리고 나의 새로운 성경을
읽고 깨우친 만백성, 너희들은 서로가
버팀목의 사랑을 행하며 실천하는 데
너희들의 모든 삶을 경주하도록 그리
하라.
6 남이 너희들을 필요로 하여 남이 흔들
리는 것을 받쳐 주는 그와 같은 사랑,
또한 서로가 서로를 받쳐 주는 버팀목
이 될 수 있는 그와 같은 사랑으로써
너희들이 서로 버팀목이 되어 준다면,
7 얽히고설킨 그 버팀목은 어떠한 태풍
이요, 비바람이요, 어떠한 고난 속에
도 견딜 수가 있지 않더냐?
8 그와 같이 너희들이 이제는 서로가 버
팀목의 사랑을 하도록 하라.
9 내가 남을 위하여 어찌 받쳐 주며, 내
가 어찌 남을 사랑해야 되는 것이며,
내가 남을 어찌 지켜 줄 수 있는 것인

가, 그리고 그에게 부족한 것이 무엇
인가 하여, 서로가 채워 주고 부어 주
는 그와 같은 버팀목의 사랑을 행하도
록 그리하라.
10 모든 나의 아들을 따르는 제자들이요,
그리고 나의 새로운 성경을 읽고 있는
백성, 너희들은 서로가 버팀목의 사랑
을 하도록 그리하라.
11 그리하여 서로가 버티고 버텨 줄 때,
지탱해 줄 때, 너희들은 무너지지 아
니함이니라.
12 그러니 그와 같은 사랑으로써 너희들
이 마음을 돌리며, 모두가 스스로 버
팀목이 될 수 있는 그와 같은 사랑의
마음으로 모두 행하고 살아가도록 그
리 전하라.

11,802 번째 하나님 말씀

2004년 6월 25일 06시 21분

1 사랑하는 나의 아들아!
2 **"네, 아버님! 말씀하옵소서."**
3 너희들이 이단이요, 사탄이라 말할 수
있는 자는 나의 새로운 성경이요, 그
리고 구약과 신약의 성경이요, 내가
너희들에게 지키라 한 십계명이요, 그
모두를 초월한 자, 높이 있는 자가 낮
은 자에게 그리 평가할 수 있다 하지
않았더냐?
4 그러니 성령이 낮은 자가 높은 자를
평가할 수 없는 것이니, 너희들이 함
부로 말을 해서도 아니 되며, 이단이
요, 사탄이란 말을 해서도 아니 된다
하였음이니라.
5 그러니 너희들은 여기서 스스로 깨우
쳐야 될 것이니라.
6 너희들이 사탄이요, 이단이라는 그와
같은 소리를 남들로부터 듣지 아니하
려거든,
7 너희들이 구약과 신약의 성경이요, 나
의 새로운 성경이요, 그 계명을 지키
고 사는 것이요, 그 지혜를 얻는 것이
남들보다 높아야 되는 것이니라.
8 너희들은 결국 높지 않은 자가 높은
자를 평가할 수 없다 말했듯이, 너희
들이 높은 자가 되지 아니하면 결코
이단이요, 사탄이란 말을 면할 수가
없음이니라.
9 너희들의 삶이요, 너희들의 행동이요,
너희들의 행함이 모두 다 다른 백성들
보다 높이 있을 때, 그들이 너희들을
이단이요, 사탄이라 하지 못함이니라.
10 그러나 남들이 낮은 자가 높은 자를
평가하든 말든 너희들이 높은 자가 되
지 아니하였을 때, 너희들은 모든 종
교 집단이요, 믿음의 길을 가는 자들
로부터 평가를 받을 것이며, 이단이
요, 사탄이란 소리를 들을 것이니라.
11 그러니 나의 아들을 따르는 제자들이
요, 나의 새로운 성경을 읽고 깨우치
는 백성, 너희들이 스승이요, 선생으
로서 세상에 나가서 가르칠 때,
12 너희들이 이단이요, 사탄이라 그와 같
은 소리를 듣는 것은 너희들이 깨달음
이 낮은 자요, 하늘의 지혜를 얻지 못
한 자요, 너희들이 그와 같은 자격밖
에 없기 때문이라는 그 무서운 사실을
알라.
13 그러니 너희들이 내면과 외면이 모두
변하는 데 최선을 다해야 될 것이니라.

14 너희들이 남들보다 높을 때 그들은 그
것을 알게 될 것이니라.
15 그러니 높다는 것을 알며 진실된 참진
리의 길을 가며 너희들이 높은 경지
요, 깨달음이 높이 와 있을 때, 그들은
감히 너희들에게 말하지 못함이니,
16 이단이요, 사탄이란 소리를 듣는 것은
모두 너희들의 책임이라 하라.
17 너희들이 남을 사랑할 수 있는 그 마
음의 한계에서만 남을 사랑할 수 있으
며, 남이 너희들을 사랑하는 마음을
네가 사랑하는 만큼만 볼 수 있다는
나 여호와의 가르침을 너희들이 다시
한 번 되새긴다면,
18 내가 오늘 나의 아들을 통하여 너의
제자들에게 내가 명하는 그 뜻을 알
것이니라.
19 너희들이 남으로부터 평가받을 때 사
탄이요, 이단이라는 평가를 받는 백성
이 되지 말라.
20 그와 같은 소리를 듣는다면 너희들이
아직 깨달음이 없으며 경지에 오르지
못함이라는 반성과 깨달음의 시간을
갖고, 그와 같은 속에서 거듭나는 삶
을 살며,
21 겸손한 자요, 겸허한 자세로써 받아들
이는 자세를 갖도록 그리하라.

11,803 번째 하나님 말씀

2004년 6월 25일 06시 26분

1 사랑하는 나의 아들아!
2 "네, 아버님! 말씀하옵소서."
3 너희들의 삶이 그러하니라.
4 내가 너희들에게 목숨을 다하며 충성
을 다하며 정성을 다하는 삶을 살라
함이니,
5 너희들은 나를 믿는 것, 그리고 나를
경배하는 그와 같은 마음으로 살아가
면 된다 그리 생각하는 것이 오늘의
나의 피조물 만백성 너희들이니,
6 너희들이 한 치 앞을 모르며 하늘의
뜻을 모르며 내 뜻을 모른다 함이니라.
7 사랑하는 나의 아들을 따르는 제자 너
희들은 들으라.
8 나 여호와가 너희들에게 나에게 충성
을 다하며 목숨을 바쳐 너희들의 모두
를 다 바쳐 내 뜻을 따르라 하며 정성
을 다하여 이 길을 역사하라 한다면,
너희들은 어찌하여 그 하나밖에 못 알
아듣느냐?
9 나는 너희들에게 그것만 원하는 것이
아니며, 그것을 원하는 것은 일부분이
니라.
10 그러나 너희들이 이 세상에 살아가면
서 수만 가지 부닥칠 때마다 그와 같
이 정성을 다하며 목숨을 다하며 충성
을 다하는 마음으로 살아가라 가르치
고 깨우치는 것이니라.
11 그러니 너희들이 살아가는 삶의 작은
것에도 충성을 다하며 목숨을 바치는
마음으로 정성을 들여 모두를 다 역사
하라 하는 뜻이니라.
12 그리하여 내가 성경에 기록하여 전한
것이지, 나에게만 그와 같이 하라 너
희들에게 전하는 것이 아님을 이제 알
겠느냐?
13 그러니 너희들이 오늘의 믿음의 길을
가며 살아가는 것, 네 이웃을 사랑하
는 것, 그리고 네 형제를 사랑하는 것,

그 모두를 다 그와 같이 하라.
14 목숨을 다하며 충성을 다하며 정성을
다하는 마음으로 그리 살라.
15 그리하면 너희들 자신이 부끄러움이
없으며, 너희들이 못 이루는 것이 없
으며, 그 속에 행복이라는 것을 알게
될 것이니라.
16 그러니 너희들이 형제지간에 사랑하
며, 지금 나의 아들을 따르는 제자 너
희들이 진심으로 정성을 다하여 사랑
하고 아낀다면,
17 너희들이 사랑의 아름다움이 무엇이
며, 정성을 다하는 것이 얼마나 아름
다움인 줄 알겠느냐?
18 너희들이 진심으로 정성을 다하지 못
하며 진심으로 사랑하지 못하기에, 너
희들이 시기와 질투요, 반목하는 마음
이요,
19 그와 같이 정성을 다하지 않는 그 마
음속에 사탄의 마음이 너희들을 유혹
하고 흔들어 놓기에 너희들의 본의 아
닌 행동까지도 무너질 수 있음이니라.
20 모든 나의 아들을 따르는 제자 너희들
은 들으라.
21 더욱이 나의 새로운 성경을 만드는 너
희들은 모든 일에 있어서 목숨을 바쳐
하듯이, 충성을 다하듯이, 정성을 다
하듯이 너희 스스로 삶을 그리 살아
가라는 것이니라.
22 네 삶을 그와 같이 살아갈 때, 너희들
은 거기서 값짐을 알며 소중함을 알며
위대함을 알게 될 것이니 그리 알라
전하라.

11,804 번째 하나님 말씀

2004년 6월 25일 07시 04분

1 사랑하는 나의 아들아!
2 "네, 아버님! 말씀하옵소서."
3 나의 아들을 따르는 제자들이요, 그리
고 나의 새로운 성경을 읽고 깨우친
백성, 너희들은 보이지 않는 곳에서
행함이 더 당당하며 더 아름다운 백성
이 바로 나로부터 선택된 백성임을 알
아야 될 것이니라.
4 너희들은 이와 같은 뜻이요, 이와 같
은 삶을 살도록 그리 지켜 가라 전하
라.
5 너희들이 보이지 않는 곳에서 죄를 짓
는 것은 바로 무엇이냐?
6 나에게 한 죄목을 가지고 두 번의 죄
를 지음이니라.
7 내가 모를 것이라 하여 나를 속이는
하나의 죄목이요, 또한 너희들 자신을
속이는 죄이니, 그와 같은 행위를 두
번이나 하는 것이 바로 보이지 않는
곳에서 하는 죄가 아니더냐?
8 내가 너희들에게 뭐라 말하였느냐?
9 모르고 죄를 짓는 백성보다도 알면서
죄를 짓는 백성의 죄가 더 무섭다 하
여 그를 엄히 다스린다 하였음이니,
10 너희들이 보이지 않는 곳에서 행하는
것, 정당치 못한 행위를 하는 것, 그
모두가 너희들이 알면서 죄를 지음이
니,
11 알면서 너희들이 나를 두 번을 속이는
그와 같은 죄를 짓는다는 그 무서운
사실을 알도록 그리 가르쳐 주라.
12 너희들이 모르고 짓는 죄보다도 알며

짓는 죄가 더 무섭다는 그 의미를 안
다면,
13 너희들이 보이지 않는 곳에서 나를 속
임으로써 두 번의 더 무거운 죄를 지
으며 가중한 죄를 짓는 그와 같은 행
위를 하지 말라.
14 누가 뭐라 해도 나의 아들을 따르는
제자 너희들은 남들이 보지 아니하며
보이지 않는 곳에서 당당하며 한 점의
부끄럼이 없는 그와 같은 삶을 사는
훈련을 하도록 그리하라.
15 그것이 너희들이 다른 백성들과의 차
별화이니라.
16 그와 같은 삶을 사는 것이 너희들이
다른 종교 집단의 지도자요, 그 신도
들로부터 이방인이요, 사탄이란 말을
듣지 않는 길일 것이니라.

11,805 번째 하나님 말씀

2004년 6월 25일 07시 09분

1 사랑하는 나의 아들아!
2 "네, 아버님! 말씀하옵소서."
3 알곡식을 맺게 하고 썩어져 가는 뿌리
와 몸통과 같은 그 역할이 따로 있음
이니라.
4 그것이 육의 세상의 삶이요, 너희들이
육의 세상에 존재하는 것은 무엇이더
냐?
5 뿌리와 몸통이 되어 알곡식을 맺어 추
수를 거둘 수 있도록 하는 것이 너희
들의 직분이요, 한계임을 알라.
6 그러나 지금 나의 피조물 만백성이요,
신앙의 길을 가는 그 백성들이 어떠한
줄 알겠느냐?
7 너희들이 뿌리와 몸통에서 모두 멈춰
있는 자들이요, 그 모두가 알곡식인
것처럼 착각하는 세상의 믿음이요, 삶
을 사는 것이 너희들이니라.
8 사랑하는 나의 아들딸들아! 너희들이
그와 같은 한계에서 벗어나지 못하면
아니 됨이니라.
9 너희들은 뿌리는 뿌리로서 역할이요,
몸통은 몸통으로서 모든 역할을 하면
되는 것이니라.
10 그것을 알곡식을 맺는 것처럼 알곡식
의 역할을 한다면, 이는 모든 질서가
무너지며 파괴됨을 너희들은 알아야
될 것이니라.
11 뿌리와 몸통이란 무엇이더냐?
12 영적인 구원을 위한 것이 너희들의 책
임이며, 그 한계가 있는 것이며, 그 이
상을 너희들이 넘길 수는 없음이니라.
13 나 여호와가 나의 사랑하는 아들딸 너
희들을 추수할 수 있는 영적인 열매를
맺을 수 있도록 하기 위하여 뿌리와
몸통은 그 준비 과정을 역사하는 것이
니라.
14 그러니 너희들이 육의 신앙 그 자체에
서 벗어나지 못하면 아니 되는 것이니
라.
15 너희들은 지금 열매를 위한 신앙의 길
을 가야 되며, 추수를 위한 영혼의 열
매를 위해 가야 하거늘,
16 모든 백성들이 지금 몸통에 있는 그
종교 집단 지도자들이 열매를 맺으려
는 것을 붙잡고 매달리며, 너희들이
열리지 못하도록, 익지 못하도록 하는
형국이 되어 버렸으니, 이것이 얼마나
슬픈 일이더냐?

17 열매가 맺어야만 다음의 생명이 다시 세상에 존재한다는 것을 모르는 어리석은 자와 같은 행위를 하는 것이 바로 오늘의 믿음의 길을 가는 종교 집단의 지도자들이니라.
18 오늘의 인간 세상에서 믿는 그 한계의 믿음을 벗어나지 못한다면 아무것도 이룰 수 없는 것이 너희들이니라.
19 오로지 너희들은 열매를 맺기 위한 과정의 몸통과 같은 역할 밖에는 더 이상 할 수 없는 위치라는 것을 먼저 깨달으라.
20 열매가 심판을 받으며, 열매를 맺기 위하여 존재했던 뿌리와 몸체가 심판을 받는 것이 아니라, 뿌리와 몸통이 최선을 다하여 추수할 수 있는 그 열매를 맺게 함이니,
21 그 열매가 먹을 수 있는 것인지, 버릴 것인지 그 심판을 받도록 하여 그 열매가 심판을 받는 것이니, 그를 위해 너희들이 모두 존재한다는 것을 깊이 깨우치라.
22 구약과 신약은 모두 뿌리와 몸체로서 직분을 다하고 그 이상은 할 수 없다는 것, 그 자체에서 너희들이 지금 제 직분을 다하지 못하며 열매를 맺지 못하도록 그 열매에게 수분과 양분을 공급하지 아니하면서 열매를 맺겠다고 몸부림치며 아우성친다면,
23 그리고 너희들이 열매를 맺게 하고 몸통으로서, 뿌리로서 그저 썩어져 가는 것이 너무 억울하고 분하다 하여 몸부림친다고 해서 뿌리와 몸통이 추수의 결과가 되는 열매를 맺을 수는 없는 것이니, 이와 같은 이치를 깨닫도록 그리하라, 사랑하는 나의 아들딸들아!
24 이 비유의 뜻이 무엇이더냐?
25 너희들이 육의 세상에서 육의 믿음에서 벗어나지 못하며 하늘의 믿음을 보지 못하는 오늘의 종교 집단이요, 불쌍한 너희들을 위하여 내가 깨우치고 전함이니라.

11,806 번째 하나님 말씀

2004년 6월 25일 07시 14분

1 사랑하는 나의 아들아!
2 **"네, 아버님! 말씀하옵소서."**
3 육의 삶에 얽매이는 것이 가장 불행한 자들이요, 너희들이 거듭나지 못함이니라.
4 그러니 육의 세상의 상식이요, 지식이 뛰어난 자, 지혜가 높다 하다 하여 자신이 위대한 것처럼 착각 속에 사는 백성, 너희들이 가장 불행한 백성이요, 그 한계를 넘지 못함이니라.
5 오늘의 모든 종교 집단의 지도자 저희가 대장이요, 저희가 이 세상을 지배할 자요, 저희 외에는 없다는 그 착각 속에 얽매이기에,
6 육의 상식에서 최고의 경지에 올랐다 하여 그것이 하늘의 뜻이라는 것처럼 착각하고 있는 것이 너희들이니라.
7 너희들은 뿌리와 몸통의 역할을 하는 것뿐임을 알라.
8 그러니 열매를 맺지 못하도록 훼방하는 것이 과연 뿌리와 몸통이 할 일이란 말이더냐?
9 구약의 시대가 뿌리요, 신약의 시대가 몸통이라 했으니, 이제는 제3의 시대

가 열매를 맺도록 너희들이 모두를 다
하여야 되는 것이거늘,
10 그 뿌리와 몸통이 분하고 억울하다 하
여 열매를 맺지 못하도록 훼방을 한다
면, 너희들이 거듭나는 은혜를 다 같
이 잃게 된다는 것을 어찌하여 모른단
말이더냐?
11 내가 너희들에게 깨우쳐 전하기를 뭐
라 했느냐?
12 너희들이 인간 세상에서 짓는 죄는 내
가 용서할 수 있으며 다스릴 수 있으
나, 너희들이 나 여호와의 성령이요,
하늘의 뜻이요, 성령을 위배하는 죄는
내가 용서할 수 없으며 너희들은 절대
구원받을 수 없다 한 그 무서운 뜻을
알겠느냐?
13 이제 몸통과 뿌리인 너희들은 결실을
맺지 못하게 하는 행위를 중단하라.
14 그렇지 아니하면 너희들이 유황불에
던져지는 것은 당연할 것이니라.
15 제3의 시대가 역사하여 내가 추수할
수 있는 열매요, 알곡식이 잘 익어 갈
때 뿌리요, 몸통의 그 공도 너희들에
게 있을 것이며, 너희들이 받을 수 있
는 공이요, 상은 따로 있거늘,
16 그것마저도 버려 유황불에 뽑혀 던져
지는 그와 같은 행위를 하지 말며 불
행을 초래하지 말라.
17 지금의 너희는 알아야 될 것이니라.
18 구약은 뿌리요, 신약은 몸통이라 내가
너희들에게 그리 말했으며, 너희들이
출발의 시대요, 중간의 시대라 내가
얼마나 너희들에게 예를 들어 깨우쳐
주고자 했던가?
19 이제 몸통이 나 여호와가 거둬들이려
는 영적인 열매를 맺지 못하도록 훼방
을 하고 있음을 너희들은 알겠느냐?
20 열매를 맺어야 너희들의 생명이 다시
태어나는 그와 같은 은혜의 역사를 얻
거늘, 너희들이 지금 너희 자신이 열
매가 된다 하면, 몸통이 어찌 열매가
되며 뿌리가 어찌 열매가 되겠느냐?
21 그 어리석음에서 헤어나고 깨어나라.
22 육의 세상에서 벗어나지 못하고 허덕
이는 너희들은 영적인 세상을 볼 수
있는 안목을 가지라.
23 너희들의 한계에서 지금 벗어나지 못
하기에 열매가 익어 가는 그 과정을
보지 못함이니라.
24 뿌리와 몸통이 협조하지 아니하며 너
희들이 돕지 아니하면 결코 그 열매를
맺을 수 없으며 나 여호와가 추수하지
못할 것이라 그리 생각하나,
25 너희들은 나 여호와의 전지전능함이
라 함을 알면서 어찌 그와 같은 생각
을 하며, 나에게 거래를 하고자 하며,
26 너희들이 깨우치지 못하고 오늘의 모
두를 다 지배자가 되고자 하는 그 욕
심을 버리지 못하고 있느냐?
27 너희들이 육의 세상에서 벗어나지 못
한 것, 그 한계를 벗어나지 못한 너희
들이 어찌하여 성령의 영적인 그 세상
의 지배자가 될 수 있으며 다스릴 수
있다 하느냐?
28 너 자신이요, 네 위치요, 네 분수를 알
도록 그리 전하라.

11,807 번째 하나님 말씀

2004년 6월 25일 07시 19분

1 사랑하는 나의 아들아!
2 "네, 아버님! 말씀하옵소서."
3 이제 구원을 받았다 하는 신도들이요,
그리고 그 지도자, 너희들은 열매를
맺지 못하는 몸통이 되지 말라.
4 너희들이 지금 하고 있는 짓이 무엇이
더냐?
5 몸통으로써 너희들이 최선의 역할을
다하면 그것으로써 나에게 공이 있을
것을,
6 어찌하여 몸통이 열매가 되고자 하여
너희들은 내가 거둬들일 수 있는 추수
의 그 영적인 열매를 맺지 못하도록
한단 말이더냐?
7 너희들이 직분을 다했을 때 너희 몸통
이요, 그 모습은 비록 생명을 잃으며
썩어져 가나, 그 아름다움이 있으며
그 공이 있는 것이요,
8 그 한계를 벗어날 수 없으며 그 이상
을 능가할 수 없는 것이 오늘의 구약
과 신약의 시대요, 믿음의 길을 가는
백성들이요, 종교 집단 너희들의 한계
라는 것을 알아야 될 것이니라.
9 오늘의 신약의 시대요, 구약의 시대
요, 뿌리와 몸통으로써는 결코 열매를
얻을 수 없으며 그 열매를 거둘 수 없
으며 맺을 수 없으니,
10 너희들이 그 믿음으로써는 구원을 받
는 것이 아니요, 구원의 길을 볼 수 있
는 백성들을 안내하는 역할로써 제3
의 시대가 역사하니,
11 이를 보좌하는 것으로써 여기까지이
며, 그 이상을 넘을 수 없는 것이라는
것을 너희들은 알라.
12 너희들이 제 직분을 다했을 때 그 공
이 인정될 것이요, 그렇지 아니하고
지금 사악한 길이요, 잘못된 길을 고
집하고 아집을 피운다면, 너희들은 그
공마저 없다는 나의 새로운 성경에 기
록한 뜻을 알라.
13 이제 육의 교리요, 믿음을 버리고 너
희들이 영적인 열매를 맺을 수 있는
몸통으로서 네 직분을 다하는 데 최선
을 다하라.
14 네 직분을 다하는 집단으로 변화되라.
15 그렇지 아니하면 아니 될 것이니라.
16 너희들이 지금 참진리를 가르치는 집
단으로 변화되지 아니하고 비진리요,
인간의 교리로써 계속 고집한다면,
17 모두를 다 무너트리는 행위를 하는 성
령의 훼방 죄를 면치 못한다는 그 무
서운 뜻을 알라.
18 열매가 맺어 추수되지 아니하면 너희
들 자신이 유황불에 던져지는 신세가
된다는 것을, 이것이 하늘의 뜻이요,
순리라는 것을 어찌하여 모르고,
19 감히 몸통의 역할을 벗어나 열매의 세
상을 들여다보려 하느냐?
20 지금의 몸통인 신약의 지도자요, 성도
너희들이 뭐라 하느냐?
21 '우리가 못 가면 너도 못 가면 된다.'
하는 어리석은 아집과 고집과 그 비진
리의 믿음에서 모두를 털어 버리고 거
듭나지 아니하면 아니 됨이니라.
22 내가 비유하여 너희들에게 가르침이
니, 하늘의 뜻이요, 하늘의 역사를 볼
수 없는 것이 뿌리와 몸통이니라.

23 오로지 성령으로 영글고 익어진 결실
인 그 열매만이 하늘의 뜻이요, 하늘
의 천사들이 존재하는 그 세상에 오고
못 오는 그와 같은 것을 역사하는 것
이지, 뿌리와 몸통이 역사하는 것이
아니라는 것, 너희들은 이를 깨닫지
아니하면 아니 됨이니라.
24 그리고 그와 같은 마음으로 너희 자신
을 겸손하게 낮은 자세로써 거듭나지
아니하면, 너희들은 모두가 유황불에
던져지는 신세가 된다는 것을 절대 잊
지 말라.

11,808 번째 하나님 말씀

2004년 6월 25일 07시 23분

1 사랑하는 나의 아들아!
2 "네, 아버님! 말씀하옵소서."
3 나의 아들은 뿌리도 몸통도 너희들이
그 모두를 도와주지 아니한다면, 결코
새로운 열매요, 나 여호와가 추수할
수 있는 그 열매가 맺어지지 아니한다
그리 생각하는가?
4 이것이 뿌리와 몸통인 구약과 신약의
너희들의 잘못된 생각이니라.
5 너희들은 들으라.
6 나 여호와는 추수하는 그 열매를 맺을
수 없다 생각하며, 내가 거둬들이지
못한다 그리 생각하는가?
7 너희는 나를 뭐라 말하느냐?
8 전지전능한 아버지요, 말로써 이 세상
을 다 창조했으며 모두를 역사한 위대
한 아버지라 너희들이 그리 말하느니
라.
9 과연 전지전능한 아버지요, 말로써 이
세상의 모두를 다 역사한 위대한 아버
지라 그리 믿고 정녕 그리 생각한다
하면서도,
10 너희들이 돕지 아니하며 너희들이 직
분을 다하지 아니하며 거듭나는 변화
의 삶을 살지 아니한다 해서 나 여호
와가 새로운 시대요, 새로운 열매를
거둬들일 수 없다 생각하는가?
11 너희들은 알아야 될 것이니라.
12 결과는 너희가 알지 못하는 것이요,
너희들이 모른다 해도 나 여호와는 그
모든 영적인 열매를 거두어 거둬들일
수 있는 그 열매만 거둬들일 것이요,
13 거둬들이지 못하는 그 열매는 내가 가
라지와 모두를 다 뽑아 유황불에 던진
다는 걸 너희들은 알라.
14 나는 나의 아들과 그 제자들, 그리고
새로운 성경으로써 내가 추수 때 거둬
들일 수 있는 알곡식을 정녕 내가 영
글게 할 것이며 내가 거둬들일 수 있
도록 그리할 것이니라.
15 너희들이 돌아서지 아니하며 거듭나
지 아니한다 하여 나의 백성들이 인간
의 교리에 다 빠져, 나의 아들을 따르
는 자들이요, 새로운 성경을 읽고 거
듭나는 백성이 없다 너희들이 그리 착
각하지 말라.
16 너희들이 감당치 못하는 그 시대가 올
것이니라.
17 사랑하는 나의 아들과 나의 아들을 따
르는 제자들이요, 새로운 성경이 세상
에 내려감이니, 나는 이를 가지고 다
시 가꾸어 내가 거둬들일 수 있는 씨
앗과 몸통으로써 성장시켜 정녕 알곡
식을 추수할 것이니 그리 알라.

18 다만, 뿌리와 가지로써, 너희들이 몸
통으로써 이를 거부하며 거듭나지 아
니하며,
19 육의 세상의 육신이요, 육의 세상의
모두를 교리로 맞춰 너희들이 나의 피
조물 만백성을 고통스럽게 해 왔던 뿌
리와 몸통의 그 자만함을 버리고 거듭
나지 아니하면, 너희들은 결국 유황불
에 던져져 버리니,
20 태워져 버리는 그 속의 고통이 어떠한
것인가 너희들이 그를 알게 될 것이니,
21 그 모두는 너희들이 자초하고 있는 것
뿐이라는 것을 알라 그리 전하라.

11,809 번째 하나님 말씀

2004년 6월 25일 07시 26분

1 사랑하는 나의 아들아!
2 "네, 아버님! 말씀하옵소서."
3 뿌리인 구약 시대의 그 신앙으로 가는
백성들과 몸통인 신약 시대의 그 모든
믿음으로 가는 백성들이 뒤얽히고 얽
혀 종교 전쟁이요, 서로 물고 무는 그
와 같은 형국이 되었음이니,
4 하나의 결실을 맺기 위하여 존재하는
뿌리와 몸통이 서로가 우선이라 하여
치고받고 물고 뜯고 싸우는 그와 같은
형국이니, 거기에서 어떠한 열매가 열
릴 수 있다 하느냐?
5 그리하여 나는 그 모든 것을 포기하며
그 모두를 다 버리게 될 것이니 그리
알라.
6 너희들이 깨우쳐 하나가 되어, 내가
이루고자 하는 영적인 열매를 추수할
수 있도록 지금이라도 최선을 다한다
면, 내가 너희들을 버리지 아니할 것
이니라.
7 서로가 그와 같은 행위를 할 때, 나는
새로운 나무로써 새로운 열매를 거둬
들일 것이며,
8 거기에 합당치 못한 자는 내가 다 유
황불에 던진다는 무서운 하늘의 뜻을
너희들은 알아야 될 것이니라.
9 나는 너희들에게 말하였느니라.
10 그리하여 육의 세상의 삶을 뛰어넘어
너희들이 하늘의 길에 들어서는 하늘
의 경지요, 하늘의 지혜를 얻어 하늘
의 이치를 깨달으라 하는 것이 바로
여기에 있음이니라.
11 구약과 신약의 백성 너희들이 서로 물
고 치고받고 전쟁을 치르고 있으니,
그것은 육의 욕심이요, 육의 교리의
한계를 벗어나지 못한 것이요,
12 정녕 하늘의 지혜요, 하늘의 사랑이
요, 하늘의 뜻에 의해 가고 결실을 거
두고자 한다면, 오늘과 같이 험악한
세상은 결코 이루어지지 아니하였을
것이니라.
13 나 여호와요, 전지전능한 아버지가 모
든 결실을 줄 것이며 새로운 시대를
대비하고 감을 너희들은 알아야 될 것
이니,
14 이제 너희들이 정녕 창조주 아버지의
전지전능함을 피부로 영적으로서 모
두를 느끼게 될 때가 머지않았으니,
그것이 바로 너희들에게 형용할 수 없
는 재앙의 역사를 이룸이니라.
15 그러니 재앙으로써 내가 모두를 다 쓸
어버리는 것이 아니요, 그 터전 위에
내가 새로운 열매를 거둘 수 있는 씨

앗을 다시 뿌리는 이와 같은 역사가
이루어질 때,
16 그 새싹이 자라는 것에 걸림돌이 되는
모든 가라지와 잡초는 뽑아, 열매를
열지 못하는 그 모든 나무요, 시기와
질투로 결과를 내지 못하는 그 나무는
다 뽑아 내가 태워 버릴 것이며 말려
버리는 고통으로써 너희들을 다스릴
것이니라.

11,810 번째 하나님 말씀

2004년 6월 25일 09시 26분

1 사랑하는 나의 아들아!
2 **"네, 아버님! 말씀하옵소서."**
3 새로운 성경이요, 160권의 '하늘에 오
르는 길'이요, 나 여호와의 뜻인 이 책
이 세상에 내려가지 아니하면 아니 되
는 그 형국은 무엇이더냐?
4 수천 년 동안 흘러오는 그 백성 너희
들이 그와 같은 역사가 이루어지지 아
니하면 아니 되도록 그리 만들었으며,
그리 너희들이 타락의 길을 가고 있다
하지 않더냐?
5 지금 이 자연의 아름다운 세상이요,
하늘에서 이루어진 것같이 이루어져
야 할 이 지상의 낙원이 사탄의 세상
이 되어 버렸으며 마귀들이 들끓는 그
와 같은 세상이 되어 버렸음이니라.
6 그러니 나의 백성 너희들이 내가 처음
에 내보낸 인성의 그 아름다운 마음을
가지고 살다가 나에게 오르는 것이 구
원이거늘,
7 너희들은 구원을 받을 수 없는 그와
같은 백성으로 타락되었기 때문에 내
가 새로운 성경을 세상에 내려보내 오
늘의 대역사를 이룸이니,
8 이를 보고 너희들이 감사하는 기도를
하지 아니하고 어찌하여 나의 아들을
사탄이요, 마귀요, 이단의 괴수라 그
리 말하는가?
9 너희들은 들어야 될 것이니라.
10 모든 죽어 있는 자, 무덤에 있는 백성,
너희들이 이제는 거듭나는 기회가 올
것이며, 너희들이 나의 아들 예수의
음성을 들어 죽은 자 가운데 거듭나는
그와 같은 역사를 이룰 것이라 하여
나의 아들 예수의 재림을 그리 바라지
않더냐?
11 그러나 나는 나의 아들을 통하여 너희
들에게 뭐라 말하였느냐?
12 그와 같은 예수의 재림이 없으며, 예
수의 음성으로써 너희들을 구원하는
길도 없다 하지 않았더냐?
13 너희들은 지금 죽음이라는 것이 무엇
이던가?
14 죽어 온 자들은 모두 나에게 심판을
받아 그 대가를 치르고 있다 하지 않
았더냐?
15 그러니 하늘의 뜻을 모르는 자가 하는
소리가 아니더냐?
16 내가 너희들에게 죽은 자는 뭐라 말하
였느냐?
17 너희들이 하늘에 오르는 길이요, 구원
을 받는 그 모든 역사는 너희들이 나
를 아버지라 부르는 지상의 삶에서 모
두가 역사할 수 있다 하였음이니라.
18 그러니 지금 나를 아버지라 부를 수
있는 육의 세상에 사는 너희들이 나를
아버지라 부르짖을 수가 없으며 너희

들이 내 뜻에 따라 살아가지 아니하니,
19 너희들이 나와의 그 모든 인연을 끊어
버리는 그와 같은 삶을 살고 있으니,
곧 이것이 이 지상의 모두가 다 무덤
이 되어 버린 것이니라.
20 내 뜻을 따르며 내 뜻에 의하여 살아
가는 백성이 없기에 너희들이 나와 관
계없는 그와 같은 삶을 사니,
21 너희들이 육은 살아 있으나 지금 이
지상을 무덤으로 만들어 무덤 속에 사
는 백성, 너희들을 가르치고 지칭함이
니라.
22 이와 같은 하늘의 뜻을 너희들은 알아
야 될 것이니라.
23 이미 너희들은 육이 죽은 자들이니라.
24 그냥 무덤 속에 있는 자들이니라.
25 그러니 너희들은 거듭날 수 없는 것이
요, 너희들은 나에게 오를 수 있는 그
와 같은 삶을 절대 살 수 없는 것이니
라.
26 그러기에 너희들이 육은 살아서 움직
이며 세상의 온갖 지혜를 동원하여 인
간의 향락된 삶을 살아가나,
27 너희들이 다 산 자 중에 죽은 자요, 산
자 중에 무덤 속에 있는 자들이라 하
는 것을 알겠느냐?
28 그리하여 나의 새로운 성경을 너희들
에게 내려보내, 그 무덤 속에 있는 자,
나의 아들을 통하여 내리는 강론이요,
새로운 성경의 소리를 듣고 그를 읽고
깨우쳐 거듭나는 은혜를 입으라 하는
것이 나 여호와의 뜻이니라.
29 그리하여 내가 160권의 새로운 성경
을 내려보내니, 무덤 속에 있는 나의
백성 너희들은 나의 아들이요, 내가
내리는 새로운 성경이요, 그리고 나의
아들을 통하여 전하는 그 음성을 듣고
거듭나는 은혜를 입으라.
30 그러니 무덤 속에서 사는 자요, 무덤
속에서 거듭나는 그와 같은 영광의 은
혜가 바로 이와 같은 뜻에서 이루어지
며, 이와 같은 것으로써 이루어진다는
것을 나의 새로운 성경에 기록하여 전
함이니,
31 이 대목을 읽는 백성 너희들은 깊이
깨우쳐, 나 여호와가 원하는 것이요,
내가 이루고자 하는 것이요, 내가 전
하는 것이 어떠한 의미인가를 깨우쳤
을 때 하늘의 지혜를 얻을 수 있음이
니라.

11,811 번째 하나님 말씀

2004년 6월 25일 09시 30분

1 사랑하는 나의 아들아!
2 **"네, 아버님! 말씀하옵소서."**
3 나의 아들을 통하여 새로운 성경이요,
오늘의 이와 같은 방법으로써 물이 흐
르듯이 서서히 너희들에게 내려보내
지 아니하면 아니 되는 그 의의와 뜻
이 어디 있는 줄 알겠느냐?
4 그러니라. 지금 내가 나의 새로운 성
경으로써 물이 흐르듯이, 그 대지를
적시듯이 서서히 스며드는 방법으로
써 너희들을 깨우쳐 가지 아니하고,
5 너희들이 지금 가는 믿음의 길이 잘못
되었으며 너희들의 신앙이 잘못되었
으니 모두를 중단하고 새로 거듭나라
내가 그리 말한다면,
6 너희들은 나를 공박할 것이며 나를 물

고 늘어질 것이니라.
7 그것이 너희들의 마음이요, 너희들의
자세가 아니더냐?
8 대안 없이 몰아붙였을 때 너희들은 결
코 그를 따르려 하지 아니하며, 증거
있는 것, 눈으로 보는 것도 믿지 않으
려 하는 자들이니,
9 너희들이 얼마나 나를 물려 대들며 나
에게 공격하는 그와 같은 자세로 변하
겠느냐?
10 그리하여 내가 나의 새로운 성경을 지
금 나의 아들을 따르는 나약한 제자들
을 통하여 물이 흐르듯이 서서히 스며
드는 방법으로써 모두를 이루어 가는
것을 너희들은 알아야 될 것이니라.
11 너희들이 대가를 지불하지 아니하고
너희들에게 힘든 일을 시켰으며 노동
을 시켜 그 노동력만큼 품삯을 주지
아니할 때, 너희들은 주인의 멱살을
잡을 것이며 주인에게 매를 들고 대들
것이며 주인을 공격할 것이니라.
12 그것이 인간의 형태가 아니더냐?
13 너희들이 길들여 기르는 짐승도 그렇
지 않더냐?
14 먹이를 주지 아니하여 굶주리면 주인
을 물려 대들 것이며 주인을 물게 될
것이니라.
15 그러니 바로 너희들이 지금 오늘의 성
경이요, 그 믿음의 길을 가는 그것이
가장 큰 대안이요, 그것밖에 없다 몸
부림치는 너희들에게,
16 그 모두가 하늘에 오르는 길이 아니니
대안 없이 그를 중단하라 할 때, 너희
들은 나를 물고 늘어질 것이며 나를
공격할 것이니라.
17 그리하여 내가 160권이라는 새로운
성경을 땅에 물이 스며들듯이, 그리고
솜에 물이 그저 소리 없이 배어들어
가는 것처럼 너희들에게 역사하고 이
룬다는 것을 너희들은 알아야 될 것이
니라.
18 너희들이 머지않아 대지가 젖어 있음
을 알 것이며 솜이 젖어 있는 것을 알
게 될 것이니라.
19 그리하여 이와 같은 방법으로써 모두
를 역사함이니라.
20 그리하여 너희들이 폭동을 일으키며
나를 물고 늘어지는 그와 같은 행위를
하고도 남기에,
21 내가 너희들을 서서히 다스려 대안을
주며, 그 대안을 읽고 깨우치는 자, 구
원의 길을 볼 수 있도록 내가 이와 같
은 유한 방법을 선택하여 역사함을 너
희들은 알라.
22 이 새로운 성경을 내려보내지 아니하
고 너희들에게 거듭나라, 다시 가라,
그리고 잘못됐으니 바꾸라 하면,
23 너희들은 죽어도 그 길을 따르지 아니
할 것이며, 나를 사탄이요, 마귀라 하
여 나를 물고 늘어지는 험악한 형국이
되기에,
24 내 그 모두를 예비하여 그 모두를 알
고 있기에, 이와 같이 서서히 솜에 물
이 스며들듯이 보이지 않는 형태에서,
알지 못하는 상태에서 내가 너희들을
깨우쳐 가는 역사를 이루는 것이라는
것을 알라.

11,812 번째 하나님 말씀

2004년 6월 25일 09시 34분

1 사랑하는 나의 아들아!
2 "네, 아버님! 말씀하옵소서."
3 지금의 종파요, 신도요, 그 지도자 너
희들이 모두 하나가 되어 나의 아들이
요, 새로운 성경을 사탄이요, 이단이
라 말하며 그를 핍박하고 태워 버리고
찢어 버리는 그와 같은 행위를 하느니
라.
4 그러나 너희들은 여기서 알아야 될 것
이니라.
5 너희들은 오늘의 그 만행을 부리고도
남을 것이며, 그와 같은 것을 나는 알
고 있기 때문에 그와 같은 행위를 너
희들이 하지 말라 함이니라.
6 너희들이 과연 그와 같은 행위를 하고
도 나로부터 구원을 받으며 나를 볼
수 있다 생각하느냐?
7 인간의 숫자요, 그 모든 집단의 능력
에 따라 사탄이요, 이단이라 결정짓고
판정을 하는 것이 너희들이라 하지 아
니하였느냐?
8 너희들은 들으라.
9 나의 새로운 성경이 세상을 덮어 만백
성이 이를 읽지 않는 자가 없으며, 지
금까지 살아왔던 믿음이요, 그 모두가
잘못된 것을 알고 그들이 너희들을 단
죄하려 대들 때, 그리고 그들이 억울
하고 분함을 너희들에게 그 모두를 다
풀려 할 때,
10 과연 그때 가서도 너희들이 대중 앞에
서 나의 아들이요, 나의 새로운 성경
을 사탄이요, 이단이라 그리 말을 하
고 나에게 공격하라 너희들이 명을 내
릴 수 있겠는가?
11 그때가 되었을 때 너희들의 그 모습이
어떠한 줄 알겠느냐?
12 너희들은 자신의 목숨을 지키기 위하
여 그 목숨을 구걸하는 그와 같은 형
국이 너희들의 모습이라는 것을 나는
이미 알고 있음이니라.
13 그러니 너희들이 목숨을 구걸하며 그
목숨을 구원하려 울고불고 매달리는
그와 같은 형국이 머지않았거늘,
14 어찌하여 너희들이 지금 나의 아들의
새로운 성경을 사탄이요, 이단이라 그
리 평가하며 그와 같은 말을 함부로
하는가?
15 이 세상을 덮었을 때도 과연 너희들이
그 말을 할 수 있는가 한번 내가 너희
들을 지켜볼 것이니라.
16 이를 사탄이요, 천사요, 그 모든 하늘
에 있는 자들, 그리고 모든 너희들이
죽어 와 있는 자, 그리고 근거를 잡지
못하는 자, 그와 같은 자들이 다 지금
의 너희들의 목숨을 구걸하며 너희들
의 목숨을 지키기 위해 얼마나 고행의
길이요, 발버둥치며 애걸복걸할 것인
가를 모두가 다 알고 있느니라.
17 사탄도 알고 천사도 알고 있느니라.
18 그리하여 사탄은 이를 막으려 하여 저
희들이 온갖 수단과 방법을 다하여 나
의 아들이요, 새로운 성경이요, 그를
공격하고 훼방하는 것을 준비함을 아
느니라.
19 그러나 결코 너희들은 나의 아들을 무
너트릴 수 없으며, 나의 새로운 성경
이 세상을 덮는 것을 막을 수 없다는

것을 아느니라.
20 알면서 더 이상 발버둥치지 말라, 알
면서 더 이상 무너트리려 하지 말라.
21 오로지 너희들의 죄만 가중되며, 너희
들이 치러야 할 그 대가요, 그 죄의 무
게만 더한다는 것을 너희들은 알라 그
리 전하라.

11,813 번째 하나님 말씀

2004년 6월 25일 09시 38분

1 사랑하는 나의 아들아!
2 "네, 아버님! 말씀하옵소서."
3 2천 년 전 나의 아들이 나의 성령으로
써 세상에 나가 만백성을 구하고자 하
니, 그를 따르며 도와야 할 백성들이
그를 사탄이요, 이단이라 하여 십자가
에 못 박기 위하여 모든 간교한 방법
을 다 동원하는 그것에 나의 아들의
고통이 과연 어떠했는가?
4 그러나 거기에 나의 아들의 고통을 가
중시킨 것은 나의 아들 예수를 부인하
는 것이요, 그리고 나의 아들을 팔아
버리는 것이요,
5 그리고 믿었던 그 제자들이 모두 등을
돌려 어렵고 힘들 때 나의 아들을 떠
나는 그와 같은 것이었으니,
6 이것이 바로 배신이요, 그리고 의리
없는 자요, 버림을 받는 자라 너희들
은 그리 말할 것이니라.
7 그러나 너희들은 여기서 깨우치라.
8 나의 아들을 따르는 제자 너희들 또한
그렇지 아니하다 말할 수 없을 것이니
라.
9 지금 나의 아들을 따르는 선택된 제자
너희들은 과연 어떠하는가?
10 너희들이 지금 160권의 새로운 성경
이 세상에 나옴을 방해하려 하지 않는
가?
11 그리고 나의 아들에게 새로운 성경이
나올 수 없도록 너희들이 압력을 행사
하며 핍박을 하며 고통은 주지 않는가,
12 너희들 스스로 거역하는 일을 하고 있
지는 아니하는가 깊이 생각해 보며 너
희들을 다스려 봐야 될 것이니라.
13 그것보다 더 무서운 죄가 없으며 그것
보다 더한 것이 없음이니라.
14 나의 아들 예수에게 등을 돌렸던 그
제자들이요, 그를 팔았던 자보다, 너
희들이 새로운 성경이 세상에 나와 마
지막 시대에 모든 백성들이 구원을 받
고 못 받으며, 하늘에 오르고 못 오르
는 그 모두를 듣고 깨우쳐 선택해야
될 나의 새로운 성경 160권을 세상에
나오지 못하게 하는 것은,
15 2천 년 전 나의 아들 예수에게 했던
그것보다도 더 사악한 짓이요, 더 포
악한 행위라는 것을 너희들은 알아야
될 것이니라.
16 너희들이 인간 세상에 살아가면서 열
가지, 백 가지 서로 부닥치고 역사하
는 그 과정에서 새로운 성경이 나오는
것을 방해하는 일을 해서는 아니 됨이
니라.
17 결코 너희들은 그와 같은 행위를 해서
는 아니 됨이니, 이를 명심하도록 그
리하라.
18 사랑하는 나의 아들을 따르는 제자 너
희들은 들으라.
19 너희들의 마음을 비우라 하지 아니하

였더냐?
20 너희들이 마음을 비우지 못하면 결코
나의 아들을 따라올 수 없으며, 나의
아들과 더불어 역사할 수 없다는 것을
알라 그리 전하라.
21 사랑하는 나의 아들딸들아!
22 귀하고 소중한 내 뜻을 접하고 배우는
너희들이 무엇이 아쉬우며 무엇이 부
족하며 무엇이 그리워 천사와 같은 마
음으로 거듭나지 못하며,
23 인간 세속에 사는 인간의 그 한계를
벗어날 수 없는 욕심이요, 욕망이요,
그와 같은 것을 버리지 못하고 어찌하
여 지금도 그 삶을 사는가?
24 그러면서 너희들이 나의 아들을 따라
나에게 같이 오며 더불어 올 수 있다
는 생각을 지우라.
25 결코 너희들은 나의 아들을 따를 수가
없을 것이니라.
26 나의 아들은 너희들이 자고 나면 변화
될 것이며, 자고 나면 나의 아들이 멀
리 가 있을 것이니, 너희들이 과연 그
를 따를 수 있다 생각하는가?
27 너희들이 마음을 비우며 자신의 모두
를 지우라.
28 그렇지 아니하는 자 결코 따라올 수
없으니,
29 따라오지 못하는 자, 중도에서 포기하
는 그와 같은 백성이 되고 말 것이니
그리 알라 전하라.

11,814 번째 하나님 말씀

2004년 6월 25일 09시 44분

1 사랑하는 나의 아들아!
2 "네, 아버님! 말씀하옵소서."
3 세속 속에 살아가는 나의 백성 너희들
도 살아가면서 인생의 설계를 세워 가
장 적합하며 이룰 수 있다 하여 그 목
표를 세우니라.
4 그리고 그 목표를 세워 그를 달성하기
위해 너희들이 최선의 노력을 다하고
살아가지 않느냐?
5 그러나 너희들이 가는 과정이 어렵고
힘듦을 맞이하게 되며, 평탄한 그 길
을 갈 수는 없는 것이니라.
6 그리하여 고난의 길에 어려울 때 그를
극복하는 백성이 되지 못하고 목표했
던 것을 너희들이 버린다면, 결국 아
무것도 이룰 수 없는 백성이 되지 않
더냐?
7 그러나 너희들이 세운 목표를 목숨을
다하고 정성을 다하여 지켜 나간다면,
너희들은 반드시 그 뜻을 이루는 그와
같은 백성이 될 것이니라.
8 그러나 어렵고 힘듦에 너희들 자신이
견디지 못하여 그 목표를 쉽게 포기한
다면, 그는 기필코 이 세상에서 어떠
한 것도 이룰 수 없으며,
9 남들로부터 대우받는 자요, 남들을 지
배하는 자요, 다스리는 자요, 그리고
남들에게 궁색함을 보이지 아니하고
사는 삶을 살 수 없는 것이 그와 같이
포기하는 자요, 무너지는 자가 아니더
냐?
10 사랑하는 나의 아들딸들아!
11 너희는 어렵고 힘들다 하여 자신의 모
두를 저버리는, 그리고 어려움에 모두
를 포기하여 그저 흘러가는 대로 맡기
며, 흘러가는 대로 삶을 살아서는 아

니 됨이니라.
12 거기에서 너희들이 귀중함을 모르며
소중함을 모르며 나로부터 받아 간 너
희들의 생명의 영광이요, 그 모두까지
다 결국 잃어버리고 포기하는 그와 같
은 사람이 되기 때문이니라.
13 사랑하는 나의 아들딸들아!
14 나의 아들을 따르는 너희들은 오늘의
160권의 새로운 성경을 만들어 세상
에 전하며, 십계명을 지키며 내가 가
르치는 하늘에 오르는 이 글이요, 이
성령의 책대로 살아가는 것이 얼마나
힘들고 좁은 것인가를 나 여호와는 알
고 있음이니라.
15 그러니 너희들이 인생의 목표를 포기
하여 모두를 다 잃는 것처럼 그보다
더한 노력이요, 더한 인내심을 갖고
싸우고 역사하지 아니하면 아니 되는
것이 오늘의 믿음이요, 하늘에 오르는
길을 가는 길이니라, 사랑하는 나의
아들딸들아!
16 너희들은 여기서 살아나는 자가 되어
야 될 것이니라.
17 그리고 너희들은 목숨을 바쳐 충성을
다하며 정성을 다하여 모두를 다 바치
는 그와 같은 삶을 살라.
18 좌우를 돌아보지 말며 부귀를 생각하
지 말며 주저앉는 것을 생각하지 말라.
19 그리하면 너희들이 나에게 오는 영광
을 얻을 것이며, 그리고 너희들이 나
에게 왔을 때 하늘에서 누릴 수 있는,
모든 권세를 누리는 그와 같은 삶을
살 것이니라.
20 이제 나의 아들을 따르는 선택된 너희
들은 절대 물러나지 말며 포기하지 말
라.
21 너희들이 나의 성전에 와 나의 아들을
통하여 내리는 강론이요, 새로운 성경
을 읽고 깨우쳤다가 떠나는 백성, 그
들보다 이 세상에 더 불행하고 가련하
고 그 모두를 잃는 백성은 없다는 나
의 뜻을 너희들이 깊이 새겨 두라.

11,815 번째 하나님 말씀

2004년 6월 25일 09시 48분

1 사랑하는 나의 아들아!
2 "네, 아버님! 말씀하옵소서."
3 나의 새로운 성경이요, 만백성의 심판
의 기준이요, 그리고 내가 가라지와
알곡식을 구분하여 유황불에 던질 자
와 내가 하늘에 추수할 자, 그 모두를
실시하며 행할 시간이 다가오고 있음
이니라.
4 그러니 160권이라는 새로운 성경이
세상에 나왔을 때, 너희들은 무서우리
만큼 소용돌이가 일 것이며, 그 결과
는 너희들이 보든 보지 않든 다 알게
될 것이니라.
5 그러니 지금 시간이 없음이니라.
6 그러니 이제 나의 아들을 따르는 제자
들이요, 선택된 너희들이 용기 없는
자는 스스로 떠나야 될 것이며, 용기
없는 자는 나의 아들 옆에 더불어 같
이 갈 수 없다는 것을 알아야 될 것이
니라.
7 너희들은 들으라.
8 숫자만을 가지고 같이 전쟁을 함에 거
기에 두려워 겁먹는 자, 용기 없는 자
들은 스스로 떠나야 될 것이니라.

9 나 여호와가 역사하는 것을 믿지 못하
며 내가 모두를 관장하는 것을 믿지
못하며,
10 너희들이 상대할 수 없는 그 많은 종
교 집단의 가지고 있는 재능이요, 그
리고 그 재력이요, 그 숫자에 비하여
너희들의 초라하고 나약한 그것을 보
고 두려워 겁을 먹는 자, 용기 없는 자
는 이제 떠나야 될 것이니라.
11 너희들이 단 한 명이 남을 때까지 그
들과 대적하여 싸울 수 있는 용기 있
는 자,
12 그리고 나 여호와가 너희들을 지켜 줌
이니, 결국은 너희들이 승자라 하여
상상할 수 없이 많은 헤아릴 수 없는
그들과 대적할 수 있는 용기,
13 그와 같은 용기 있는 자만이 나의 아
들을 따라갈 수 있으며, 나의 아들 옆
에 존재할 수 있다는 것을 알라.
14 그 용기가 없는 자는 나의 새로운 성
경을 읽고 아무리 깨우쳤으며, 나의
아들을 통하여 내리는 강론을 듣고 깨
달음을 얻었다 해도,
15 너희들은 인간의 계산이요, 인간의 생
각 때문에 결국 그 모두가 떠나게 되
어 있느니라.
16 그는 곧 용기 없는 백성이니라.
17 너희들이 목숨을 바쳐 나의 아들과 더
불어 가며, 너희들이 목숨을 바쳐 나
여호와의 뜻을 지키며 나 여호와가 승
리할 거라는 것, 나 여호와가 너희들
을 구원할 것이며 지킬 것이라는 그걸
믿지 못하는 자니, 하나서부터 만 가
지를 다 믿지 못함이니라.
18 육의 생각이요, 계산된 방법으로써 온
자들, 그 용기 없는 백성은 이제 스스
로 모두가 다 떠나야 될 것이니라.
19 단 나의 아들이 혼자 남든, 그 제자 한
사람이 남든, 두 사람이 남든, 그들을
데리고 나는 그들에게 대적할 것이며,
그리고 나는 성공으로써 이끌어 갈 것
이 자명한 것이며, 다른 정답은 없으
며 다른 답은 없거늘,
20 너희들이 어찌하여 용기 없는 백성으
로서 그리되는가?
21 용기 있는 백성만이 나의 아들 옆에
남을 것이며, 그렇지 못한 백성은 모
두가 등 돌리고 떠날 것이니,
22 2천 년 전에 나의 아들 예수를 팔고
나의 아들에게 등을 돌리며 나의 아들
을 배신했던 그와 같은 자들은 이제
견딜 수 없으며, 여기 남을 자격이 없
음이니, 그 모든 용기 없는 자, 스스로
떠나도록 그리 전하라.

11,816 번째 하나님 말씀

2004년 6월 25일 12시 05분

1 사랑하는 나의 아들아!
2 "네, 아버님! 말씀하옵소서."
3 나의 자식들이 살아가는 형국의 그 마
음이 어떠하던가?
4 어찌하여 너희들은 나의 마음을 그리
도 모르는가?
5 너희들이 인간 세상에 살아가면서 자
식이 집을 나감이니, 그 부모가 자식
을 기다리는 마음이 어떠하던가?
6 너희들은 항상 문쪽을 바라볼 것이며,
그리고 사람이 움직이는 것까지도 너
희들의 자식이 아닌가 하여 마음을 졸

일 것이니라.
7 더욱이 어머니는 그 아들의 밥그릇에
항상 밥을 담아 놓고 그 아들이 들어
와 언제든 먹을 수 있도록 하는 것이
나의 백성 너희들이 가지고 있던 마음
이 아니더냐?
8 지금처럼 과학의 문명이 하늘을 찌를
것같이 발달하여 너희들이 편리한 삶
을 살아가는 이와 같은 세상의 삶이
아닌, 배우지 못하며 알지 못하며 어
렵고 힘든 삶을 살아온 그 백성들의
마음이 그러했느니라.
9 그러니 나 여호와는 부모가 집 나간
자식을 기다리는 그 마음보다 더한 마
음으로써 너희들이 나에게 돌아오기
를 몇천 년 동안을 기다리고 있는 것
을 아는가?
10 육의 부모는 자신이 살아 있을 때까
지, 모두를 다 너희들이 알 수 있으며
볼 수 있는 그때까지 애지중지 자식을
다스리며 보호하며 살아가는 것이 과
연 몇천 년이요, 몇백 년이 되던가?
11 그는 짧은 세월이니라.
12 그러나 나 여호와는 영원히 사는 세상
에서 나의 아들딸 너희들의 삶을 봐야
하느니라.
13 그러니 너희들이 나의 품에 돌아와 천
국에서 모든 누릴 수 있는 것, 부모가
내릴 수 있는 유산을 받아 아름답게
살 수 있는 그와 같은 세상의 그 모두
를 받아야 되는 것이 당연한 너희들이
거늘,
14 그를 다 저버리며 견딜 수 없는 지옥
의 길에 스스로 가는 그와 같은 삶을
사니, 나의 마음이 어떻겠는가?
15 나는 돌아오지 못하는 자식들을 기다
리는 마음이 영원히 사는 세상에 거듭
나는 그와 같은 은혜요, 영원히 내가
보는 그와 같은 세상이니,
16 너희들이 백 년도 안 되는 자식의 앞
날을 걱정하는 부모의 마음과 내 마음
이 과연 어떠하다 하느냐?
17 나는 너희들이 내 품으로 돌아오기를
기다리는 마음이니라.
18 그 마음을 정녕 너희들은 알겠느냐?
19 사랑하는 나의 아들아!
20 "네, 아버님! 말씀하옵소서."
21 내가 기다리고 바라는 마음이 과연 어
떠한 마음이더냐?
22 "네, 아버님! 그렇사옵나이다.
23 저희들이 아버님의 자식으로서 세상
에 나가 온갖 은혜를 입고 살고 있으
나, 그 감사함이요, 은혜를 모르옵나
이다.
24 저희들이 죄를 짓고 사는 것을 말하
면, 하나에서부터 모든 삶이 다 죄로
써 아버님께 부끄러운 짓을 하고 사는
것이라 저는 그리 생각하옵나이다.
25 그러나 저희들이 그 많은 죄를 지었으
며 잘못 살아왔으며 아버님의 뜻을 거
역한 삶을 살아왔으니,
26 어떠한 형태든지 저희들이 살아온 것
은 아버님께서 묻지 아니하며 그저 돌
아오기만을 기다리시는 것이 아버님
의 마음이 아닌가 그리 생각되옵나이
다.
27 어떠한 형태든 살아서 돌아올 수 있는
자식이 되기를 바라는 것, 그것이 아
버님의 마음이 아닌가 그리 생각되옵
나이다.

28 그러나 저희들이 욕심이라는 것을 버
리지 못하여 사탄의 유혹에 넘어가
아버지께 정녕 먼 길이요, 아버지에게
갈 수 있는 길이 아니라,
29 반대의 길로 그저 두 주먹을 쥐고 달
려가며 악을 쓰고 달려가는 그와 같은
백성들의 오늘의 삶이라 그리 생각되
옵나이다.
30 어떠한 죄를 지었든, 어떠한 잘못을
했든, 육의 세상에 살면서 어떠한 잘
못한 것이 있다 해도, 그 죄가 무겁고
많다 해도, 아버님께 깨우쳐서 돌아오
고자 하며 돌아올 수만 있다면,
31 아버님은 하나도 놓치지 아니하며 하
나도 버리지 아니하고 받아들이려 하
시는 것이며, 받고자 하시는 것이 아
버님의 생각이라 그리 생각되옵나이
다."
32 사랑하는 나의 아들아! 그러니라.
33 나는 누구 하나도 버리고 싶지 아니하
며 놓고 싶지 아니하니라.
34 그리하여 내가 그들을 구원하기 위하
여 160권의 새로운 성경을 세상에 내
려보내니, 이것밖에는 없으며 이 길밖
에는 없음이니라.
35 나의 아들딸 너희들은 어떠한 것으로
도 어떠한 형태든 그 마음을 버리지
말며 지우지 말라.
36 그러니 어떠한 고통과 노력이 있다 해
도, 160권의 새로운 성경을 만들어 나
의 피조물 만백성의 가슴에 전달하여,
그들이 정독하도록 하여 그들이 깨우
쳐 나에게 오르도록 그리하라.
37 육의 세상의 부모가 집 나간 자식을
기다리는 그 마음이 그리 애절하거늘,
나는 영원히 사는 세상에 너희들을 기
다리니, 내 마음이 어떠하겠는가?
38 그러니 내 마음과 너희들 육의 부모의
마음의 기다림을 너희들이 한번 견주
어 생각하여 보면, 너희들이 내 마음
도 알게 될 것이니라.

11,817 번째 하나님 말씀

2004년 6월 25일 12시 07분

1 사랑하는 나의 아들아!
2 "네, 아버님! 말씀하옵소서."
3 나의 사랑하는 아들을 따르는 제자들
이요, 그리고 나의 새로운 성경을 읽
고 깨우친 백성, 너희들은 들어야 될
것이니라.
4 나 여호와가 나의 사랑하는 아들딸 한
명이라도 잃는 것을 원하지 아니하며
바라지 않는 것이 나의 뜻이라는 것
을, 나의 새로운 성경에 기록하여 나
의 아들을 통하여 전하는 그 내용을
듣고 배워 알 것이니라.
5 더욱이 내가 이와 같은 뜻을 새로운
성경에 기록하여 너희들에게 전하지
아니하였더냐?
6 그러니 나의 뜻을 너희가 안다면, 만
백성을 구하는 데 너희들이 모두를 바
쳐 최선을 다하도록 그리하라.
7 한 사람의 낙오자가 없도록 하고 싶은
것이 나 여호와요, 모두가 내 품에 돌
아올 수 있도록 하고자 하는 것이 나
여호와이니라.
8 그러니 나의 백성을 깨우치는 것이요,
그들을 인도하는 것은 너희들밖에 없
음을 알라, 사랑하는 나의 아들딸들아!

9 나는 포기하지 아니할 것이니, 너희들
또한 포기하지 말라.
10 160권의 법전이 세상에 나오면 내가
단 한 명이라도 버리고 싶지 아니하는
것이 내 마음이요,
11 160권이 세상에 나오는 그 순간 나는
모든 백성들을 한 명도 내 자식을 잃
고 싶은 마음이 없음이니라.
12 그러니 이와 같은 마음을 알 수 있는
것, 이와 같은 뜻을 따라 행할 수 있는
것은 지금 나의 아들을 따르는 제자들
이요, 새로운 성경을 읽고 깨우친 너
희들밖에는 그 모든 역사를 할 수 없
다 함을 알라, 사랑하는 나의 아들딸
들아!

11,818 번째 하나님 말씀

2004년 6월 25일 12시 10분

1 사랑하는 나의 아들아!
2 **"네, 아버님! 말씀하옵소서."**
3 2천 년 전 나의 아들 예수의 죽음까지
그와 같이 몰고 가면서 나는 지금 모
든 백성을 구원하고자 하였으나, 단
한 명도 구원하지 못했으니, 내 아픈
마음을 과연 너희들은 아느냐?
4 나의 이 아픈 마음을 누가 알겠는가?
5 이제 나의 아들을 통하여 160권의 새
로운 성경이 세상에 나가는 것, 이 역
사가 이루어짐이 무엇인 줄 알겠느냐?
6 나 여호와는 한 명의 나의 자식도 놓
치고 싶지 않으며 잃고 싶지 않은 내
마음이라 하지 않더냐?
7 그리하여 내가 이와 같은 역사를 이룸
이니라.
8 누구든지 읽고 깨우쳐 쉽게 구원의 길
을 볼 수 있도록 내가 그리 역사함이
니,
9 나의 아들을 따르는 제자들이요, 새로
운 성경을 만들어 역사하는 너희들은
이제 네 주변부터, 네 형제부터, 네 부
모부터 구원하는 그와 같은 역사를 하
라.
10 정녕 너희들이 그를 권고하고 또 권고
해도 따르지 아니하거든, 너희들은 마
지막에 나의 법전 한 권을 전해 주며
너희들이 단 한 권의 이 책이라도 읽
겠다는 약속을 받도록 그리하라.
11 그리하여 그들에게 이는 너희와 너희
형제와 나 여호와의 약속이니 이를 꼭
지키기를 바라며, 그들에게 그와 같은
것을 심어 줘 깨우치도록 그리하라.
12 단 한 권의 새로운 성경을 정독하여
읽을 때, 그들은 얻어지는 것이 있을
것이니,
13 당장은 얻어지는 것이 없으며 깨우침
이 없다 해도 한 권의 나의 새로운 성
경을 읽음으로 그들은 깨우치는 기회
가 될 것이니,
14 단 한 권의 새로운 성경을 읽도록 그
약속을 하여 그들에게 한 권의 책이라
도 전하는 그와 같은 노력을 기울이도
록 그리하라, 사랑하는 나의 아들딸들
아!

11,819 번째 하나님 말씀

2004년 6월 26일 05시 50분

1 사랑하는 나의 아들아!
2 **"네, 아버님! 말씀하옵소서."**

3 모든 믿음의 길을 가는 백성들이 지금
저희들이 가는 길이 진정 하늘에 오르
는 길인가 아닌가 불안해하고 있으며,
그를 의심하는 자가 수없이 많이 있다
하였느니라.
4 더욱이 그러한 백성들에게 나의 160
권의 이 새로운 성경이 나 여호와의
뜻이요, 하늘에서 내린 뜻이라 하여
네가 책으로 만들어 세상에 전함이니,
5 그 백성들이 그것을 그대로 믿고 따른
다 하면 얼마나 너희들에게 기쁨이요,
그것 또한 그들에게도 영광이겠는가?
6 그러나 그들은 그리 생각하지 아니하
느니라.
7 과연 이가 하늘로부터 명받은 자요,
그리고 이는 진정한 하늘의 뜻인가 하
는 것, 인간으로서 스스로 그가 만들
어 낸 것이며, 그가 스스로 착각 속에,
환상 속에서 이 모두를 만들어 낸 것
이 아닌가,
8 그들은 한 가지서부터 백 가지의 그
모든 의혹과 생각을 다 동원하여 너를
핍박할 것이니라.
9 그러면서 그들은 말할 것이니라.
10 무엇으로써 하늘의 뜻이라 입증할 수
있으며, 무엇으로 하늘의 뜻에 대해
증거할 수 있느냐 그리 말할 것이니라.
11 그들은 절대 이를 믿으려 하지 아니하
며 인정하지 않으려 할 것이니라.
12 그러니 그들에게 깨우쳐 주고 그들에
게 전할 수 있는 것은 내가 무엇이라
말하였느냐?
13 그는 나의 새로운 성경을 접하고 읽고
깨우쳐 저희들이 마음의 변화요, 육신
의 행동이 변화되는 것, 그와 같은 그
들이 격동을 느낄 수 있는 그것이 바
로 새로운 성경이요, 나의 뜻이라 하
는 것을 입증할 수 있는 것이라, 그 말
밖에는 내가 할 수 없음이니라.
14 그리하여 그 말을 믿고 따르는 자, 읽
고 깨우치는 자는 구원을 받을 것이
요, 그리고 그 말을 알아듣지 못하며
그 뜻을 모른다면 그는 어쩔 수 없는
것이니라.
15 다만, 그러면서 그들은 의혹할 것이니
라.
16 과연 인간이 160권이라는 이와 같은
대장서를 쓸 수 있으며, 그 짧은 시간
안에 이와 같은 역사를 할 수 있는가
그들은 또한 의혹을 가질 것이니라.
17 그리하여 한쪽에는 저희들이 불안한
마음이요, 한쪽에는 믿지 않는 마음이
요, 이와 같이 저희들이 두 가지 마음
으로써 흔들리는 백성이 있을 것이니
라.
18 그들에게 너희들이 어떠한 방법이든
나의 새로운 성경을 접하여 그들이 뚜
껑을 열 수 있도록 하는 것은 인간 너
희들이 가지고 있는 기술이요, 너희들
의 능력이니라.
19 그들이 접하고 접하지 아니하는 것은
너희들이 그들에게 어떠한 모습으로
보여 주었는가, 그리고 너희들이 어떠
한 행동으로써 보여 주었는가,
20 그것으로써 그들은 의혹하는 마음이
요, 의심하던 마음이라 해도, 그들이
또 160권의 대장서를 보며 두려워하
고 무서워하기 때문에 결국 뚜껑을 열
게 될 것이니라.
21 그리하면 그들은 받아들일 수 있으며

그들은 변화될 수 있을 것이니라.
22 다만, 너희들의 행동이요, 너희들의
말이요, 너희들이 삶을 어찌 살아가는
것인가 그를 보여 주는 것뿐이며,
23 그리고 또한 그들은 너희들에게서 무
엇을 찾고자 하느냐?
24 너희들이 나의 새로운 성경을 읽고 깨
우친 그 제자들로서 인간은 어찌 살아
가야 하며 믿음은 무엇이라는 것을 이
야기할 것이니라.
25 그러니 그들은 그로 인하여 너희들이
과연 행하고 지키고 사는가 그것을 우
선 먼저 볼 것이니라.
26 그리하여 너희들이 지키고 살 때, 그
들은 변화의 길을 볼 수 있으며,
27 너희들이 그와 같이 말과 행동이 일치
하지 아니할 때, 그들은 이는 사탄이
요, 이단의 장난이라 하며 등을 돌리
며 나의 새로운 성경의 뚜껑을 열지
아니할 것이니라.
28 그들이 책장을 열지 아니할 때 결코
깨달을 수 없으며, 그들이 책장을 열
수 있는 것은 너희들이 사는 삶이요,
언행일치의 그 행동을 보여 주는 것이
니,
29 그리하여 그들은 지키지 못하는 것,
가지 못하는 것을 너희들은 지키고 간
다고 느낄 때,
30 그들은 너희들을 존경할 것이며, 너희
들을 따를 것이며, 거기에서 의혹하는
마음을 그들은 지울 것이니 그리 알라.

11,820 번째 하나님 말씀

2004년 6월 26일 05시 58분

1 사랑하는 나의 아들아!
2 "네, 아버님! 말씀하옵소서."
3 모든 백성 너희들은 나로부터 무상으
로 받은 것이요, 너희들이 대가를 치
르고 받은 것이 없다 하였음이니라.
4 그러니 나로부터 너희들이 무상으로
받은 그 모두는 너희들도 무상으로 전
해 주고 깨우쳐 주는 것이 너희들이
해야 할 도리라 하였음이니라.
5 그리하여 더욱이 종교 지도자는 무상
으로 모두를 받았으니, 너희들이 깨우
치고 얻은 것, 그 모두를 다 무상으로
전해 주는 것이 너희들이 해야 할 일
이니라.
6 설교도, 강론도 어떠한 것이든 너희들
이 무상으로 가르쳐 주어야 된다는
것, 그것이 너희들이 가야 할 길이라
내가 일찍이 나의 새로운 성경에 기록
하여 전했으니,
7 너희들은 내가 신약이라는 그 성경이
요, 너희들이 한 자도 빼도 더해도 아
니 된다는 그곳에 너희들이 무상으로
전해 주어야 되며, 너희들은 내가 베
푼 것을 그대로 베풀어야 된다는 그
비유의 뜻을 너희들에게 기록하여 전
하지 아니하였더냐?
8 내가 그 뜻을 너희들에게 다시 한 번
기록하여 전함이니, 너희들은 이를 읽
고 깨우치도록 그리하며,
9 내가 내린 것은 내가 너희들에게 베푼
것처럼 너희들도 모든 백성들에게 그
리하지 아니하면 아니 됨을 너희들은

알아야 될 것이니라.
10 '주인이 회계할 때 일만 달란트를 빚
진 자 하나를 데려오매, 갚을 것이 없
는지라. 그리하여 그 주인은 네 몸과
처와 자식들과 모든 네 소유를 다 팔
아 그 빚을 갚으라.' 하였느니라.
11 그러니 그는 엎드려 말하기를 그리 갚
을 것이 없으니, 주인에게 참아 주고
기회를 주기를 그와 같이 절하여 빌었
느니라.
12 그러니 그 주인이 어찌하였는가?
13 '그 종을 불쌍히 여겨 그를 놓아주며
그 빚 모두를 탕감하여 주었다.' 성서
에 기록하여 너희들에게 전하지 아니
하였던가?
14 그러니 그 종이 나가서 저는 저에게
백 데나리온 빚을 진 동관 하나를 만
나 그를 붙잡고 용서하지 아니하며,
목을 잡고 가로되 빚을 갚으라 하매,
15 그가 갚지 못하며 그가 제 주인에게
간구한 것처럼 엎드려 저를 참아 달라
그리 이야기할 때, 그는 참지 아니하
며 그를 주인이 용서한 것처럼 용서하
지 아니함이니라.
16 그리하여 그를 허락하지 아니하고 그
가 그 빚을 갚도록 옥에 가두며 그와
같이 그에게 할 수 있는 모든 행패를
부림이니,
17 그를 보는 동관들이 심히 민망하여,
그리고 주인이 베푼 것을 저는 큰 것
을 얻은 자가 그 작은 것을 베풀지 못
하는 것을 보고 이를 주인에게 말하니,
18 그 주인이 그 종을 불러 '악한 종아,
내가 너에게 빚을 탕감해 준 것처럼
어찌하여 네가 받을 빚을 탕감하여 주
지 아니하였는가?'
19 그리하여 그 주인은 그를 불러 어찌했
는가?
20 그를 옥에 가두며 그것을 받고자 하는
그와 같은 처벌을 받는 그 길을 가지
아니하였더냐? 이와 같은 내용이 과
연 무엇을 말하는가?
21 나로부터 받은 모두는 내가 너희들에
게 베풀어 준 것처럼 모두를 무상으로
써 너희들도 그대로 베풀고 전하지 아
니하면 그 대가를 받는다는 성서의 가
르침의 뜻을 너희들은 어찌 받아들이
는가?
22 이것이 바로 내가 나의 아들을 통하여
내리는 이 세상의 모든 종교 집단의
지도자, 그리고 모든 백성, 너희들은
나로부터 모두를 무상으로 받은 것이
요, 거저 얻은 것이니,
23 너희들도 그를 만백성에게 거저 주며
무상으로 베풀 수 있는 그와 같은 삶
을 살지 아니하는 자는 바로 욕심이
있는 자요, 제 것만 챙기는 자요, 나로
부터 받은 것도 베풀지 못함이니,
24 그대로 베풀지 못하는 자, 곧 너희들
은 그 대가를 치르며 용서받지 못한다
는 것이니, 오늘의 종교 집단 지도자
들이 나로부터 받은 그와 같은 것을
과연 그대로 베풀고 전하는가?
25 너희들은 거기에 나의 아들 이름과 나
의 이름을 더불어 장사하는 자요, 그
를 팔아먹는 자요, 나의 피조물 만백
성에게 너희들은 베푼 것도 없으면서
거둬들이는 그와 같은 사악한 짓을 하
고 있음이니라.
26 그러니 과연 그것이 나의 뜻이요, 하

늘의 뜻이요, 너희들이 진정한 참진리
의 길을 가는 백성이라 말할 수 있는
가?
27 오늘의 이와 같은 백성을 다스리고자
하는 것이 나 여호와의 뜻임을 너희들
은 알아야 될 것이니라.
28 너희들은 중요한 것을 잊고 사느니라.
29 너희들이 육의 세상의 참진리요, 진정
한 믿음의 길을 가지 못하면, 너희들
은 하늘의 진리요, 나 여호와의 뜻을
따를 수가 없으며 나에게 올 수 없는
것이니라.
30 그러니 지금 나의 아들을 통하여 나의
새로운 성경에 내가 전한 그 뜻을 너
희들이 육의 생활에서 충실히 지키고
행하도록 하라.
31 너희들이 모든 직분이요, 모든 얻은
것은 나로부터 너희들이 무상으로 받
은 것이니,
32 너희들은 그를 무상으로 베풀고 도와
주는 그와 같은 삶으로 살지 아니하면
아니 된다는 그 가르침을 다시 한 번
깊이 새겨야 될 것이니라.

11,821 번째 하나님 말씀

2004년 6월 26일 06시 04분

1 사랑하는 나의 아들아!
2 "네, 아버님! 말씀하옵소서."
3 인간 세상에 너희들이 살아가면서 작
은 말이요, 작은 행동, 또한 한마디 쉽
게 하는 말, 그와 같은 것으로써 상대
방은 많은 상처를 입으며 가슴 아파하
는 그와 같은 일이 생긴다는 것을 너
희들은 알아야 될 것이니라.
4 이제 나의 아들이요, 그리고 나의 아
들을 따르는 제자 너희들은 모두를 자
상히 살피며 모두를 다스려 나가는 그
와 같은 마음 자세로 변하지 아니하면
아니 되느니라.
5 그저 쉽게 던지는 말 한마디, 그저 아
무것도 아닌 작은 행동으로써 상대방
을 놀라게 하며 상대방의 가슴을 아프
게 하며 슬픔과 괴로움을 줄 수 있는
그와 같은 것이 인간 세상에 살아가는
너희들의 삶이니라.
6 그러니 작은 모두를 세심히 조심하며,
모두를 보살피고 모두를 살펴서 행동
하는 그와 같은 삶으로써 살아가야 되
는 것이 선택된 백성 너희들이 가야
할 길임을 알아야 될 것이니라.
7 작은 것에 자상하며, 작은 것에 정성
을 다하며, 남들이 너희들에게 대화하
며 이야기하기 원할 때, 아무리 작고
무의미한 것이라도 너희들이 진심으
로 받아들이며, 진정으로 받아들이며
같이 의논하며 같이 걱정해 주는 그와
같은 마음 자세로 살아가야 되느니라.
8 작고, 크지 아니하며, 너희들이 의논
의 가치가 없다 생각해도, 그 사람에
게는 그것이 소중하고 귀한 것이며,
그것으로써 모든 마음을 안정치 못하
며 진정치 못하는 불안한 마음으로 살
아갈 수 있는 그와 같은 일이기에,
9 작은 것이라도 너희들은 자상하게, 그
리고 세밀하게 받아 주며 들여다보는
것, 그리고 보살피는 그와 같은 마음
과 행동으로써 살아가야 될 것이니라.
10 그리고 너희들은 말이요, 어떠한 행동
이요, 작은 것으로써 남에게 상처 주

고 마음을 아프게 할 수 있기에,
11 이와 같은 것을 모두 깊이 깨우쳐 행
하는 그와 같은 삶을 살아가는 것이
지금 너희들이 가야 할 길이니,
12 나 여호와가 명하는 이 뜻을 깊이 깨
우쳐 너희들이 세심하고 자상하며 조
용한 백성으로서 거듭나도록 그리하
라.

11,822 번째 하나님 말씀

2004년 6월 26일 06시 09분

1 사랑하는 나의 아들아!
2 **"네, 아버님! 말씀하옵소서."**
3 나의 아들을 따르는 제자들이요, 그리
고 새로운 성경을 읽고 깨우쳐 새로운
믿음이요, 하늘의 뜻에 따라 역사하는
백성, 너희들은 초조해하지 말며 불안
해하지 말라.
4 믿음의 신앙과 나의 백성이 지금처럼
타락한 적은 여태껏 없었음을 알라.
5 이와 같이 타락한 세상은 없음이니,
종교는 종교 집단대로 타락하여 더 이
상 내려갈 길이 없으며, 나의 백성은
백성대로 더 이상 험악해질 수가 없으
며 더 이상 무너질 수가 없는 한계까
지 왔음이니라.
6 그러니 지금은 너희들이 인간성의 회
복이요, 나로부터 받아 나간 아름다운
인간의 본연의 마음으로써 구원하지
아니하면 아니 되며,
7 그리고 믿음의 길을 가는 백성들, 만
백성을 인도하는 자들은 구원이라는
것, 구원받는다는 그 병에 걸려 있어
지금 앞뒤를 보지 못하는 그와 같은
형국이 되어 있음이니라.
8 그러니 중독에 걸려 있는 백성이요,
구원의 늪에 지금 빠져 있는 백성, 그
모두를 다 바로잡고 다스리지 아니하
면 아니 됨이니라.
9 모든 백성은 험악해질 대로 험악해졌
으며, 그들을 이끌고 다스려야 할 종
교 집단은 구원이라는 중병에 걸려 저
희들이 구원이라는 병 속에 중독되어
헤어나지 못하고 있음이니라.
10 그러니 너희들이 이 길을 가기가 얼마
나 힘들고 고난의 길인가?
11 그 고난의 길은 어려울 수밖에 없음이
니라.
12 구원이라는 중독에 걸려 있는 자, 그
중병에 걸려 있는 자, 그 백성이 이 세
상에 존재하는 한, 너희들이 이 모두
를 치료하고 다스리기에는 너무나 어
렵고 힘든 길이니라.
13 그러나 너희들은 여기서 알아야 될 것
이니라.
14 그들을 구원하고 그들이 구분할 수 있
는 것, 어떠한 길이 진정한 하늘에 오
르는 길이요, 어떤 것이 진정한 믿음
이요,
15 인간이 살아가는 도리가 무엇이며, 인
간이 나로부터 세상에 받아 나간 그때
너희들은 어떤 본연의 마음인가,
16 그를 구분하고 깨우쳐 줄 수 있는 것
은 바로 새로운 성경 160권밖에 없기
때문이니라.
17 사랑하는 나의 아들딸들아! 이들이
정상으로써 저희들이 살아가며 욕심
이라는 마음이 없다면 이들은 그를 받
아들일 수 있음이니라.

18 그러니 그들은 절대 지금 받아들이지
아니하며 받아들일 수 있는 그와 같은
정신세계요, 그들의 삶의 마음 자세가
아니니라.
19 그러니 받아들이지도 아니하며, 너희
들이 전하기는 해야 될 것이나 전할
사람이 없으며 전할 곳이 없는 그와
같은 자들이니라.
20 받아 줄 자가 없음이니 너희들이 전할
곳이 없는 이와 같은 어려운 환경에서
너희들이 이 모두를 역사하는 그 길은
정녕 어렵고 힘드니라.
21 너희가 새로운 시대의 기초를 다스려
나가는 데 얼마나 어렵고 힘든 것인지
나 여호와가 알고 있음이니라.
22 그러나 너희들은 이 어렵고 힘든 길을
헤쳐 가는 것이 당연한 길이요, 이 고
비를 넘지 아니하면 아니 되느니라.
23 아무리 험악하고 험악한 산이라도 너
희들은 넘어야 되며 그를 정복해야 되
는 것이 너희들의 운명이니,
24 너희들은 주저하지 말며 초조해하지
말고 불안한 마음을 제거하라.
25 그리고 너희들이 믿는 마음으로써 재
무장되지 아니하면 나의 피조물 만백
성에게 역사할 수 없고 너희들이 스스
로 그들의 간교한 방법에 무너진다는
것을 잊지 말라.
26 그리하여 무장과 무장을 단단히 하라
함이니라.

11,823 번째 하나님 말씀

2004년 6월 26일 06시 13분

1 사랑하는 나의 아들아!
2 "네, 아버님! 말씀하옵소서."
3 나의 아들을 따르는 제자 너희들은 들
어야 될 것이니라.
4 이 세상의 모든 백성은 백성대로 험악
할 대로 험악해졌으며, 종교 집단의
지도자는 지도자대로 저희들이 중병
에 걸려 있는 자라 하지 않았더냐?
5 그것도 구원이요, 하늘에 오를 수 있
으며 저희들은 나에게 와 받을 상밖에
없다는 그와 같은 착각 속에 지금 중
병을 앓고 있는 자들이니라.
6 그러니 그들을 누군가는 수술하며 고
치고 치료해야 되지 않겠느냐?
7 그리하여 나 여호와가 만백성을 구하
는 대명을 선택된 너희들에게 내렸으
며, 나의 명령을 내가 너희들에게 내
린 것을 알아야 될 것이니라.
8 그러니 내가 너희들에게 명령을 내리
며 너희들이 그 명령을 행할 수 있도
록 내가 모든 뜻을 담아 새로운 성경
160권을 너희들에게 내려보냄이니,
너희들은 이를 읽고 깨우쳐 너희 스스
로 다스려 나가야만 될 것이니라.
9 대명을 받은 너희들이 스스로 나약하
며 용기를 잃어 중요한 사명을 그르쳐
서는 아니 될 것이니라.
10 너희들은 모두를 이룰 수 있으며 역사
할 수 있음이니라.
11 사랑하는 나의 아들을 따르는 제자 너
희들은 들으라.
12 이 세상에 지금의 믿음의 길을 가는
모든 백성들이 너희들을 핍박하고 이
단이요, 사탄이라 저주한다 한들 너희
들은 두려워할 것이 없느니라.
13 바로 진정한 참진리의 길을 가는 천

사와 같은 백성이 너희들에게 사탄이
요, 이단이라 말한다면, 너희들은 이
를 보고 다시 한 번 두려워하며 너희
들이 깨우쳐야 할 것이니라.
14 지금은 사탄의 노예요, 사탄의 종이
된 백성들이 나의 뜻이요, 하늘의 뜻
에 따라가는 너희들을 이단이라 그리
말하니, 너희들은 여기에서 두려워할
것이 없으며 그 말에 귀 기울일 필요
가 없음이니라.
15 너희들은 그들이 하는 말에 의미를 두
지 말며, 그 말에 초조하고 불안한 마
음을 갖지 말라.
16 너희들은 나로부터 만백성을 구원하
는 대명을 받은 자요, 내가 명을 내려
그 명을 받은 너희들이기에,
17 너희들은 용기를 잃지 말며, 최선을
다하여 나의 160권의 새로운 성경으
로 세상을 덮는 일에 주저하지 말라.
18 그것이 너희들이 나로부터 명받은 첫
째의 대명을 완수함이니, 그 대명을
완수하는 너희들은 그 뜻을 알게 될
것이며, 내가 역사한 의미를 알게 될
것이니라.

11,824 번째 하나님 말씀

2004년 6월 26일 06시 17분

1 사랑하는 나의 아들아!
2 "네, 아버님! 말씀하옵소서."
3 지금의 종교 집단의 지도자요, 그 광
분하는 자, 그들이 지금 어찌 살아가
는가?
4 제 발등에 떨어진 불이요, 그리고 벼
락으로써 모두를 태워 버리는 그 무서
운 것이 저희들이 앞으로 받아야 할
일이며 겪어야 할 길이거늘,
5 어찌하여 제 앞에 떨어진 저의 잘못이
요, 저희들이 지금 벼랑으로 떨어지는
것을 모르고, 나의 아들이요, 나의 새
로운 성경을 그들이 이단이요, 사탄이
요, 사악한 자들이 하는 것이라 그리
핍박할 수 있는가?
6 제 앞에 떨어진 발등의 불을 끄지도
못하는 자들이요, 그 불을 끄기에도
여력이 없는 자요, 그리고 내가 뭐라
하였느냐?
7 벼락과 같은 불칼로써 저희들을 모두
다스리며 저희들이 뽑혀 유황불의 그
지옥으로 떨어진다는 것을 저희들이
어찌 모르고 너희들에게 감히 사탄이
요, 이단이라 그리 말하며,
8 새로운 성령이요, 새로운 성경을 들어
내 뜻대로 역사하는 그 백성들을 감히
핍박할 수 있단 말이더냐?
9 내가 그들에게 말하니, 벼락과 같은
불칼로써 저희들을 다스릴 것이니, 제
앞에 떨어져 있는 지옥으로 가는 발등
의 불부터 먼저 끄라 그리 전하라.
10 지금 내가 저희들에게 내리는 새로운
성경을 접하지 아니하고 이를 읽고 깨
우치지 아니하는 자, 제 발등의 불을
끌 수도 없으며,
11 벼락과 같은 불칼로써 저희들을 다스
릴 때 거기에 살아남을 자 하나도 없
음이니,
12 거기에 너희들이 모두가 다 부서지며
모두가 태워지며, 뽑아서 유황불에 던
져지는 운명의 심판이 머지않았거늘,
13 자신을 다스릴 생각을 하지 아니하고,

어찌하여 나의 아들딸이요, 천사의 마
음으로 살아가는 자요, 나의 뜻에 따
라가는 그 백성들에게 너희들이 그리
광분하는 행위를 할 수 있는가?
14 너희들이 그 시간이 머지않았음을 알
게 될 것이니, 이제라도 너희들이 네
앞의 발등의 불을 끄고자 하며, 벼락
과 같은 불칼로써 너희들을 다스리는
그 무서움을 피할 수 있으며 그를 받
지 아니하려거든,
15 때늦기 전에 나의 아들을 통하여 내리
는 강론이요, 새로운 성경을 읽고 깨
우쳐, 너희들이 그 모든 고통에서 구
원을 받는 기회를 얻도록 그리하라.
16 내가 너희들에게 전하는 뜻을 소홀히
듣는 자, 너희들은 결코 견디지 못할
것이니라.

11,825 번째 하나님 말씀

2004년 6월 26일 06시 24분

1 사랑하는 나의 아들아!
2 "네, 아버님! 말씀하옵소서."
3 나의 성전을 찾는 그 백성들이요, 또
한 너를 찾으며 너의 제자들을 찾는
그 백성들에게 너희들이 작은 정성이
요, 작은 사랑을 베풀며, 작은 것이요,
자상한 모습으로써 너희들이 거듭난
모습을 보여 주는 것, 그와 같이 너희
들이 변화된 모습을 그들이 느낄 수
있는 자상한 너희들이 되지 아니하면
아니 된다 그리하였느니라.
4 모든 믿음의 길을 가는 백성들이 지금
저희들이 많은 집단의 힘이요, 그리고
더 크게, 더 많게, 더 아름답게 하는
그 속에 모두 다 젖어 있어 그들의 마
음이 공허하며 허전한 자들이니라.
5 그리하여 너희들을 찾는 것이니라.
6 그러니 그들에게 아주 작은 것을 자상
하고 친절하게, 그리고 아름다운 모습
으로써 보여 주는 성의 있는 마음이
요, 행동의 자세, 그것을 그들은 원하
는 것이며, 그와 같은 것을 느끼는 백
성은 떠나지 아니할 것이니라.
7 모든 것이 대형화요, 더 크게 만드는
것, 더 많이 바치는 것, 그리고 더 아
름답게 꾸미는 것, 이와 같은 것에 그
들은 몇십 년 동안 지쳐 있으며 그들
은 거기에 실망을 느낀 자들이니라.
8 그러니 그들에게 너희들이 더 큰 것,
더 위대한 것을 보이고자 하며, 더 역
사할 수 있다는 것, 세상을 덮을 수 있
다는 그와 같은 나 여호와의 뜻을 전
하기 전에,
9 그들에게 작은 것이요, 그리고 그저
지나갈 수 있는 그와 같은 뜻에 자상
하게 그리고 소상히 가르쳐 주고 깨우
쳐 주는 그 마음이요, 그 사랑을 그들
은 원하느니라.
10 그러니 나의 성전을 찾아오는 백성들
에게 작고 작은 행동에서 실수하지 말
며, 작은 것도 너희들이 소홀히 들어
흘려보내지 말며,
11 자상히 들어주며 자상히 대화해 주는
것, 그리고 조용히 작은 것부터 아래
서부터 깨우쳐 주는 그와 같은 역사를
하라.
12 너희들이 지금 가고 있는 그 경지의
깨달음으로 그들을 깨우치고자 하여
너희들이 그들에게 부어 주고 부어 준

다 하여도, 그들은 그를 받아들일 수
없으며, 그들의 마음엔 거부 반응만이
생기며, 거부하는 마음이 생기느니라.
13 그러니 처음 오는 그 백성들에게 너희
들은 가장 낮은 기초적인 것부터 하나
씩 하나씩 그리 전해 주는 그와 같은
자상한 너희들의 모습을 보여 주도록
하면, 그들은 절대 떠나지 아니할 것
이니라.
14 저희들이 찾지 못했던 것, 알지 못했
던 사랑이요, 작은 사랑도 실천하며
작은 것도 소중히 여기는 너희들의 그
변화된 인간 세상의 삶을 보고 그들은
너희들을 따를 것이니 그리 전하라.

11,826 번째 하나님 말씀

2004년 6월 26일 06시 31분

1 사랑하는 나의 아들아!
2 "네, 아버님! 말씀하옵소서."
3 내가 내리는 새로운 성경이요, 나의
강론이요, 내 뜻을 믿고 따르는 백성
들, 나의 뜻이 소중함을 알며, 그리고
나의 뜻이 두려운 줄 알며, 내가 내린
새로운 성경을 정독하여 깨우치며, 내
가 내린 계명을 지키며 살아가고자 하
는 백성,
4 너희들이야말로 이 세상에 구할 수 없
는 것, 얻을 수 없는 것, 그리고 너희
들이 바라고 소원하는 다음의 세상에
서 영혼을 구하여 영원한 천국에 살
수 있는 것을 얻는 백성이요, 그와 같
은 은혜를 받는 백성이라는 것을 알아
야 될 것이니라.
5 그러니 나의 새로운 성경을 믿으라 그
리 말하며, 나의 아들을 통하여 내리
는 그 뜻을 진정 너희들은 믿으며, 더
욱이 나의 아들을 통하여 너희들에게
지키라 강조하는 나의 계명을 지키고
살아가는 그와 같은 백성으로서 영을
구원하는 은혜를 입으라 그리 전하라.
6 정녕 그와 같은 길을 선택하지 아니한
백성은 나를 볼 수 없으며 구원의 길
에 들어설 수 없으며,
7 다만 너희들에겐 고통의 눈물을 흘리
는 날만이 남아 있으며 그것만이 기다
리고 있다는 것을 너희들은 그들에게
전하라.
8 내가 나의 아들을 통하여, 나에게 심
판을 받아 하늘에 오르지 못하는 자,
너희들은 지옥의 유황불에 던져진다
함이니,
9 너희들이 이를 믿지 아니하며 실감하
지 아니하며, 이 고통이 무엇인지 너
희들이 지금 모르기에,
10 감히 죄를 짓고 사느냐, 안 짓고 사느
냐, 아름답게 사느냐, 안 사느냐 그 시
시비비를 하며, 너희들이 선한 일과
악한 일을 놓고 이를 어떠한 길을 갈
것인가를 감히 생각할 수 있음이니라.
11 너희들이 선과 악에서 생각할 가치가
어디 있으며, 그와 같은 여유가 있다
하는가?
12 너희들이 유황불에 던져지는 그와 같
은 죄를 지으며 너희들이 악한 일을
선택해서 살아가는 것에 선과 악을 놓
고 생각해 보며 무엇을 선택하고 어찌
갈 것인가 할 그와 같은 여유요, 그와
같은 마음 자세가 있다 생각하는가?
13 너희들은 생각할 가치도 없느니라.

14 내가 너희들에게 말하기를, 불바다요,
유황불이요, 너희들이 끓는 기름 가마
속에 땅속에 묻혀 살아 있는 너희들의
영혼들, 그와 같은 상상할 수 없는 무
서운 고통이 기다리고 있다 하였거늘,
15 어찌하여 너희들이 그를 믿지 아니하
며 그를 너희들이 당할 수 있다는 것
을, 너희들이 치러야 된다는 것을 생
각하지 못하는가?
16 너희들이 그저 그러려니, '설마 남도
가니 나도 갈 수 있다.'는 그와 같은
안일한 마음으로 생각할 수 있는가?
17 이제 나의 아들을 따르는 제자 너희들
은 절대 선과 악에서 무엇을 선택할까
생각도 하지 말며, 너희들이 하늘을
향하여 한 점의 부끄럼이 있는 행위
요, 마음 자세는 절대 갖지도 말며,
18 너희들의 육신이요, 너희들의 생각이
요, 네 몸의 그 주변에 근접하지도 못
하도록 엄히 자르며 엄히 다스리는 그
와 같은 확고한 삶으로 살아야 될 것
이니라.
19 가장 유하고 부드러우면서도 죄와 악
에 대해서는 불칼로써 다스리는 그와
같은 마음의 훈련으로 그와 같은 삶을
살지 아니하면 아니 되느니라. 사랑하
는 나의 아들딸들아!
20 사랑하는 나의 아들딸들아! 너희들이
어떠한 기초요, 어떤 근거에 의하여
하늘에 오르는 길을 봐야 하는지 알지
못하기에, 내가 새로운 성경을 누구나
볼 수 있도록 간단하게 풀어 그 뜻을
누구든지 이해할 수 있도록 만들어 세
상에 지금 내려보내지 않더냐?
21 사랑하는 나의 아들딸 너희들은 어떠
한 믿음으로 가든, 어떠한 형태로 가
든, 지금이라도 너희들이 이 새로운
성경을 접하고 가슴에 안고 정독하고
또 정독하고 깨우쳐 그 뜻을 터득하도
록 그리하라.
22 그리하면 너희들이 나에게 오를 수 있
는 것이요, 그렇지 않은 자 너희들이
고통의 눈물을 흘리는 것만이 너희들
을 기다리고 있다는 것을 알라.
23 그 고통의 눈물이 너희들이 얼마나 아
프며 인내하지 못하는 것인가를 알겠
느냐?
24 그리하여 사랑하는 나의 아들딸에게
내가 160권의 새로운 성경을 내려보
내는 것은, 너희들에게 한 번의 기회
를 더 주는 것이라는 것을 잊지 말라,
사랑하는 나의 아들딸들아!
25 내가 너희들에게 지상의 육의 세상에
살면서 회개할 수 있고 거듭날 수 있
는 그와 같은 오늘의 육의 삶에서 내
가 너희들에게 이 새로운 성경을 내려
보내어 너희들에게 기회를 줌이니, 이
게 얼마나 귀하고 소중한 것인 줄 알
겠느냐?
26 이를 깊이 읽고 깨우쳐 변화되는 백성
이 되도록 그리하라.
27 그리하지 아니하면 아니 될 것이니라,
사랑하는 나의 아들딸들아!
28 지금의 너희들이 살아가는 생각, 너희
들이 살아가는 모습, 그것으로써 너희
들이 나에게 오를 수도 없으며 너희들
이 나에게 역사할 수도 없음이니라.
29 그러나 너희들이 거듭나는 삶으로써
변화되는 삶을 살며, 나의 새로운 성
경을 읽고 그대로 지키고 살아가는 삶

을 산다면,
30 너희들은 생각할 수도 없으며 감히 그려 볼 수도 없으며 체험할 수도 없는 그 행복함이요, 지금 얻어질 수 있는 그 위대한 영광이요, 행복은 너희들이 상상할 수 없는 그와 같은 것이 너희들을 기다리고 있음이니,
31 너희들이 어떠한 길을 선택하든지 너희들의 자유의지에 달렸음을 알라 그리 전하노라.

11,827 번째 하나님 말씀

2004년 6월 26일 06시 36분

1 사랑하는 나의 아들아!
2 **"네, 아버님! 말씀하옵소서."**
3 너희들이 지금까지 지고 있는 그 많은 죄는, 종교 집단의 우두머리는 우두머리대로 그 무서운 죄의 대가를 받을 것이며, 나의 피조물 만백성을 지옥으로 이끄는 그 앞에 선 지도자는 지도자대로 그 대가를 받을 것이니라.
4 그리고 너희들이 돈을 주고 재물을 주고 산 그 명칭에 따라, 그 명칭의 높이에 따라 너희들은 그와 같은 죄를 반드시 치르고 받을 것이며,
5 또한 광분하는 신도는 신도대로 광분한 자요, 그리고 너희들이 조용히 따라온 자요, 몰라서 따라온 자는 몰라서 따라온 대로 다 구분되고 분류되어 너희들이 그 죄의 대가를 다 치른다는 것을 알아야 될 것이니라.
6 그러니 너희들은 거기서 벗어날 수 없으며 헤어날 수 없음이니라.
7 너희들이 역사한 것만큼, 너희들이 지은 것만큼 반드시 그 대가를 치르는 것이 하늘의 뜻이라는 것을 전하라.
8 그러나 너희가 새로운 성경이 나의 성령임을 깨우쳐 160권의 새로 내리는 나의 '하나님! 말씀하옵소서.', '하늘에 오르는 길'이라는 새로운 성경을 지금이라도 너희들이 접하여 이를 깨우치며 깨달아,
9 그 죄의 소굴에서 뛰어나오는 자, 그리고 등 돌려 돌아서 나에게 오는 백성, 그들을 나는 항상 기다리고 내가 너희들을 구원하고자 하는 것이요, 구원의 길이 너희들에게 열려 있음을 알아야 될 것이니라.
10 그 죄의 소굴에서 뛰쳐나와 나에게 올 수 있는 백성, 너희들이 아무리 썩고 부패한 영혼이 되었으며, 너희들이 용서받지 못할, 거듭날 수 없는 죄를 지었으며,
11 거기서 너희들이 인간으로서 다시는 나에게 거듭나는 영광의 은혜를 받을 수 없는 험악한 죄를 지었다 해도,
12 그곳에서 뛰쳐나와 돌아서서 너희들이 나의 법전인 나의 새로운 성경을 듣고 이는 하나님의 뜻이라 하여 이를 접한 것을 감사드리며 이와 같은 뜻대로 살아가겠다는 각오를 다질 때,
13 나는 너희 모두를 거둬들일 것이며 너희들에게 그 기회를 줄 것이니라.
14 너희들이 이와 같이 이루고 못 이루는 것 또한 너희들이 죽어 나에게 와 심판을 받은 뒤에 이루고 깨우친다면 얼마나 좋겠느냐?
15 그러나 너희들은 나에게 와 심판을 받을 때는 단 1초의 여유도 없으며, 단

한마디의 변명의 여지도 없는 것이 너
희들이 심판대에 서 있는 것이니라.
16 그리하여 심판대에서 내가 너희들을
모른다 할 때, 지옥의 사탄들이 쇠사
슬로 너희들을 끌고 가는 그 처참한
형국을 나는 볼 수가 없음이니라.
17 사랑하는 자기 아들딸이요, 너희들이
잘못되는 것을 보는 부모가 있겠느냐?
18 영원히 사는 세상에서 너희들이 영원
히 나오지 못하는 고통이요, 눈물의
그 세상으로 끌려가는 것을 볼 수가
없어 내가 지금 나의 아들을 통하여
이 모두를 역사한다는 걸 너희들은 깊
이 깨우치며, 두려움과 무서움을 알라.
19 사랑하는 나의 아들딸들아! 너희들이
이 모두를 용서받으며 거듭날 수 있는
것은 육의 세상에서 모두가 이루어져
야 된다는 것을 잊지 말라.
20 나의 새로운 성경을 사탄이라 하는
자, 그리고 죄의 온상이라 하는 자, 너
희들은 죄를 짓고 있음을 알아야 될
것이며,
21 말로써 죄를 짓는 그와 같은 험악한
행위를 하지 말고, 지금 이 지상의 세
상에서 모두를 이루어야 될 때, 너희
들이 이룰 수 있으며 깨우칠 수 있는
새로운 성경을 내려 주는 이 은혜에
감사하며, 이를 읽고 정독하여 깨우치
도록 그리하라.
22 그리하면 너희들이 아무리 썩고 부패
했으며 도저히 구원할 수 없는 영혼이
라 하여 육의 세상에서도 구제받을 수
없는 그 길을 갔다 해도,
23 나 여호와가 너희들이 깨달아 회개하
며 진심으로 나의 새로운 성경을 듣고
그대로 살아가고자 하는 노력을 다할
때,
24 나는 너희들에게 기회를 줄 것이며 내
가 너희들을 구원의 길로 인도할 것이
라는 약속을 함이니 그리 알라.

11,828 번째 하나님 말씀

2004년 6월 26일 06시 42분

1 사랑하는 나의 아들아!
2 "네, 아버님! 말씀하옵소서."
3 너를 따르는 제자들이요, 나의 새로운
성경을 읽는 백성, 너희들은 알라.
4 나 여호와의 본체가 무엇이라 했느냐?
5 사랑이라 하였음이니라.
6 그리하여 내가 피조물 만백성 너희들
을 세상에 내려보내니, 너희가 서로
사랑하고 아끼는 그와 같은 삶을 살다
나에게 오르라 하는 것이 나 여호와의
뜻이요, 내가 너희들에게 바람이 아니
더냐?
7 그를 위하여 내가 너희들에게 생명을
주어 세상에 내보냈으며, 너희들이 이
세상의 모두를 통제하고 관리하여 거
기서 얻고 구하며 살아갈 수 있도록
내가 이 위대한 역사로써 이 세상의
모두를 다 주관하여 너희들이 그리 갈
수 있도록 만들지 아니하였더냐?
8 그러한 이 속에서 사는 너희들은, 이
세상 어떠한 곳에도 나 여호와의 진실
된 사랑이요, 내 참사랑을 전하며 행
하는 곳이 없으며 나의 참사랑이 전해
지는 곳이 없다 하면, 너희들은 어떠
하겠느냐?
9 나의 아들을 따르는 제자 너희들은 들

으라.
10 나 여호와의 참사랑이 행하여지는 곳
이 지상에 없으며 이것을 진심으로 전
하는 곳이 한 곳도 없구나, 오로지 나
의 뜻을 반역하는 자들만이 들끓는 세
상이 되어 버렸구나!
11 그러니 이들을 구하여야 될 것인가,
이들을 버려야 될 것인가? 과연 너희
들은 어찌하겠느냐?
12 그들이 누구더냐? 그 모두가 다 나의
아들딸들이요, 그리고 너희들의 형제
들이니라.
13 그러니 그를 바로 구하고 구할 수 있
는 자는 바로 무엇이더냐?
14 나의 뜻대로 살아가고자 하는 자, 나
의 뜻대로 역사하는 선택된 너희들밖
에 그 누가 그들을 바로 세울 수 있단
말이더냐?
15 그리하여 내가 너희들에게 너희들이
소중한 자요, 귀한 자라 그리 말함을
알아야 될 것이니라.
16 사랑하는 나의 아들딸들아! 이 세상
에 내가 모두를 다 주며 사랑하라 하
며 사랑을 베풀며 살라 그 한 가지를
바랐거늘,
17 어찌하여 이 세상 넓은 곳에 나의 사
랑을 진실되게 전하는 자 없으며 행하
는 곳이 없다 하면 과연 내 마음이 얼
마나 아프겠는가 너희들은 한번 생각
해 보라.
18 그러니 그와 같은 나의 애절한 마음이
요, 내 아픈 마음을 너희들이 안다면,
선택된 나의 아들딸들이요, 하늘의 선
생이요, 전사로서 나의 뜻을 대신하는
너희들은 흔들려서는 아니 되며 용기
를 잃어서도 아니 됨이니라.
19 너희들은 오로지 나의 새로운 성경을
읽고 또 읽어 재무장하고 또 재무장하
는 그와 같은 각오로 마음을 다스리라.
20 너희들이 흔들리고 무너지며 의혹하
는 마음을 가지고 간다면 아무것도 이
루어질 수 없으며 아무것도 역사할 수
없느니라.
21 그리하여 내가 뭐라 말하였느냐?
22 너희들이 마음을 다시 굳히라 하였음
이니라.
23 그리고 너희들이 그 굳혀진 마음을 또
내가 뭐라 했느냐?
24 큰 것을 이루고 대역사를 이루는 데
생각하지 말며, 작은 것에 자상하고
친절하며 작은 것에 너희들이 관심을
가지며, 작은 것에 모두를 경주하는
그와 같은 아름다운 모습으로써 변화
되라 그리하지 아니하였더냐?
25 그와 같은 모두의 역사하는 속에서 너
희 자신을 알게 될 것이며, 너희들이
변화되는 것을 알게 될 것이며, 너희
들의 믿음은 재무장하게 될 것이니라.
26 그리했을 때 너희들이 무너지지 아니
하는 것이니라.
27 사랑하는 나의 아들딸들아!
28 나 여호와가 모두를 다 주었으며 생명
을 주었으며 자연의 모두를 너희들이
취하고 다스릴 수 있도록 다 주었거늘,
29 어찌하여 내가 바라는 나의 사랑을 행
하는 곳이 없으며, 그를 전하고 나누
는 곳이 없단 말이더냐?
30 이 아픈 마음의 뜻을 알았다면 너희들
이 어찌 살아가야 되는 것인가를 너희
들에게 내가 묻노니,

31 너희들은 믿음에 흔들리지 말며, 나의
새로운 성경을 보며, 너희들의 마음이
동요되지 말며, 흔들리는 마음을 갖지
않도록 그리하라, 사랑하는 나의 아들
딸들아!
32 선택된 너희들을 내가 기다리며 너희
들을 사랑하느니라.

11,829 번째 하나님 말씀

2004년 6월 26일 06시 48분

1 사랑하는 나의 아들아!
2 "네, 아버님! 말씀하옵소서."
3 험악해질 대로 험악해졌으며 부패할
대로 부패하고 썩어질 대로 썩어진 이
세상에서 백성들의 아픔을 치료해 주
는 것, 그들을 구원하는 길은 단 한 가
지밖에 없음이니라, 사랑하는 나의 아
들딸들아!
4 부패하고 썩고 험악한 것이 무엇이더
냐?
5 사랑이 부족하기 때문이니라.
6 그리고 저 자신의 귀함과 소중함을 모
르기 때문이니라.
7 그러니 이들을 너희들이 치유하고 다
스리는 것은, 부모가 자식을 다스리는
그 애절한 마음보다도 더 귀하고 소중
하며 자상하고 부드러운 마음으로써
그들을 대하는 길밖에 없음이니라, 사
랑하는 나의 아들딸들아!
8 그들은 서로 치고받고 시기하고 질투
하며 의혹하는 마음속에서 저희들도
모르는 사이에 그와 같이 험악해졌으
며 모두가 다 부패하고 썩어져 있느니
라.
9 그러니 그들을 너희들이 사랑하고 구
원하는 것은, 부모가 자식을 바라보는
마음처럼 자애로운 마음이요, 그리고
부드러운 마음이요, 사랑하는 마음으
로써 너희들이 그들을 대하는 것이며,
그들에게 보여 주는 것, 이것이 가장
중요한 삶이니라.
10 이제 나의 아들을 따르는 제자 너희들
은 하늘의 뜻을 알며, 새로운 성경을
읽고 있으며, 나의 아들을 통하여 내
린 그 많은 강론을 들어 너희들의 마
음속에 그래도 새로운 싹이 트기 시작
하고 있음이니라.
11 그러나 너희들은 그 싹이 무럭무럭 자
라기 전에 모든 백성들을 접할 것이며
또한 너희들은 그를 인도함이니라.
12 그러니 너희들이 인간의 생각이요, 인
간의 삶의 고리를 아직도 다 끊지 못
하고 버리지 못하였음이니,
13 너희들이 그와 같은 것이 스스로 네
몸에서 네 마음에서 불과 같이 일어날
때가 있을 것이니라.
14 그리했을 때 모두를 다 잃게 되는 것
이며, 왔던 자 모두 너희들에게 다 등
을 돌리고 갈 것이니라.
15 그러니 우선 너희들이 이제 변화되는
것은, 부모가 자식을 바라보는 마음처
럼 모든 백성들을 가슴에 안으며,
16 너희들이 모든 백성의 부모가 되는 그
와 같은 마음으로써 자애롭고 부드럽
고 인자한 부모의 마음으로 그 모습을
비춰야 될 것이며, 그와 같은 삶을 살
아야 됨을 명심하도록 하라.
17 이 세상의 모든 백성들의 부모가 되는
마음이요, 부모가 된 것처럼이 아니

라, 부모가 되어 그 모두를 가슴에 안
는 그와 같은 마음이요, 변화가 이루
어지지 아니하면 아니 됨이니라.
18 무엇보다도 그와 같은 너희들의 삶이
중요하며 그와 같은 자세로써 변하는
것이 중요하니,
19 나의 아들을 따르는 제자 너희들은 오
늘 이 순간부터 만백성의 부모라는 마
음을 갖고, 부모같이 자애로운 것, 사
랑하는 것, 대가 없이 주는 것, 그리고
인자한 모습으로써 변하도록 그리하
라.
20 지금 때가 되었으며 이제 시간이 없음
이니라.
21 많은 백성들이 너희들을 찾을 것이며
변화될 때, 너희들은 인간 세상에 살
아가는 사람들과 같이 차별화되는 것
이 없으며 변화되는 것이 없으면 그들
은 뭐라 하겠느냐?
22 왔다 가며 말할 것이니, 그곳이 그곳
이요, 다 도둑놈들끼리 도둑놈의 소굴
이라 하며, 무엇이 다른가, 그 지도자
가 다 그 지도자라 그리 말하고 가면
그들의 상처가 얼마나 크겠는가?
23 너희들이 자애롭고 부드럽고 사랑하
는 모습이 아니어서 그들이 구원의 길
에 왔다 도로 간다면 그들은 영원히
구원의 길에 오지 못함이니, 그들이
못 오는 것보다도 너희들이 살인자와
같은 자들이니,
24 인간의 형태요, 인간의 삶을 벗어나서
부드럽고 자애로운 부모와 같은 마음
으로 모두를 접하고 보도록 그리하라,
사랑하는 나의 아들딸들아!
25 너의 제자들이 가야 할 길이며 너의
제자들이 지켜야 할 것이며, 이는 너
희들이 꼭 행하고 가야 할 가장 시급
한 문제이니라.
26 그리하여 모든 답을 얻도록 그리하라.

11,830 번째 하나님 말씀

2004년 6월 26일 06시 51분

1 사랑하는 나의 아들아!
2 "네, 아버님! 말씀하옵소서."
3 나의 새로운 성경을 읽고 충격을 받으
며 놀라는 백성들이 수없이 있음이니
라.
4 그러나 그들은 이와 같은 의문을 갖고
있느니라.
5 '만일 이것이 하나님의 뜻이 아니라
면, 이게 하나님께서 역사한 것이 아
니라면, 이는 아름다우며 헛되게 살며
나쁘게 살라는 것이 없음이니, 도덕책
으로 봐도 하나도 손색이 없으며, 도
덕책을 읽는 마음으로써 내가 읽을 수
있으며 깨우칠 수는 있으나,
6 이를 행하고 따라가는 것은 만일 이게
하나님의 뜻이 아니며 하나님의 말씀
이 아니라면 이를 어찌할까?
7 그들은 그 불안과 공포에서 벗어나지
못함이니라.
8 그리하여 그들이 너희들을 찾을 것이
며 너희들을 보게 될 것이니라.
9 그때 바로 너희들이 무엇이 중요하고
무엇이 어찌 되는 것인지 알겠느냐?
10 바로 내가 나의 아들을 통하여 너희들
에게 명했듯이, 자상한 부모와 같은
모습이요, 부모와 같은 행동, 그 진실
된 사랑으로써 너희들이 그들에게 비

치지 아니하면 그들은 두려움 속에서
어느 쪽으로 방향을 잡겠느냐?
11 이는 하나님의 말씀이 아니요, 하늘의
뜻이 아니요, 이는 그냥 도덕책과 같
은 좋은 말이라 할 것이니,
12 어렵게 읽고 깨우친 그 백성들이 그
마음속에 의혹이 있다 내가 하지 아니
하였느냐?
13 '이게 하나님의 뜻이 아니요, 하나님
의 말씀이 아니면 어찌할까 어찌할
까?' 그들은 불안해한다 하지 않더냐?
14 그들이 결정적으로 너희들에게 등을
돌리며 마음을 다른 쪽으로 정하는 그
와 같은 불행한 일이 있어서는 아니
됨이니라.
15 너희들이 부모와 같은 마음이요, 정녕
부모가 되어야 함을 잊지 말라 전하는
뜻이 여기 있음이니라.
16 사랑하는 나의 아들을 따르는 제자 너
희들은 들으라.
17 모든 백성들이요, 나의 새로운 성경을
읽고 그들이 그와 같이 불안에 떨고
있음이니라.
18 정녕 이것이 하나님의 말씀이라면 지
금까지 잘못된 것이 두렵고 무서우며,
저희들이 다시 사는 삶이요, 거듭나야
된다는 그 고통과 진통을 과연 겪고
갈 수 있을까 그들은 공포에 떨며,
19 또한 하나님의 말씀이 아닌 것을 제가
따르고 믿었다가 과연 어찌 될 것인
가, 이 길에서 결정하지 못하는 것이
니,
20 나의 새로운 성경을 읽고 따르는 제자
들이요, 깨우친 너희들이 부모와 같은
포근한 마음으로 그들을 감싸 주고 달
래 주지 아니하면 아니 되기 때문에,
21 내가 너희들에게 작은 것에도 세심하
며 작은 것에도 관심을 가지며 작은
것에도 사랑을 베풀며 열과 성의를 다
하는 아름답고 인자한 모습으로 변하
라 하는 것을 내가 오늘 아침 나의 아
들을 통하여 강조하고 또 강조함이니,
22 이는 나의 명령이니 그리 받아들이도
록 하라, 사랑하는 나의 아들딸들아!

11,831 번째 하나님 말씀

2004년 6월 26일 06시 55분

1 사랑하는 나의 아들아!
2 "네, 아버님! 말씀하옵소서."
3 너희들이 부모와 같은 인자한 모습으
로 변하며 세상의 모두를 다 부모와
같은 마음으로 끌어안고 가슴에 안을
수 있는 그와 같은 마음으로 변할 때,
너희들은 기적의 역사를 보게 될 것이
니라.
4 오늘의 내가 160권의 새로운 성경을
세상에 내려보내니, 이를 귀하게 여기
는 자는 귀하게 할 것이며,
5 아무리 이를 귀하게 여기고 또 이를
읽고 접한다 해도 너희들이 귀하다 생
각하고 본다 해도 마음이 열려 있지
않은 백성은 이를 알 수가 없음이니라.
6 그러나 너희들은 들어야 될 것이니라.
7 너희들이 부모와 같은 마음으로 모두
를 감싸고 받아들이고 살 때, 이 나의
새로운 성경은 세상 것을 다 주고도
바꿀 수 없는 귀하고 소중한 것이요,
너희 목숨까지도 바쳐서 이를 구하고
전하는 것보다 더 아름답고 귀한 일이

없다 그리 깨닫는 백성들이 있을 것이
니라.
8 그들이 모두를 다 던져 역사할 것이
며, 그들이 모두를 다 던져 너희들이
지금 생각하는 그와 같은 위대한 역사
가 다 이루어질 것이니라.
9 그들이 올 것이며, 생명을 바쳐서도
생명보다 더 귀한 것이 160권의 새로
운 성경이요, 모든 재물이요, 재산이
요, 금화와 은화는 부질없는 것이라
그리 깨닫는 자가 있을 것이니라.
10 그리하여 이 세상에 역사하는 자가 올
것이니라.
11 다만, 너희들이 다스려져야 되며, 너
희들이 부모와 같은 마음으로 이 세상
의 모두를 감싸는 그것이 가장 먼저
중요함이니라.
12 과연 누가 와서 듣고 이를 깨달았을
때, 그와 같은 백성이 하나도 없을 때,
그들이 160권이라는 것을 만들어 낸
그 백성들은 천사가 되어 있다 그리
믿지 아니할 때, 그들이 어찌 이것이
귀하고 소중하다 하겠느냐?
13 만들어 낸 나의 아들을 따르는 제자들
이 천사와 같이 변해졌을 때, 그들은
이는 정녕 하늘의 뜻이요, 이보다 세
상에 더 귀한 것이 없으니, 세상의 모
두를 다 주고도 바꿀 수 없으며 구할
수 없으며 가질 수 없는 것이라는 그
깨달음을 얻는 백성들이 있을 때, 어
떠한 일이 이루어지겠는가?
14 그들은 모두를 다 바쳐 이 일을 역사
하는 데 앞장설 것이니라.
15 그와 같은 백성들이 수없이 있으며 수
없이 몰려들 것이니 그리 알라.

11,832 번째 하나님 말씀

2004년 6월 26일 07시 00분

1 사랑하는 나의 아들아!
2 "네, 아버님! 말씀하옵소서."
3 이제 나의 아들을 따르는 선택된 너희
들은 너희 육신이요, 너희들의 모든
것은 다 너희 것이라 생각하지 말라.
4 나 여호와가 쓰고자 하며 너희들이 그
행하는 곳에 모든 직분을 맡아 그 자
리를 지켜야 될 대명을 받은 자들이라
하였으니,
5 내가 일찍이 나의 새로운 성경에 전하
여 뭐라 말하였느냐?
6 내가 큰 배를 띄움이니, 너희들이 그
하나하나 자리를 지키는 부속의 역할
을 하는 것이라 하지 아니하였더냐?
7 그 의미를 안다면, 선택된 너희들은
너희들 것이 아니라는 것을 어찌하여
모른단 말이더냐?
8 너희들은 이미 너희들 것이 아니요,
나 여호와가 쓰고자 하여 자리를 지켜
야 할 자를 내가 뽑아 불렀음이니,
9 너희는 너희 자신을 인식하지 말고 살
도록 그리하라, 사랑하는 나의 아들딸
들아!
10 나에게 선택된 너희들은 나에게 부름
을 받은 자들이니, 얼마나 귀하고 소
중한 자들인가를 어찌하여 너희들은
모른단 말이더냐?
11 너희들은 귀하고 소중한 자요, 너희들
이 그 자리를 지키지 못할 때 바다에
띄울 그 큰 배는 항해하다 부서질 것
이며 쪼개질 것이니라.
12 그리고 너희들이 파도에 견디지 못할

것이니, 그게 바로 그 자리를 제대로
지켜 줌의 위대함이니라.
13 그보다 더 귀하고 소중한 그 큰 배를
띄우며, 하늘에 오르는 배요, 하늘에
오르는 데 역사하는 배를 띄움에 너
희들이 그 일부분을 담당할 자들이니,
14 너희들은 네 것이요, 너희 자신을 생
각하지 말라, 사랑하는 나의 아들딸들
아!
15 나로부터 부름을 받아 쓰이며 나로부
터 너희들이 선생이요, 지도자라 명받
은 것이 어찌하여 이 세상의 무엇과도
바꿀 수 없는 귀한 것이라 함을 모르
느냐?
16 이 세상에 너희들이 살아가는 세속에
서도 왕이 사람을 불러 그를 쓰며 관
직을 내림이니, 그는 그 관직의 부름
받음을 얼마나 영광으로 생각하며, 저
자신 또한 귀하고 소중한 사람이라 생
각하겠느냐?
17 모든 것이 가문의 영광이라 그리 생
각하느니라.
18 그러나 그것은 몇십 년도 흘러가지 않
는 자리요, 또 너희들이 물러날 수 있
는 그와 같은 자리를 얻고 명받은 자
는 그리 귀하고 소중한 것을 알며 저
자신이 귀하다 생각하는 자들이,
19 영원히 사는 세상이요, 이 모두를 창
조한 나 여호와가 너희들을 불러 쓰며
불러서 쓰이는 자요, 그리고 선생이
요, 전사라는 책임을 맡아 만백성을
구하는 길을 가라 내가 명하며 그 길
을 가는 것이 너희들이라 명령하였거
늘,
20 어찌하여 너희들이 이는 영광이요, 광
영이라 생각하지 않는가?
21 어찌하여 너희들은 이것이 얼마나 위
대한 것인가를 정녕 모른단 말이더냐?
22 이제 사랑하는 나의 아들을 따르는 새
로운 성경을 만드는 너희들은 너희들
것이 아님이니 그리 알라 전함이니,
이 뜻을 깊이 깨우치라.

11,833 번째 하나님 말씀

2004년 6월 26일 09시 31분

1 사랑하는 나의 아들아!
2 "네, 아버님! 말씀하옵소서."
3 내가 지금 나의 아들을 통하여 내리는
이 새로운 성경으로써 너희들이 이 세
상에 선한 불꽃을 지피지 아니하면 아
니 됨이니라.
4 오로지 이 세상의 악의 뿌리요, 악의
열매요, 그 몸통까지 모두를 다 이 새
로운 성경의 선한 불꽃으로써 그들을
태워 버리지 아니하면 아니 됨이니라.
5 너희가 선한 불꽃으로써 사탄이요, 마
귀요, 이 세상의 모두를 다 태우는 그
와 같은 역사를 이루지 아니하면 아니
됨이니라.
6 지금의 이 세상이 어찌 되었는지 알겠
느냐?
7 썩을 대로 썩어졌으며 부패할 대로 부
패해져 악취가 풍기는 그 모든 것을
태우는 것은 나의 새로운 성경이요,
새로운 성경의 선한 불꽃을 너희들이
지펴 그 불꽃으로써 모두를 태워야 함
이니라.
8 그렇지 아니하면 모두가 살아남지 못
함이니라.

9 나의 사랑하는 아들딸들이요, 그들도 살아남지 못하며, 너희들도 존재하지 못하며 살아날 수 없음이니라.

10 그러니 하늘에서 이루고자 하는 지상의 낙원은 결코 이루어질 수가 없음이니라.

11 그리하여 나의 아들을 통하여 내리는 새로운 성경이요, 이 새로운 선한 불꽃으로써 너희들의 모두를 태워 버려야 되느니라.

12 그것을 역사할 수 있는 것은 너희들뿐이니라.

13 그러니 너희들이 새로운 성경의 불꽃을 지피며 모두를 태우는데 희생을 마다하지 말라.

14 너희들이 용기를 잃으며 자신의 희생을 두려워한다면, 새로운 성경을 만들어 만백성을 구할 수는 없음이니라.

15 그러니 160권의 새로운 성경이 이제 세상에 나갈 날이 머지않았으며 그 모두를 심판하는 시대가 열릴 것이니,

16 그 모든 준비된 너희들이 역사해야 될 것이며 너희들이 다 이끌어 가야 될 것이니라.

17 그러니 너희들의 희생과 오늘의 고통을 마다하지 말라.

18 새로운 성경을 만드는 데 최선을 다하여, 너희들이 태울 자 태우고 버릴 자 버리는 그와 같은 역사가 이루어지지 아니하면,

19 하늘에서 이루어진 것같이 지상의 낙원이 이루어질 수가 없으며 새로운 백성들이 거듭날 수 없기 때문이니 그리 알라.

11,834 번째 하나님 말씀

2004년 6월 26일 09시 35분

1 사랑하는 나의 아들아!

2 "네, 아버님! 말씀하옵소서."

3 사랑하는 나의 아들을 따르는 제자들이요, 그리고 새로운 성경을 읽고 깨우친 백성, 너희들은 알아야 될 것이며, 또한 너희들이 지켜야 하는 길이 있느니라.

4 정녕 하늘로부터 명받은 지도자란 바로 무엇이더냐?

5 자신의 모두를 다 던지고 모두를 다 지워 버려 저 자신의 존재를 의식하지 아니하는 그와 같은 마음 자세로써 너희들이 만백성을 구하는 길을 가는 것이니라.

6 그렇지 아니한 자는 선택된 자가 아니요, 정녕 지도자가 아님이니라.

7 저 자신을 생각하는 자는 편협하게 생각할 것이며, 편협한 판단을 할 수 있으며, 저 자신을 위주로 생각하는 자는 공정한 어떠한 것도 이룰 수가 없기 때문이니라.

8 그리하여 진정한 선택된 지도자는 저 자신의 모두를 다 던져 만백성을 구하는 길을 선택하지 아니하면 아니 되느니라.

9 그게 바로 하늘에서 명한 목자요, 나 여호와의 뜻을 역사하는 선생이요, 지도자의 자격을 갖춘 자라 그리 전하라.

10 나의 아들을 따르는 너희들은 스스로 일어서야 될 것이며, 스스로 이루어야 될 것이며, 스스로 다스려 바로 서는 그와 같은 길을 가야 한다는 것도 너

희들이 절대 잊어서는 아니 됨이니라.
11 나 여호와가 너희들에게 특별히 어떤
명예요, 은혜를 내린다는 것은 공의의
하나님이라 할 수 없다 하지 아니하였
더냐?
12 너희들 자신을 태워 만백성을 구하지
아니하면 너희들은 정녕 하늘의 지도
자요, 선생이라 말할 수 없으며, 너희
들 또한 나에게 올 수 없음이니라.
13 그러니 자신의 진정한 희생에서 아름
다운 꽃을 피워야 될 것이니라.
14 사랑하는 나의 아들딸들아! 아름다운
꽃을 피우면 아름다운 꽃의 향기로 인
하여 거기에 무엇이 날아드느냐?
15 벌과 나비가 날아들지 않더냐?
16 아름다운 꽃에는 파리 같은 것이 날아
들지 않느니라.
17 그러니 너희들이 아름다운 꽃을 피울
때 벌과 나비가 날아들 것이며,
18 지금은 모두 다 썩은 자요, 다 죽은 자
요, 그러기에 지금 파리 떼와 같은 썩
은 것을 찾는 벌레들이 날아드는 이와
같은 형국이 되어 버렸음이니라.
19 그러니 너희들은 지금 나비와 벌이 썩
은 것을 찾지 않듯이, 너희들이 또한
어떠한 형태로 살아가느냐에 따라서
진정한 하늘에 오를 수 있는 백성이
요, 깨달을 수 있는 백성들이 너희들
을 찾을 수 있음이니라.
20 지금은 모두가 다 썩었느니라.
21 썩어서 썩은 것을 좋아하는 미물들이
날아들며 세상을 다 지배하고 있느니
라.
22 그러니 그들이 아름다운 꽃의 아름다
운 향기를 모르며 거기에 날아들며 대
들지 못하듯이, 너희들이 아름다운 꽃
을 피워야 되느니라.
23 진정한 희생의 꽃을 피웠을 때 악과
사탄이요, 썩은 것을 즐겨 하는 오늘
의 잘못된 자들이 감히 너희들에게 범
접하지 못하며,
24 너희들을 멸망시키고자 공격하지 못
하며 너희들을 핍박하지 못할 것이니,
스스로 너희 자신을 지키라.
25 그리하는 것은 썩은 것을 찾아드는 파
리와 같은 미물들이 달려들지 못하도
록 아름다운 꽃을 피워 너희들을 지켜
야 된다는 것을 잊지 말며 이를 명심
하도록 그리 전하라.

11,835 번째 하나님 말씀

2004년 6월 26일 09시 37분

1 사랑하는 나의 아들아!
2 "네, 아버님! 말씀하옵소서."
3 너희들이 계명을 지키며 나의 새로운
성경대로 살며 너희들이 하늘에 오를
수 있는 그와 같은 마음을 비우는 것
은 어렵고 힘들다 그리 말하느니라.
4 그러나 그 모두는 너희들이 마음먹기
에 달렸다 하지 않았느냐?
5 너희들의 마음속에서 아픈 마음이 있
거든 그를 지워 버리며, 마음에 괴로
움이 있거든 그를 또 지워 버리며, 공
포의 마음이요, 불안한 마음이 있거든
그 마음을 지워 버리면 되지 않느냐?
6 너희들이 남을 미워하고 시기하고 질
투하는 그와 같은 마음이 있다면 그
마음을 모두 지워 버리면 되는 것을,
어찌하여 지워 버리지 아니한단 말이

더냐?
7 너희들 마음에서 지워 버리라, 그리고
지워 버릴 수 있는 그와 같은 모든 것
을 다 지워 버린다면,
8 너희들은 본래의 마음이요, 내가 너희
들에게 내려 준 천사와 같은 마음이
요, 네 모습을 볼 수 있을 것이니라.
9 사랑하는 나의 아들딸들아! 너희들이
그와 같이 마음을 비우지 못하고 있기
에 너희들이 아무것도 볼 수 없으며
아무것도 발견할 수 없으며, 그리고
너희들이 지킬 수 없으며 하늘에 오르
는 길을 오지 못한다 그리 말하느니라.
10 마음에 있는 것을 다 지워 버리라.
11 아픔도, 상처도, 슬픔도, 괴로움도, 시
기와 질투하는 그 모두를 다 지우지
못한 너희들의 그 마음속에 뿌리를 잡
고 있는 것이 무엇이더냐?
12 욕심과 욕망이라는 것, 그와 같은 미
워하는 마음이 지금 너희들을 지배하
고 있으며 다스리고 있기에, 너희들이
지금의 악습을 버리지 못하며 거듭나
는 삶을 살지 못하며,
13 그리하여 나의 계명대로 새로운 성경
대로 살아가는 것이 힘들고 어렵다 그
리하느니라.
14 사랑하는 나의 아들딸들아! 너희들의
마음에서 모두를 지우는 그와 같은 훈
련을 하라.
15 지우고 나면 너희들이 모든 것을 얻게
될 것이며 모두를 볼 것이며, 평화와
행복이라는 것 또한 너희들이 느끼게
될 것이니라.
16 마음속에 있는 모두를 지우는 데 최선
을 다하라.
17 그리고 지워 버리라, 괴로움도 슬픔도
기쁨도 너희들이 모두를 지울 수 있는
것, 그 두려움도 모두를 지울 수 있는
그와 같은 마음만이 너희들이 나의 이
치를 알 수 있는 길에 들어설 수 있음
이니라.

11,836 번째 하나님 말씀

2004년 6월 26일 09시 40분

1 사랑하는 나의 아들아!
2 "네, 아버님! 말씀하옵소서."
3 나의 새로운 성경을 접하고 깨우치는
백성, 이는 나의 뜻이기에 완전한 성
령의 가르침이니라.
4 이보다 더 완전한 성령의 가르침이 없
으며, 나 여호와의 뜻이 없으며, 하늘
의 뜻이 없다는 마음을 가지라, 그리
고 너희들은 이를 깊이 인식하며 이를
믿어야 될 것이니라.
5 이를 진심으로 깨닫고 공부하는 자,
불안한 마음을 거둬들일 것이며, 흔들
리는 마음이요, 아픈 마음이요, 고통
스러운 마음도 모두 지워 버리고 날려
버릴 수 있음을 알라 그리 전하라.
6 사랑하는 나의 아들딸들아! 이는 곧
생명이요, 하늘에 오르는 길이기 때문
이니라.
7 그러니 너희들이 마음속에 어떠한 그
림을 가지며 어떠한 생각을 갖고 사느
냐 이것이 중요하다 하였음이니,
8 너희들이 믿는 마음으로써 모두를 재
무장하도록 그리하라.
9 그리고 너희들의 모든 마음을 비우며,
마음속에 아름다운 그림을 그리는 데

모두를 다하도록 그리하라.
10 사랑하는 나의 아들딸들아! 너희들이 네 마음속에, 네 가슴속에 아름다운 그림을 그릴 때, 그 그림을 색칠하여 완성하는 것은 나 여호와가 너희들과 같이할 것이니 그리 알라.
11 다만, 너희들이 마음속에 악의 씨요, 악의 그림을 그린다면 나는 너희들과 같이할 수 없다는 것을 알라 그리 전함이니라.

11,837 번째 하나님 말씀

2004년 6월 26일 09시 43분

1 사랑하는 나의 아들아!
2 "네, 아버님! 말씀하옵소서."
3 나의 아들을 따르는 백성들이요, 나의 새로운 성경을 읽은 너희들이 얼마나 행복한 백성이며 축복받은 백성이더냐?
4 너희들은 불안하여 너희 자신을 남에게 맡기지 못하며 의탁하지 못하는 마음, 그리고 남을 신뢰하지 못하는 그와 같은 불안한 마음으로 살아가지 않더냐?
5 그러나 너희들은 그 모두를 다 던져 맡길 수 있으며 의지할 수 있는 것이 있지 않더냐?
6 이는 곧 무엇이더냐?
7 내가 사랑하는 나의 아들을 통하여 만백성을 구하기 위하여 새로 내리는 새로운 성경이 있음이니, 이를 내려보내는 것을 너희들이 먼저 접하며 이를 깨우치니, 과연 여기에 너희들을 던져 맡길 수 없으며 보관시킬 수 없더냐,
8 그리고 너희들이 과연 의지할 곳이 없단 말이더냐, 그리고 너희들이 마음을 다 바쳐 갈 수 있는 그와 같은 깨달음이 없단 말이더냐?
9 사랑하는 나의 아들딸들아! 나의 새로운 성경을 읽고 깨우치면 너희들은 그곳에서 못 이룰 것이 없고 못 얻을 것이 없음이니, 그 속에 모두가 다 있거늘,
10 어찌하여 너희들이 이를 믿지 못하며 이를 정독하지 못하느냐?
11 이를 읽고 깨우치면 너희들이 다 이룰 수 있으며, 그리고 지울 수 없는 것, 버릴 수 없는 그와 같은 어린 마음이요, 그 마음도 다 너희들이 버릴 수 있으며,
12 악습이요, 잘못된 관습, 지우기 어렵고 힘든 것까지도 스스로 다 버리는 때가 있을 것이며, 그때를 알 수 있으며 그와 같이 될 것을, 어찌하여 너희들이 그와 같은 것을 깨닫지 못한단 말이더냐?
13 사랑하는 나의 아들딸들아!
14 너희들이 아무것도 존재하지 않는 그와 같은 비워진 것을 깨달았을 때,
15 너희들 마음속에 비워진 그 공간이 얼마나 넓으며 그 공간이 얼마나 위대한지, 그 공간이 이 세상의 모두를 다 사랑하는 마음으로 가슴에 안을 수 있다는 것을 너희들은 볼 수 있으며 느끼게 될 것이니라, 사랑하는 나의 아들딸들아!
16 그러니 너희들은 모두를 던져 맡길 수 있으며 너희들 자신을 보관할 수 있는 새로운 성경이 내려감이니,

17 이를 정녕 믿고 감사하는 마음으로 정
독하고 또 정독하는 그와 같은 마음으
로 살라.
18 그러면 너희들이 네 마음속에 비워져
있는 공간이 얼마나 위대한 것인지 알
며,
19 어떠한 것도 거기에 거둬들이지 못할
것이 없으며 받아들이지 못할 것이 없
으며 사랑하지 아니할 것이 없다는 것
을 너희들은 알게 될 것이니라.

11,838 번째 하나님 말씀

2004년 6월 26일 09시 46분

1 사랑하는 나의 아들아!
2 "네, 아버님! 말씀하옵소서."
3 나의 아들을 따르는 너의 제자들은 들
어야 될 것이며, 만백성에게 너희들이
깨우쳐 주어야 될 것이니라.
4 너희들이 나를 믿으며 내가 존재한다
며 나를 아버지라 부르느니라.
5 그러니 너희들이 나를 믿는 마음, 나
를 따르는 너희들의 믿음이 흔들리면
너희들의 마음이 흔들리게 됨이니라.
6 사랑하는 나의 아들딸들아! 너희들의
마음이 흔들리면 모두가 다 동요를 이
루니,
7 마음에 동요가 일면 너희들이 제자리
를 지킬 수 없으며 모든 것을 이룰 수
없으며 역사할 수 없음이니라.
8 그러니 동요하는 마음으로써는 아무
것도 이룰 수 없으며, 진정한 믿음이
요, 너희들의 삶 자체도 지켜 나갈 수
없는 것이니라.
9 동요하는 너희들의 마음을 바로잡고
바로 세울 수 있는 것이 무엇이더냐?
10 천 가지, 만 가지 너희들이 부닥칠 때
마다 불안이요, 공포요, 너희들이 살
아남기 위해 수단과 방법을 가리지 않
는 너희 자신이 잘못된 길을 알면서
가는 그와 같은 잘못된 삶, 용기 없는
것,
11 그리고 너희들이 손해 보는 것 같아
양보하지 못하는 마음, 용기 없어 너
희들이 하지 못하는 그 모든 마음의
동요를 잡아 줄 수 있으며 다스릴 수
있는 것이 나의 새로운 성경임을 너희
들은 알라.
12 160권의 새로운 성경을 정독하는 길
밖에 없으며, 그것만이 너희들을 다스
려 줄 수 있음이니라.
13 나의 모든 백성들에게 전하느니라.
14 동요하는 너희들의 마음이요, 불안한
마음이요, 그 모두는 나의 새로운 성
경 속에서 너희들의 그 모두를 진정시
킬 수 있는 길이 여기 있으며 방법이
여기 있다 그리 전하라.
15 믿음의 길을 가는 지금 잘못된 백성이
든, 이방인이라 하는 백성이든, 어떠
한 백성이든 다 나로부터 생명을 받아
세상에 나간 백성이 불안하고 초조하
며 흔들리는 마음이 있거든, 나의 새
로운 성경을 가슴에 안고 정독하라.
16 너희들의 마음을 진정시킬 수 있는 길
이 거기 있음을 알게 될 것이니라.

11,839 번째 하나님 말씀

2004년 6월 26일 09시 48분

1 사랑하는 나의 아들아!

2 "네, 아버님! 말씀하옵소서."
3 나 여호와에 의해 너희들이 세상에 태
어나는 그 역사를 이룸이니, 너희들이
세상에 태어날 때 지금처럼 두마음을
가지고 세상에 태어난 것이 아니요,
너희들은 악한 마음은 본래 없었으며
그 마음은 씨앗도 없었음이니라.
4 그러나 너희들이 살아가면서 보고 듣
고 부닥치는 그 생활 속에서 너희들
자신에게, 선한 마음의 뿌리밖에 없는
그곳에 악한 마음의 뿌리가 자리를 잡
으니,
5 그리하여 지금의 두 마음이요, 그 마
음이 선한 것이 아니라 악한 쪽에 마
음의 비중이 모두 실려 있는 그와 같
은 삶을 사느니라.
6 그러니 처음에 세상에 나갈 때 천사와
같은 마음을 가지고 나간 백성들이 살
면서 듣고 보는 것으로써 이와 같이
무너졌음이니, 이 책임은 누구에게 있
단 말이냐, 누가 이 책임을 져야 된다
생각하느냐?
7 이 책임을 질 수 있는 백성들이요, 그
책임을 면치 못하는 백성, 너희들이
각성하고 거듭나는 삶부터 먼저 살아
야 될 것이니라.
8 이는 너희들이 모든 인간관계에 사는
그 틀이 잘못되었음이니, 그 틀이 아
름답고 선량한 그 삶을 누가 이리 무
너트렸는가?
9 종교라는 것이 세상에 나오며 종교라
는 것이 잘못 가며 나 여호와와 나의
아들 예수의 이름을 팔면서 갖은 장사
를 다하는 사악한 자들이 이 세상을
지배하기에 너희들이 돌이킬 수 없으
며 돌려놓을 수 없는 그와 같은 형국
이 되었느니라.
10 그러니 나 여호와가 너희들에게 역사
하는 것이 무엇이더냐?
11 원래 없던 너희들의 그 욕심의 마음을
순수한 아름다운 마음이 되도록 그리
만들기 위하여,
12 욕심이라는 그 뿌리를 뽑아내기 위해
서 지금 나의 아들을 통하여 내가 새
로운 성경을 내려보내며 너희들을 선
택한 것이라는 것을 알라, 사랑하는
나의 아들딸들아!
13 너희들이 욕심이라는 뿌리를 뽑아 주
지 아니하며 그를 뽑지 아니하고는 너
희들이 참진리의 길에 눈을 뜰 수 없
기에,
14 너희들이 하늘에 오를 수 있는 길이
없으며, 나를 아버지라 영원히 부르는
영광을 얻을 수 없으며 나와 너희들의
인연이 끝남이니,
15 그리하여 너희들의 그 모두를 뽑아 주
고자 함이니라.
16 그러니 뽑아 주고자 하여 내가 나의
아들을 통하여 내리는 새로운 성경에
의해 뽑혀야 될 너희들이, 그를 읽고
깨우쳐 스스로 고리를 걸어 줘야 나
여호와가 모두를 뽑아낼 수 있다는 것
을 알라.
17 사랑하는 나의 아들딸들아!
18 너희들이 고리를 만들어 걸라.
19 그러면 내가 160권이라는 새로운 성
경의 그 끈으로 모두를 다 뽑아 버릴
것이니라.

11,840 번째 하나님 말씀

2004년 6월 26일 12시 11분

1 사랑하는 나의 아들아!
2 "네, 아버님! 말씀하옵소서."
3 오늘의 믿음의 길을 가는 백성들이요,
구원을 받았다는 그와 같은 백성들의
그 믿음의 길이 정녕 하늘에 오르는
길이며 나에게 역사할 수 있는 길이
라 할 수 있겠느냐?
4 나의 아들을 따르는 제자 너희들에게
무엇을 이루어 달라, 무엇을 해 달라
소원하는 기도를 하지 말라 하였으며,
그와 같은 믿음은 진정한 믿음이 아니
라 하였느니라.
5 더욱이 너희들이 전지전능한 아버지
라 부르는 나 여호와가 너희들의 머리
끝서부터 발끝까지 상세하게 모두를
다 너희 자신보다도 더 잘 알고 있다
하면서,
6 너희들이 나에게 무엇을 이루어 달라,
해 달라는 것은 너희들이 나를 전지전
능한 아버지라 믿지 아니하는 행위라
내가 그리하지 않았더냐?
7 그러니 그와 같은 너희들의 속을 들여
다볼 때, 지금의 믿음의 길을 가는 백
성 그들이 하는 짓이 과연 바로 가는
길이며 바른 믿음이라 생각하느냐?
8 모든 믿음의 길을 가는 백성들이 지금
어찌 가는가?
9 죽어서 저희들이 천국에 가는 것, 그
리고 거듭나는 것, 그리고 고통을 받
지 않는다는 그것에만 매달려 있으며,
거기에서 어찌하면 너희들이 그 고통
을 피해 갈 수 있을까 하는 거기에 모
두를 다 바치는 것이 너희들의 그 믿
음이 아니더냐?
10 그와 같은 너희들은 거래요, 욕심에서
믿음의 길을 가느니라.
11 그뿐이더냐? 그러면서 너희들은 어떠
한 은혜를 얻고자, 또 은혜를 받고자
하며,
12 그리고 남들이 또 은혜를 받았다 간증
하며 단상에 서서 중언부언하는 것,
꿰맞추는 이야기들, 그리고 제 생각에
젖어 있는 자들의 말을 듣고, 그와 같
은 은혜를 얻고자, 또 받고자 하는 것
이 너희들이 아니더냐?
13 어떠한 길을 가야 하는 것인가를 전혀
모르는 백성 너희들이 지금 오늘의 믿
음이 아니더냐?
14 그러면서 과연 너희들이 하늘에 오르
는 길이라 할 수 있겠느냐?
15 거짓 종교 지도자, 그들이 말하는 성
령을 받고 무슨 은혜를 받고 축복을
받고 병을 고치고 어쩌고 하는 것,
16 그리고 제 고통이 심한 것, 그리고 제
가 해결할 수 없는 것을 해결하기를
바라고 원하는 그 믿음에 울고불고하
는 그 광란의 짓밖에 너희들이 한 것
이 무엇이 있느냐?
17 냉정히 바라봐 네 소원을 이루어 달라
는 것, 그리하여 네 소원을 이루기 위
하여 그저 하늘을 찌를 듯이 소리 지
르고 광란의 짓을 하는 것이 너희들의
믿음이요, 신앙의 전부가 아니더냐?
18 너희가 어떻게 그와 같은 길을 갈 수
있으며 그와 같이 바랄 수 있는가?
19 너희들이 말하는 생명으로 태어난 은
혜가 있으며, 이 세상의 모두를 준 은

혜가 있으며, 나의 아들 예수가 너희
들에게 바로 깨우쳐 주고자 그 고통
속에 간 은혜가 있으며,
20 그 모두를 생각해도 너희들이 하늘을
찌를 듯 소리 지르고 울고불고 광란의
짓을 하며 소원을 이루어 달라, 더 달
라 과연 너희들이 말할 수 있단 말이
더냐?
21 이제 그것을 보는 나의 아들을 따르는
제자 너희들은 어떠하던가?
22 사랑하는 나의 아들아! 너의 제자들
이요, 너의 마음은 어떠하더냐?
23 "네, 아버님! 저의 제자들이요, 저 자
신은 그와 같은 것이 없다 생각하옵나
이다.
24 저 자신은 그와 같은 것을 기대도 하
지 아니하며 생각도 하지 아니하며 그
를 지워 버렸사옵나이다. 또한, 저의
제자들도 그리 생각할 것이라 생각하
옵나이다."
25 그렇다면 너희들이 소원을 바라지 아
니하며 구원을 원하지 않는 그 믿음이
라면, 무엇을 위해서 너희들이 간다
생각하는가?
26 "네, 아버님! 저와 저의 제자들의 생
각은 그렇사옵나이다. 천사와 같은 삶
을 사는 것, 천사와 같이 변하는 것,
아버님의 은혜에 감사하며 아버님께
서 원하는 것이 무엇인가,
27 하늘을 향하여 한 점의 부끄럼이 없는
그와 같은 삶을 살아가는 것, 그 삶을
위하여 저희들은 모두를 바치며 그와
같은 생각으로 살아가옵나이다."
28 그렇다면 너희들 스스로도 보이지 않
더냐?
29 무엇을 이루고자 이루어 달라 소리를
지르며 하늘을 찌를 듯이 발광의 짓
을 하는 자들과,
30 내 뜻을 알아 천사와 같은 삶이요, 아
름다운 삶으로 사는 것, 하늘을 향하
여 너희들이 부끄럼이 없는 삶을 사는
것이 나 여호와의 뜻이라 하여 그를
행하고자 살아가는 자가 있다면,
31 과연 누가 사탄이요, 누가 나를 능멸
하는 자요, 누가 나의 아들딸이요, 내
뜻에 의해 가는 백성인가 너희들은 알
것이니라.
32 모든 백성 너희들은 이제 들여다보라.
33 나의 아들을 따르는 제자들이요, 강론
을 듣고 가는 백성들의 삶이요, 그들
의 기도 소리와, 너희들이 나에게 허
구한 날 울고불고하는 그 기도 소리
그 내용을 너희들이 하나하나 기록하
여 점검해 보도록 그리하라.
34 그러면 너희들이 부끄러움을 알 것이
며, 너희들의 그 추한 욕심을 알 것이
며, 정녕 이것은 잘못된 것이요, 잘못
가고 있다는 것을 스스로 알게 될 것
이니,
35 그 깨달음이라도 하나 얻어서, 너희들
이 달라는 기도요, 소원하는 기도요,
축복이요, 은혜를 달라는 울고불고하
는 욕심 어린 그 기도만 안 해도 그 은
혜가 얼마나 큰 것인가를 너희들이 나
에게 왔을 때 알 것이니라.
36 그 하나라도 깨닫도록 그리하라.

11,841 번째 하나님 말씀

2004년 6월 26일 12시 14분

1 사랑하는 나의 아들아!
2 "네, 아버님! 말씀하옵소서."
3 이미 세상의 모든 백성들은 휴식이
있고 쉬어 가는 공간이 있으며 쉬어
감이 있음이니라.
4 그리고 인간 세상에 향락을 즐기며 그
들은 살아갈 수 있으며 그리 살아가느
니라.
5 그러나 나로부터 선택된 너희들은 그
와 같은 것이 없음이니라.
6 나의 아들 또한 휴식이 없으며 너희들
은 쉬어 가는 것까지 없음이니라.
7 그는 왜 그렇더냐?
8 너희들은 만백성을 구하는 대명을 받
은 선생이요, 지도자이기 때문이니라.
9 선생과 지도자가 잘못 갔을 때 깨달을
수가 없음이니, 이건 인간 세상의 교
육을 깨닫고 깨닫는 것이 아니라, 하
늘의 이치요, 하늘에 오르는 길을 깨
닫고 배우는 것이니라.
10 책으로써도 가르칠 수도 없으며, 경험
으로써도 가르칠 수도 없으며, 보고
들은 것도 없기 때문에 가르칠 수 없
는 그 하늘의 뜻이니라.
11 그러니 그와 같은 하늘의 뜻을 가르치
는 것은 선택된 백성이요, 그리고 명
을 받은 자들만이 할 수 있기 때문이
니,
12 이는 인간의 노력이요, 선생의 연구로
써 가르칠 수 없기 때문에, 너희들은
쉬는 시간이 없으며, 휴식할 공간이
요, 쉴 시간이 없다 함이니라, 사랑하
는 나의 아들딸들아!
13 모든 백성들은 저희들의 삶을 아름답
게 살며, 하늘을 향하여 한 점의 부끄
럼이 없는 삶을 살며, 이웃과 더불어
살아가며 작은 사랑을 실천하고 베풀
며 살면, 그들의 삶은 아름다우며 그
들의 삶은 잘 살았다 말할 수 있느니
라.
14 그러나 너희들은 나로부터 선택된 자
들이요, 명을 받은 백성이라는 것을
잊지 말라.
15 너희들은 만백성을 구하는 자들이요,
너희들이 쉬고 휴식을 취한다면, 많은
백성들의 생명을 구하지 못하며, 그들
이 거듭나는 기회를 잃기 때문이니라.
16 사랑하는 나의 아들딸들아! 너희들이
백 년도 안 되는 육의 세상에 살면서
모두를 다 바치고 희생해도 그것이 결
코 억울하고 분한 것은 아니니라.
17 그리고 잃는 것이 없음이니라.
18 너희들은 반드시 그렇게 살아왔을 때,
너희들이 다시 돌아갈 수도 없고 가져
올 수도 없으며 기회를 얻을 수 없는
심판이 끝나는 그때, 많은 백성의 생
명을 구한 너희들이 그득한 상이요,
영광을 받게 될 것이니,
19 그때의 기쁨이요, 그 영광은 너희들이
지상에서 상상을 못 할 것이며, 생각
할 수 없는 축복이요, 은혜와 영광이
있다는 것을 알라, 사랑하는 나의 아
들딸들아!
20 반드시 너희들에게 내려지는 상이 있
음이니라.
21 내가 너희들에게 그저 무상으로 시키
지 아니하며 너희들의 노동력을 착취

하며 고통만 주는 나 여호와가 아님을
알게 될 것이니라.
22 너희들이 노력하는 것보다 열배 백배
상을 주며 은혜로써 다스리는 것이 나
여호와이니라.

11,842 번째 하나님 말씀

2004년 6월 26일 12시 18분

1 사랑하는 나의 아들아!
2 "네, 아버님! 말씀하옵소서."
3 지금 나의 아들을 따르는 백성들이요,
그리고 새로운 성경을 읽고 깨우쳐 거
듭나는 길을 가는 선택된 백성, 그리
고 이 세상에 무엇과도 바꿀 수 없는
축복과 은혜요, 영광을 받은 너희들이
니, 그리하여 너희들이 깨우쳐서 만백
성의 지도자라 하였음이니라.
4 그러니 지도자가 된 너희들은 어찌하
는가?
5 나로부터 선택되었다는 자부심, 이것
이 과연 어떠한 것인 줄 알겠느냐?
6 너희들이 나의 아들딸로서 선택된 백
성이라는 것에 진정한 자부심을 가지
고 살며, 너희들은 선택된 백성이요,
하늘로부터 명받은 백성이요, 그리고
너희들만이 특혜 받은 백성이라, 지금
믿음의 길을 가고 있는 모든 종교 집
단에 속해 있는 그 신도요, 백성들은
다 그리 생각하지 않더냐?
7 또한, 지금 나의 아들을 따르는 제자
들이요, 믿음의 길을 가는 백성 너희
들도 그리 생각할 것이니라.
8 그렇다면 내가 너희들에게 여기서 묻
고자 함이니라.
9 너희들이 과연 그와 같이 선택되었다
는 자부심을 가지며 영광과 은혜 속에
서 선택된 백성이라는 것을 생각한다
면,
10 과연 너희들은 그와 같은 것으로 오만
하고 자만한 마음으로 살아가야 되는
것인가?
11 너희들의 자세요, 행동이요, 삶은 과
연 어떠하더냐?
12 지금의 믿음의 길을 가는 종교 집단이
요, 그 신도들이 울고불고 광란의 짓
을 하며 저희들이 나로부터 선택된 백
성이요, 나머지는 이방인이요, 그리고
나머지는 지옥이요, 저희들은 거듭나
는 은혜를 입는다는 그 백성들이 무슨
생각을 하든, 무슨 말을 하든, 나의 아
들을 따르는 너희들은 그와 같은 말에
치우치지 말라.
13 다만, 너희들은 나의 아들딸로서 나의
자식이요, 너희들의 아버지 되는 나
여호와에게 너희들이 정녕 무엇으로
써 자식의 도리를 다할 것이며, 나의
뜻에 따라 살아갈 것인가 그것만 생각
하는 삶을 살도록 그리하라.
14 너희들이 나 여호와의 아들딸이라면
그 자부심만 가지고 오만하고 교만한
자가 아니라,
15 아버지께서 진정으로 무엇을 원하시
며 내가 무엇을 찾고 있는가, 너희들
은 그와 같은 믿음의 길을 가도록 그
리하라.
16 나의 아들딸로서 너희들이 어떠한 뜻
을 받아들여 내가 원하는 것이 무엇인
가, 그리고 나 여호와가 생각하는 것
이 무엇이며, 내가 이루고자 하는 것

이 어떠한 것인가를 깨달아 거기에 맞
춰 가는 삶을 사는 백성이 되도록 그
리하라.
17 너희들이 나의 아들딸이면 한 점의 부
끄럼이 없는 삶을 사는 것은 당연한
것이요, 만백성에게 비춰 봐 너희들이
남에게 실수함이 없이 그리고 남에게
모범되는 그와 같은 삶을 살아야 된다
는 것을 너희들은 잘 알 것이니라.
18 그리고 나 여호와의 뜻에 의하여 너희
들은 모두가 역사하는 삶을 사는 것이
나의 아들딸로서 진정한 나를 찾고 부
르짖을 수 있는 너희들이 아니더냐?
19 그와 같은 자들이 나에게 오를 수 있
으며 나에게 받는 영광을 얻을 수 있
을 것이 아니더냐?
20 그러니 너희들은 선택된 것을 교만하
게 생각하지 말며, 선택된 것을 겸손
하며 겸허한 마음으로써 감사하며,
21 너희들은 내 뜻에 따라 살아가는 가장
훌륭한 나의 아들딸이 될 수 있도록,
그리고 내가 원하는 아들딸, 내가 기
뻐하는 아들딸이 되는 그와 같은 삶을
사는 것이 가장 소중한 것이며, 우선
적으로 너희들이 꼭 해야 될 것이요,
행해야 할 삶이라는 것을 깊이 전하여
깨우쳐 주라.

11,843 번째 하나님 말씀

2004년 6월 26일 12시 23분

1 사랑하는 나의 아들아!
2 **"네, 아버님! 말씀하옵소서."**
3 아담과 하와가 나의 명령을 거역하여
선악과를 따 먹고 안 먹은 것으로써
오늘에 이와 같은 형국의 역사를 이루
었다는 그와 같은 것에 젖어 있는 믿
음으로 가서는 아니 될 것이니라.
4 이제 나 여호와가 너희들에게 그보다
더 귀하고 소중한, 그리고 너희들이
꼭 지켜야 될 명령을 내림이니, 너희
들은 이 명령을 따라 지켜야 될 것이
니라.
5 나 여호와가 내리는 새로운 성경, 너
희들이 이를 지키고 살라는 그 명령을
내림이니,
6 이제 너희들은 나의 새로운 성경을 보
고 깨우쳐 이를 지키고 사는 그와 같
은 삶을 사는 것이 너희들에게 가장
우선이요, 가장 중요하다는 것을 알아
야 될 것이니라.
7 너희들이 지나간 선악과를 따 먹는 것
만이 잘못됨이 아니요, 그로 인하여
너희들의 모두가 잘못됐다는 그와 같
은 생각을 할 것이 아니요,
8 지금은 선악과를 따 먹어 너희들이 잘
못된 것보다도, 나의 새로운 성경을
받아들이지 아니하는 것이 너희들에
게 더 큰 죄이며 더 큰 문제로써 이루
어진다는 것을 잊지 말라.
9 너희가 거듭나는 것은 무엇이더냐?
10 선악과를 아담과 하와가 따 먹고 안
먹는 그것으로써 지금 너희들이 그때
를 생각하며 그때를 원망하며 그때를
상상하면서 그를 원망하는 생각으로
써 거듭나고 구원을 받는 것이 아니니
라.
11 구약의 시대에 모세가 이루었던 모든
기적이요, 그리고 그를 따르지 아니하
고 우상을 숭배하는 것, 그리하여 내

가 불로 쓴 십계명인 내 친필을 집어
던져 깨는 그와 같은 험악한 세상이
이루어진 것, 그것을 너희들이 기억하
고,
12 홍해 바다를 건너며 사막을 거치며 만
나를 먹으며 그와 같은 역사 속에 나
온 그 모두가 너희들을 구원하고 거듭
나는 그것이 이루어짐이 아니니라, 사
랑하는 나의 아들딸들아!
13 더욱이 신약의 시대에 나의 아들 예수
가 죽은 자를 살리며, 그와 같은 모든
기적의 역사를 이루었으며,
14 그가 죽음의 고통으로써 그 길로써 만
백성 너희들에게 사랑을 행하며 내 뜻
을 전하고자 했던, 그와 같이 너희들
이 상상할 수 없으며 생각할 수 없는
그와 같은 아픈 역사,
15 그 모두가 다 너희들을 구원하고 구원
하지 아니하는 것이 아님을 너희들은
알아야 될 것이니라.
16 그 모두는 그 시대의 역할이요, 그 사
명을 다하는 것이었음이니라.
17 그러니 너희들이 가장 중요하고 소중
한 것은 무엇이더냐?
18 지금 내가 마지막 시대에 너희들에게
마지막 나의 아들을 통하여 내리는 새
로운 성경이요, 이것이 귀하고 중함을
알아야 될 것이니라.
19 마지막 너희들에게 내리는 새로운 성
경의 그 뜻을 너희들이 받아들여 행하
고 사느냐, 그렇지 않으면 그를 무시
하고 행하지 아니하느냐,
20 이것이 너희들이 거듭나고 못 나는 것
에 가장 중요한 것이며, 그 과제가 모
두 여기 있음을 알라.
21 이제 과거의 어떤 것에 연연하지 말
며, 그를 믿고 그에 대한 믿음에서 너
희들이 깨어나라.
22 오늘 너희들이 어떻게 사느냐, 얼마만
큼 천사가 되어 하늘에 오를 수 있는
자격을 획득하느냐 그것이 가장 중요
한 것이며, 그것이 너희들이 구원을
받고 못 받는 가장 중요한 요건이니라.
23 그러니 새로운 시대에 새로운 성경을
내려보내는 것, 이것이 가장 중요하니
라.
24 아담과 하와요, 구약과 신약의 그 모
든 역사보다도 이것이 가장 중요하며
너희들에게 소중한 것이니, 이를 지키
고 행하라.
25 그것만이 너희들이 거듭날 수 있는 길
이요, 지난 과거사의 모든 기적과 역
사가 너희들을 구원하고 안 하는 것과
는 관계가 없음이니, 더 이상 너희들
이 거기에 매달리지 말라.
26 예수의 보혈로써 구원을 받았다, 예수
의 죽음으로써 구원을 받았으며 예수
의 죽음으로써 속죄양이 되어 너희 죄
가 표백되었다는 그와 같은 꿈 같은
소리 하지 말며 구름 위에 뜨는 소리
하지 말라 전하라.
27 너희들이 어찌 사느냐가 가장 중요하
며, 새로운 성경을 어찌 받아들이고
어찌 너희 것으로 만들어 변하는 삶을
사느냐, 그것이 구원을 하고 못 하는
마지막 이 한 길밖에 없다는 것,
28 그리하여 이를 접하지 않은 자, 하늘
에 오르는 길을 볼 수 없다는 그 무서
운 명령을 너희들이 어겨서는 아니 될
것이니라.

11,844 번째 하나님 말씀

2004년 6월 26일 12시 26분

1 사랑하는 나의 아들아!
2 "네, 아버님! 말씀하옵소서."
3 160권의 새로운 성경이 세상에 내려
온 그 의미를 아는가?
4 그리고 너의 제자들을 내가 너를 따르
도록 하여 160권의 새로운 성경을 만
드는 역사를 이루어 감이니, 그 뜻을
아는가?
5 그 제자들이 존재하는 의미를 너는 아
는가?
6 네가 이 세상에 존재하는 그 의미는
과연 아느냐, 사랑하는 나의 아들아!
7 네가 존재하며 네가 거듭난 자로서 너
의 제자들과 더불어 160권의 새로운
성경을 만들어서 역사함에 가장 중요
한 것이 무엇이더냐?
8 "네, 아버님! 저는 그리 깨닫고 있사
옵나이다.
9 저희들이 모두가 변하는 삶이요, 지금
의 욕심으로써, 욕망으로써 그득 찬
저희 백성들이, 저희 형제들이 사랑하
는 백성으로 사랑하는 마음으로, 사랑
을 베푸는 마음으로 우선 변화되기를
아버님께서 바라시며, 그를 위하여 역
사하시는 것이라 그리 생각되옵나이
다.
10 각자는 모두가 욕심이요, 욕망을 버리
고 사랑하는 마음으로 변하며, 욕심이
그득 차 있으며 사탄이 지배하는 이
지상의 험악한 세상을 사랑의 나라로
써 사랑으로 다 덮을 수 있도록,
11 그 시나리오를 이루기 위하여 아버님
께서 저를 보내셨으며, 새로운 성경을
보내셨으며, 그리고 모든 제자와 더불
어 이 역사를 이루는 것이라 저는 그
리 생각되옵나이다."
12 사랑하는 나의 아들아! 바로 그러하
니라.
13 그 모든 것은 다 덮어지며 그 모두는
너희들이 어렵고 힘든 길이 아니요,
나에게 오를 수 있는 그 길을 오게 됨
이니라.
14 너희들이 한 사람이 개인마다 욕심이
요, 욕망을 버리며, 너희들이 가지고
있는 모든 악습을 버려 사랑으로 변화
되는 것이 내가 가장 바라는 것이요,
15 시기와 질투요, 모함이요, 거짓으로
써, 음해하는 마음으로써 덮인 이 세
상을 사랑으로 덮을 수 있는 사랑하는
세상으로 만들라 함이니라.
16 그러니 각자 너희들이 천사가 되며 이
지상이 하늘에서 이루어진 것같이 낙
원이 이루어지는 것이니라.
17 그 뜻을 알았다면 사랑하는 나의 아들
아!
18 너의 제자들과 어렵고 힘들다 주저앉
지 말고 후회하지 말며, 이 길을 가는
것을 너희들이 통곡하지 말며 모두를
다 바쳐 이를 이루라.
19 너희들은 휴식도 없으며 쉬는 시간도
없다 내가 그리 말하지 않더냐?
20 너희들을 사랑함이니, 너희들을 보고
바라는 나 여호와의 마음에 어긋나지
않도록 최선을 다하라.
21 내가 너희들을 사랑하며 너희들과 같
이함이니라.

11,845 번째 하나님 말씀

2004년 6월 26일 12시 30분

1 사랑하는 나의 아들아!
2 "네, 아버님! 말씀하옵소서."
3 가난에 힘든 백성이요, 살아가기 힘든
백성이요, 오늘의 삶에 지친 백성, 그
들에게 후회하지 말며 좌절하지 말라
그리 전하라.
4 너희들의 육의 삶이 전부가 아니며,
너희들이 얼마나 아름답게 살았느냐
하는 그 심판을 받는 사후의 세계가
있음을 너희들은 전해 주고 그들에게
용기와 희망을 주라.
5 앞 못 보는 자, 몸이 불편한 자, 그리
고 듣지 못하는 자, 모든 병마에 시달
리는 자,
6 온전치 못한 몸과 마음을 가지고 살아
가는 백성, 생각을 제대로 하지 못하
는 부족한 백성이요, 달리는 데 부족
한 백성이요, 말하기에 부족한 백성이
요, 만 가지 남들보다 부족한 단점을
가지고 있는 그 백성들에게 절대 좌절
하지 말며 실망하지 말라 그리 전하라.
7 육의 세상에 너희들이 사는 것은 뭐라
말하느냐?
8 하루 살다 가는 하루살이 벌레만도 못
한 것이 너희들의 그 짧은 인생의 삶
이라 했으니,
9 너희들은 이것으로써 모든 게 끝나는
것이 아니요, 너희들은 사후의 세계의
아름다움이 있느니라.
10 더욱이 앞을 못 보는 자, 듣지 못하는
자, 걷지 못하는 자, 남들보다 불편한
장애를 가지고 있는 그 백성들이 완전
한 백성보다 곱고 아름답게 살아갈
때, 너희들이 받는 은혜의 상은 배일
것이니, 너희들이 받는 상이 얼마나
큰 줄 알겠느냐?
11 몸을 다쳤으며 장애로써 완벽하지 못
한 만큼 너희들이 더러 실수하는 것은
내가 너희들을 용서로써 다스릴 것이
니,
12 몸이 완전한 자가 100을 잘못했으며
너희들이 100을 잘못했을 때 너희들
은 60이라는 벌밖에 받지 아니함이니,
13 너희들이 여기서 정녕 100을 다 했을
때 상이 얼마나 위대하고 큰 것인지
알겠느냐?
14 너희들이 이룬 것만큼 배로 받을 수
있는 기회가 있는 백성들이니, 좌절하
지 말며 나를 원망하지 말며 세상을
원망하지 말라.
15 얼마 남지 않은 육의 세상의 삶에 얽
매여, 너희들이 나로부터 죄를 짓는
어리석은 백성이 되지 말라, 그리고
너희들이 나로부터 버림받는 백성이
되지 말라.
16 온전한 백성이 제가 다섯 시간을 와야
될 것을 너희들은 세 시간이요, 두 시
간 반만 와도 되는 그와 같은 은혜요,
상이 있음을 잊지 말고,
17 희망과 자신을 갖고 좌절하지 말며 꺾
이지 말며 그리 살아가라 전하라, 사
랑하는 나의 아들딸들아!
18 내가 너희들을 사랑함이니라.
19 온전치 못한 자식을 사랑하는 부모의
마음이 어떠하던가?
20 인간 세상처럼 너희들을 저버리고 등
지고 내버리는 그와 같은 나 여호와가

아니며,
21 너희들에게 그와 같이 큰 상으로써 내
릴 것이며, 큰 상으로써 다스리고자
하는 것이 나 여호와의 뜻이라는 것을
알면,
22 너희들이 오늘에 좌절하지 말며, 오늘
의 고통을 기쁨으로 인내할 수 있는
그와 같은 마음 자세로 살도록 하라,
사랑하는 나의 아들딸들아!
23 내 너희들을 특히 사랑함이니라.

11,846 번째 하나님 말씀

2004년 6월 26일 17시 35분

1 사랑하는 나의 아들아!
2 "네, 아버님! 말씀하옵소서."
3 나의 백성 너희들은 인간 세상에 살아
가면서 제 직분을 다하는 사람, 제자
리에서 제 일을 다하는 사람, 그리고
제자리에 맞도록 모두 처신하고 행동
하는 삶을 사는 자가 바로 남에게 신
뢰를 받고 사는 사람이 아니더냐?
4 그러니 지금 나의 피조물 만백성이요,
수천 년 동안 종교 집단의 지도자요,
만백성을 인도하여 하늘로 이끈다는
그 지도자와 그 백성들이,
5 과연 인간 세상 속에서 제자리에 제
직분을 다하는 삶을 살아온 오늘의 종
교 집단의 지도자들이 이끌어 왔다면
과연 오늘이 어찌 되었겠는가?
6 너희 종교 지도자가 종교 지도자답게
이끌지 못했으며, 살아오지 못했으며,
그리 행하지 못하였기 때문에, 지금
이 세상이 어찌 되었던가?
7 이 세상이 도둑이 들끓는 그와 같은
세상으로 전락하였음이니라.
8 종교 지도자는 종교 지도자의 자리에
서 제 직분을 다하지 못했으며, 지도
자다운 삶을 살지 못하는 그와 같은
형국으로 왔기에, 오늘의 이와 같은
세상이 되었느니라.
9 구원을 받았다 하며, 그리고 선택된
백성이라는 그 신도들 또한 제대로 그
자세를 지키지 못하고 모범된 삶을 살
지 못했기에,
10 나를 경배하며 나를 믿는 백성이라는
그들이 다른 사람의 삶에 모범이 되
며, 다른 사람으로부터 저주받는 자가
되지 아니하여야 될 것이거늘,
11 이방인이라 하는 다른 백성들에게 너
희들이 비아냥거리로써 지금의 종교
집단 지도자들이 가고 있으니, 너희들
이 남들이 보는 것이 중요하지 않더냐?
12 '내가 선택받은 자요, 내가 하늘로부
터 은혜 받은 자요, 나는 구원받은 자
요, 하나님의 백성이라' 너희들이 아
무리 말해도, 남들이 볼 때 아니라 하
면 그것은 결국 아닌 것이니라.
13 이 무서운 사실을 너희들은 알아야 될
것이니라.
14 그러기에 너희들이 가르치는 자 배우
는 자 다 잘못 갔기에, 지금 도둑이 들
끓는 이와 같은 세상이 된 것을 누가
바로잡으며 누가 이 세상을 돌려놓을
수 있단 말이더냐?
15 이제 사랑하는 나의 아들을 따르는 너
희들은 들어야 될 것이니라.
16 선택된 백성이라는 자, 믿음의 길을
가는 자, 구원을 받았다는 자, 그 종교
집단에 있는 자, 그들이 어찌 살아가

든 너희들은 나로부터 선택된 백성들
이니라.
17 그러니 나로부터 선택된 백성 너희들
은 선택된 백성답게 살아가야 하는
것, 그것을 너희들이 명심하고 명심하
도록 그리하라.
18 너희들은 내가 부른 백성이요, 내가
선택한 백성들이니라.
19 그러니 지금의 종교 집단의 지도자처
럼 너희들이 제대로 살지 못하며 제자
리를 지키지 못한다면, 나 여호와는
선택된 백성들로서 내가 그 모두를 역
사할 수 없으며 이룰 수 없음이니라.
20 누가 뭐라 하든 나의 아들을 따르는
제자들이요, 내가 부른 선택된 너희들
은 나 여호와에게 선택된 백성이라는
그 자부심과 긍지를 갖고, 너희들이
나에게 한 점의 부끄럼이 없는 그와
같은 삶을 살도록 그리하라.
21 너희들이 그리 살지 못한다면 지금의
모든 백성들이 구원의 길이라는 자들
이 지옥의 벼랑으로 가듯이,
22 너희들 또한 아무것도 이룰 수 없으
며, 나를 볼 수 없으며, 나를 아버지라
부를 수 없는 그와 같은 형국이 될 것
이니라.
23 그러니 너희들은 모두 지금의 삶에 있
어서 자기 자신의 위치와, 선택된 백
성은 선택된 백성만큼 삶이요, 행함이
요, 모두가 다른 변화되는 삶을 살도
록 그리 가르치라.
24 이제 너의 제자들이 가야 할 길이며
역사할 과제가 그것이니라.

11,847 번째 하나님 말씀

2004년 6월 26일 17시 41분

1 사랑하는 나의 아들아!
2 "네, 아버님! 말씀하옵소서."
3 사랑하는 나의 백성 너희들은 알아야
될 것이니라.
4 영원한 구원의 길이요, 육의 세상의
행복한 삶이라는 것, 육의 세상에서
너희들이 사는 가장 행복한 백성이요,
선택된 백성,
5 그리고 너희들이 육의 삶을 마치고 영
원한 그 영혼의 구원의 세상에 오르는
것, 그 모든 기본이요, 근본이라는 것
은,
6 너희들이 참진리의 길을 가는 것, 그
길을 가는 백성만이 그 모두를 얻을
수 있으며 누릴 수 있음을 알라.
7 아무리 울고불고 너희들이 광란의 짓
을 하고 달라, 무엇을 이루어 달라 해
도, 그 모두는 다 부질없는 것이니라.
8 참진리의 길을 가는 백성만이 육의 세
상의 행복함이요, 죽어 나에게 심판을
받아 거듭나는 영광을 얻을 수 있다는
것을 잊지 말며 그리 전하라.
9 '너와 내가 아니라, 우리는 다 하나라'
하는 그 깨달음을 너희들이 얻을 때,
10 그 깨달음을 얻을 때야말로 너희들이
진정한 사랑의 삶 속에서 사는 백성이
되게 되느니라.
11 그와 같은 세상이 되면 어찌 되느냐?
12 악한 일을 하는 것보다도 선한 일을
하고자 하는 백성이 더 많은 세상이
될 것이며, 남의 것을 간교한 방법으
로써 빼고자 가로채고자 하는 오늘의

종교 집단의 지도자와 같은 그와 같은
흉악한 사람들이 아니라,
13 어렵고 불쌍한 사람에게 베풀고 나눠
주고자 하는 사람들이 더 많은 세상,
14 이것이 바로 나 여호와가 바라는 지상
의 낙원이요, 내가 바라는 세상이거
늘, 오늘의 종교 집단의 지도자들이
어찌 가는가?
15 저희들이 우리 부자의 이름을 팔아 모
두를 가로채고 갈취하는 그와 같은 것
으로써 지금 몇천 년 동안의 세월이
흘러왔음이니,
16 죽은 자나 산 자, 그들의 고통이 이루
말할 수 없었음이니라.
17 그 고통 속에 간 자들이 무엇을 음성
을 들으며, 너희들이 부른다 하여 다
시 구원을 받고 다시 거듭나는 은혜를
받는단 말이더냐?
18 그들은 그들대로 지금의 그 고통스러
운 세월 속에서 울고 있음이니, 지금
의 사는 백성, 바로 너희들의 모습이
라는 것을 알라 그리 전하라.
19 나눠 주고 베푸는 사람이 많은 이와
같은 세상이 내가 원하는 세상이니라.
20 참진리요, 어렵고 힘든 길을 가라는
종교 지도자가 어디 있느냐?
21 지금의 모든 종교 집단의 지도자들이
그와 같은 지도자가 없음이니라.
22 현 세상의 삶을 나를 경배하며 나 여
호와에게 희생하는 것, 그리고 봉사하
고 사는 것이 참진리라 그리 가르치느
니라.
23 그리고 저희들은 손으로 지은 그 교회
요, 성전에 와 모두를 희생하고 봉사
하는 것이 나에게 경배하는 것이요,
나에게 희생하는 것이요, 나에게 봉사
하는 것이라, 그리하여 너희들이 구원
을 받는다 하여,
24 그럴 듯하게 꾸며 낸 그 시나리오 각
본을 가지고 환상 속에서 지금 나의
백성들을 허덕이게 만드는 것이 종교
집단 지도자들이 아니더냐?
25 모든 종교 지도자들이 그와 같이 나의
피조물 만백성을 환상 속에서 깨어나
지 못하도록 하여 나의 백성들을 나의
이름과 나의 아들 예수의 이름을 팔아
서 너희들이 쇠사슬의 올가미로써 나
의 피조물 만백성을 옭아매는 그 길을
위하여 너희들이 지금까지 온 것이니
라.
26 거기에는 자유가 없고 아름다움이 없
고 평화가 없음이니라.
27 나 여호와는 모든 그 구속에서 풀어
주고자, 그리고 행복하고 평화로운 삶
을 살도록 역사하고자 하여, 나의 아
들을 통하여 새로운 성경을 내려보냄
을 너희들은 알아야 될 것이니,
28 이를 읽고 깨우치고 보지 아니하면 아
니 된다는 뜻이 여기 있음이니라.

11,848 번째 하나님 말씀

2004년 6월 27일 05시 58분

1 사랑하는 나의 아들아!
2 "네, 아버님! 말씀하옵소서."
3 너희들이 나의 뜻을 따르며 만백성을
구하기 위하여 160권의 새로운 성경
을 만들어 냄이니, 곧 내가 너희들은
하늘의 선생이요, 나로부터 명받은 지
도자라 하였음이니라.

4 그러니 지도자로서 거듭나는 것이 무
엇이더냐?
5 너희들이 인간 세상에서 선생이라 하
여 모든 제자를 육성하는 자, 그가 선
생이 되기까지의 그 노력과 고통이 또
한 어떠한 것인지 알겠느냐?
6 그 고통과 노력 없이 그는 선생이라는
그 자리를 지킬 수 없으며, 선생으로
서 그 제자들을 가르칠 수가 없지 않
더냐?
7 그러니 너희들이 인간 세상에서 선생
이요, 지도자로서 백성을 가르치는 것
도 너희들이 그와 같이 노력과 수고로
움이 있을 때 지도자의 자격으로서 역
사함이니,
8 더욱이 하늘의 선생이요, 하늘의 뜻을
가지고 만백성을 이끌고 깨우치고 가
르치는 너희들이 오늘의 시련과 고통
이 없이 과연 너희들이 어찌 가르치고
선생이 될 수 있겠는가?
9 하늘의 선생이요, 하늘의 지도자는 스
스로 체험하여 깨닫고 노력하여 스스
로 얻는 것이니라.
10 나 여호와가 너희들에게 인간의 교육
처럼 단계적으로 시키는 것도 아니요,
그와 같은 교육 기관에서 너희들을 깨
우치는 것도 아니니라.
11 너희 자신이 공부하며 너희 자신이 깨
우쳐 너희들이 선생이 되는 것이며,
지도자가 될 수 있는 자격증을 얻음이
니,
12 그 자격증을 부여하는 것은 나 여호와
이되, 노력하는 것은 너희들이니라.
13 너희들이 스스로 깨닫고 깨우쳐 스스
로 선생의 자격을 획득함이니, 너희들
이 어렵고 힘든 그 과정을 거치지 아
니하면 아니 됨이니라.
14 스스로 고통을 이기며 스스로 어려움
을 이기며 체험하여 거기서 얻어지는
것이,
15 때로는 가슴이 찢어지도록 아프며, 네
살점이 떨어지는 것처럼 아프며, 고통
스러운 아픔과 그 시련을 딛고 일어설
때,
16 거기에서 너희들이 모든 참진리요, 나
여호와의 뜻이요, 그리고 지도자요,
선생으로서 너희들이 성장함을 알아
야 될 것이니라.
17 그러니 너희들이 그와 같은 고통과 시
련 없이 지도자요, 하늘의 선생이라
할 수 없음이니,
18 오늘의 고통과 시련 속에서 너희들이
바로 서며 모두를 승자로 이끌며 인내
하는 삶을 살도록 하며,
19 거기서 너희들이 너희 스스로 깨우쳐
만백성들의 가슴에 그대로 전해 주고
가슴을 울릴 수 있는 그와 같은 지도
자가 되지 아니하면 아니 됨이니 그리
알라.

11,849 번째 하나님 말씀

2004년 6월 27일 07시 13분

1 사랑하는 나의 아들아!
2 "네, 아버님! 말씀하옵소서."
3 인간 너희들이 지금 살아 있으며 눈으
로 보고 느끼며 육이 존재해서 이 세
상에 살아가지 않더냐?
4 너희들은 육이 존재하는 이 세상에 살
아가면서, 너희들 자신이 내일에 이루

어질 일이요, 다음의 미래에 이루어질
것을 아무것도 모르고 사는 것이 너희
들이 아니더냐?
5그러니 너희들은 너희 자신의 운명을
모르고 사는 백성이니라.
6하물며 저 자신의 육의 세상에 사는
내일도 모르는 백성이 하늘의 세상이
요, 하늘의 뜻을 어찌 알며, 너희들이
죽은 후에 일어날 일을 어찌 안다 그
리 말하느냐?
7내가 그러기에 너희들에게 뭐라 하느
냐?
8너희들이 탁상 위에 공을 굴리니, 그
공이 몇 개를 맞으며 어디를 맞을까
너희들이 세 개 네 개 이상은 예상할
수 없는 것이라 하지 않았더냐?
9그것이 바로 너희들의 한계요, 깨달음
이라 내가 그리 말하였거늘, 어찌하여
너희들이 오늘에 이와 같이 오만하고
자만하는가?
10지금의 모든 종교 집단의 지도자 너희
들이 나를 믿으며 나의 아들 예수를
찾음으로써 구원을 받으며, 너희들이
어찌 살아가는 것이라, 그리고 육의
세상에서 행하는 것은 중요치 아니하
다 이와 같이 함부로 나의 피조물 만
백성을 가르치고 있음이니,
11그로 인하여 이 세상이 이와 같이 혼
탁하게 되었음을 알라.
12너희들은 오늘의 세상에 사는 네 운명
을 아는가?
13종교 지도자 너희들 자신이 내일에 이
루어질 것을 육의 세상에 살면서도 모
르는 자가, 어찌하여 죽은 다음에 일
어날 일을 알며 하늘의 뜻이 무엇인가
를 아는 것처럼 함부로 그리 말하는가?
14너희들은 들으라.
15나 여호와가 명하여 내려 주지 않은
자, 내가 성령으로 임하여 모든 하늘
의 지혜요, 하늘의 뜻을 깨우쳐 주지
않는 자는 누구도 알 수 없으며, 너희
들이 나를 안다 하지 말라.
16그리고 너희들이 하늘의 뜻을 알 수
없음이니라.
17오로지 나에게 선택된 백성, 선택된
자만이 알 수 있는 것이니라.
18이와 같은 이치를 깨닫는다면, 오늘의
종교 집단이요, 너희들이 말로써는 하
늘의 종이요, 만백성의 종이라 하며
너희들이 제왕적인 행위를 할 수 있는
가?
19너희들은 정녕 말로써 나의 종이요,
만백성의 종이라 한다면, 그와 같이
너희들이 낮은 자세요, 겸손한 자세로
살라.
20왜 너희들이 하늘의 종이요, 만백성의
종의 지도자라 했느냐?
21알지 못하며, 너희들이 제대로 내 역
사하는 것을 모르며 하늘의 뜻도 알지
못하기에,
22너희들이 겸허하고 겸손한 자세로 살
아가라 하는 것이 나 여호와의 뜻임을
너희들은 알라.
23누가 뭐라 해도 나의 아들을 따르는
제자, 너희들은 네 운명을 모르며 내
일을 너희들이 모르는 것처럼, 아는
것이 없으며 하늘의 뜻을 너희들이 알
수 없음이니라.
24그러니 내가 나의 아들을 통하여 내린
160권의 새로운 성경 속에 들어 있는

그 내용을 읽고 배우고 깨우쳐 너희 것으로 만들어, 그를 전하고 가르치면 되는 것이니라.
25 그리고 사후의 세계요, 다음의 세상에 역사하는 것은 내가 나의 아들을 통하여 너희들에게 내릴 은혜요, 상이 있을 때 모두를 알려 줄 것이니 그리 알라.

11,850 번째 하나님 말씀

2004년 6월 27일 07시 16분

1 사랑하는 나의 아들아!
2 "네, 아버님! 말씀하옵소서."
3 모든 백성들에게 너희들이 열 명이고 백 명이요, 골라서 물어보며 동서남북을 가서 골라 놓고 네가 물어보라.
4 너희들이 물어볼 때, 나의 피조물 만 백성은 과연 지금의 믿음의 길을 가는 그 종교 집단을 신뢰하는가?
5 절대 그들을 신뢰하지 아니하느니라.
6 그리고 저희들이 구원을 받았다 울고불고하는 백성들에게 냉정한 대답을 들을 때, 저 자신도 모르며 확신을 하지 못하는 것이 그들의 답일 것이니라.
7 그리고 그들이 불안과 초조한 마음으로 가고 있을 것이니라.
8 너희들이 믿지 않는 백성들에게 동서남북에 가 100명을 놓고 그들에게 물어보면, 똑같이 믿음의 길을 가는 자가 가지 않는 자만 못하다는 말이 100명 중에 50명이 넘는 답이 나오는 것은 자명하며, 80명이 아니요, 100명이 다 그와 같이 말할 수 있을 것이니라.
9 그러니 결국 너희들은 무엇이냐?
10 너희들이 잘못된 것이며 잘못 가고 있음을 너희들만이 시인하지 않느니라.
11 오늘의 종교 집단의 지도자 너희들이 어찌 가는 줄 알겠느냐?
12 너희들이야말로 사탄의 자식이요, 지옥으로 가는 자들이니라.
13 그리고 그와 같은 너희들은 나에게 오를 수 없으며 그 대가를 치르는 백성들이거늘,
14 지옥으로 가는 종교 집단이요, 그 백성들이 구원을 받아 나의 나라에 오며, 나의 뜻에 의해 역사하는 나의 아들을 따르는 그 제자들이요, 나의 새로운 성경을 읽고 깨우친 백성들에게 어찌하여 너희들이 사탄이요, 이단이라 함부로 그리 말하며, 너희들은 천국이요, 그들은 지옥으로 간다 말한단 말이더냐?
15 제 갈 길도 모르며 제가 어찌 되는지도 모르면서 어찌 남은 천국에 가지 못하며 저만이 천국에 간다 그리 말하는가?
16 지옥에 가는 자는 너희들이요,
17 나의 아들을 따르는 제자들이요, 새로운 성경을 읽고 깨우친 그 백성들은 눈이 부셔서 그들을 보지도 못하는 그와 같은 형국이거늘,
18 어찌하여 너희들이 육의 세상에 살면서 내일도 모르고 모레도 모르며 미래도 모르는 너희들이 어찌하여 그와 같이 오만한 행위를 할 수 있으며 방자한 행동을 할 수 있는가?
19 그것이 사탄이요, 마귀가 되기 때문에, 너희들이 하늘의 뜻을 모르며 양보함을 모르며 사랑함을 모르며, 마음

의 여유가 없기 때문임을 알라 그리
전하라.

11,851 번째 하나님 말씀

2004년 6월 27일 07시 18분

1 사랑하는 나의 아들아!
2 "네, 아버님! 말씀하옵소서."
3 너희들이 화를 부를 때, 화는 겹쳐서
오느니라.
4 그러나 너희들은 복이요, 은혜는 겹쳐
서 오는 것이 없음이니라.
5 너희들이 이룬 것만큼 받는 것이요,
너희들이 역사한 것만큼 받음이니, 너
희들이 복이요, 은혜요, 영광이요, 축
복은 계속 같이 오지 아니하는 것을
알라.
6 다만, 너희들이 잘못 살고 무너지는
것, 너희들이 무너지기 시작하면 한없
이 무너짐이니, 화는 화를 가져오며
불행은 불행이 계속 너희들에게 온다
는 것, 이와 같은 이치를 알아야 될 것
이니라.
7 그러니 바로 너희들이 무엇이더냐?
8 너희들이 불행을 막기 위하여 얼마만
큼 노력을 해야 되는가를 알듯이, 악
과 선의 싸움이니, 선은 선을 몰고 오
기가 힘드니라.
9 그리고 너희들은 선은 선을 행하기가
힘드니라.
10 그러나 악한 자는 악을 행하기가 쉬우
며 더 악으로 빠지기가 너무나 쉽고
간단한 것이니라.
11 이러한 현실에서 악을 저버리고 선을
선택하는 것, 그것이 그리하여 힘든
길이라 함이니라.
12 선은 선을 행하기가 힘드니라.
13 선이 선을 행할 때, 선이 온다 해도 너
희들이 그를 행하고 지키기는 너무나
힘든 것이니라.
14 그러나 악은 악을 가져옴이니, 그 악
을 받아들이기는 너무나 쉬우며, 그
악에 물들기가 너무나 간단한 것이 나
의 백성 너희들이 사는 것이니,
15 선에서 선을 행하는 것은 열이라는 힘
이 필요하며, 악에서 악이라는 것은
그저 즐기며 갈 수 있는 이와 같은 이
치이기에, 너희들이 무너지기가 쉬우
며 쓰러지기가 쉽다 함이니라.
16 그리하여 항상 나의 새로운 성경을 읽
고 나의 아들을 통하여 내리는 강론을
듣고 너희들 자신이 재무장을 하는 그
와 같은 길을 가지 아니하면 무너진다
함이 여기 있느니라, 사랑하는 나의
아들딸들아!

11,852 번째 하나님 말씀

2004년 6월 27일 07시 22분

1 사랑하는 나의 아들아!
2 "네, 아버님! 말씀하옵소서."
3 이제 나의 아들을 따르는 제자들이요,
나의 새로운 성경을 읽고 깨우친 백
성, 너희들은 하늘의 뜻을 알라.
4 너희들이 죄에 대한 것, 죄를 짓는 것
은 잘못된 것이며, 죄를 짓지 아니하
고 가기 위해 최선의 노력을 다하여야
되는 것이 인간의 삶의 도리요, 너희
들이 지켜야 할 길이니라.
5 그러나 나의 아들을 따르는 제자 너희

들은 죄를 짓지 아니하기 위한 노력보
다도 더 중하고 귀한 것이 있음이니라.
6 그것은 바로 너희들이 죄를 용서해 줄
수 있는 마음의 훈련이요, 이 훈련을
받지 아니하면 아니 됨이니라.
7 너희들은 죄를 용서해 줄 수 있는 그
와 같은 마음을 갖는 훈련에 돌입하도
록 하라.
8 내가 나의 새로운 성경에 기록하여 나
의 아들을 통하여 너희들에게 뭐라 전
했느냐?
9 너희가 하나의 잘못을 했을 때, 뭐라
했더냐?
10 열 배로 그를 갚으라 했지 않더냐?
11 열 배로 갚고 너희들이 그 주인을 찾
아가 그를 이해시키며 그 주인에게 용
서를 받으라 하였음이니,
12 그것은 바로 너희들이 죄를 인정하며
두 번 다시 짓지 않는 회개를 하도록
하기 위하여 내가 너희들에게 그리 명
하였음이니라.
13 그러니 너희들이 하나의 잘못이요, 하
나의 죄를 지었을 때 그를 씻어 내고
그를 벗어 내기 위해서는 열 배로써
갚아야 하며, 열 배의 그 죄의 대가보
다도 더 큰 것을 행해야 된다 하지 아
니하였더냐, 사랑하는 나의 아들딸들
아!
14 그러니 너희가 하나의 죄를 짓는 것보
다도, 하나의 죄를 용서해 주는 훈련
이 더 어렵고 힘들지 않더냐?
15 그러니 내가 너희들에게 열 배로 모두
를 하라 함이니라.
16 그리하여 내가 너희들에게 죄를 짓는
것보다도 더 중하고 소중한 것은, 너
희들이 죄를 용서해 줄 수 있는 그와
같은 마음의 훈련을 닦으라 함이니라.
17 그러니 죄를 용서해 주는 것은 하나를
잘못했을 때 열 배로써 갚아야 되고
열 배로써 그 모두를 보상해야 됨이니,
18 너희들이 감히 두려워 그 하나의 죄를
죄를 지을 수 있겠느냐?
19 그리하여 너희들은 남을 용서하는 마
음, 죄를 용서하는 마음, 용서받는 마
음, 그리고 너희들이 남으로부터 잘못
해서 사과를 받아 낼 수 있는 것, 그와
같은 마음의 자세요, 그 훈련에 돌입
하도록 그리하라, 사랑하는 나의 아들
딸들아!
20 용서를 받는 것을 배워야 될 것이며,
용서해 주는 것을 배워야 할 것이며,
지금은 이와 같은 훈련에 돌입해야 될
때임을 알라.
21 그리하면 너희들이 두렵고 무서워 스
스로 죄를 짓지 아니할 것이니라.
22 그러니 죄를 짓지 않는 아름다운 삶을
살아가는 것은 너희들이 이미 경지에
와 그를 깨달았음이니,
23 이제는 너희들이 죄를 용서받는 것,
그리고 너희들이 죄를 용서해 주는
것, 그와 같은 것을 깨우치도록 그 훈
련에 돌입하라, 사랑하는 나의 아들딸
들아!

11,853 번째 하나님 말씀

2004년 6월 27일 07시 25분

1 사랑하는 나의 아들아!
2 "네, 아버님! 말씀하옵소서."
3 왜 너희 자신을 버리며 너희들을 지워

버리며 '나'를 생각하는 그와 같은 삶
을 살지 말라 하는 줄 알겠느냐?
4 너희들이 마음을 비우고 모두를 다 놓
고 세상을 볼 때, 고운 자도 없으며 미
운 자도 없으며, 사랑하는 사람도 없
으며 지워 버리고 싶은 사람도 없느니
라.
5 모두를 다 비우고 사는 사람의 마음이
그러하니, 거기에는 선과 악도 없으며
죄와 벌도 없느니라.
6 그 모두가 다 없는 것이 마음을 비운
백성이 살아가는 세상이니라.
7 그는 곧 무엇인 줄 알겠느냐?
8 너희들이 세상을 비추는 빛이요, 자신
을 녹여 모두를 역사하는 소금과 같이
되는 것이니,
9 바로 '나'를 비우고 너희 자신을 비우
는 백성은 곧 그가 빛과 소금이 되는
백성이기 때문이니라.
10 빛과 소금이 되는 그 백성이야말로 죄
가 없고 악도 없으며 아무것도 없음이
니라.
11 그것을 모두 초월하는 그와 같은 삶을
살 수 있으며 그 모두를 다 넘을 수 있
는 것이 마음을 비운 자이니라.
12 사랑하는 나의 아들딸들아!
13 너희들이 죄를 짓지 아니하는 것으로
써 노력하는 것도 좋으나, 너희들이
악한 것을 행하지 않는 것, 악한 것을
용서하는 것, 그리고 악한 것과 접하
지 않는 것, 악한 것을 기억하지 않는
것,
14 그와 같은 너희들의 마음 자세도 얼마
나 귀하고 소중한 것인지 알겠느냐?
15 너희들은 악을 용서하며 악을 가까이
하지 않는 것, 그리고 악으로 가는 자,
죄짓는 자를 용서해 주는 것, 너희들
이 죄를 짓지 아니하려는 마음처럼 너
희들이 모두를 다 용서하고 받아들일
수 있으며 가슴으로 안을 수 있는 그
와 같은 백성이 되는 것, 그게 정녕 자
신을 비운 자이니라.
16 비운 자는 아무것도 없기 때문에 걸리
는 것이 없으며 거치는 것이 없으니,
모두를 지나가며 그저 통과하는 것뿐
이니라.
17 그러니 너희들이 빛과 소금이 되는 진
정한 백성, 그 빛과 소금이 얼마나 귀
하고 소중한 백성을 의미하는 것이더
냐?
18 악도 선도, 미워하는 것도 고운 것도
예쁜 것도 소중한 것도 귀한 것도 아
무것도 없는 그와 같은 나의 아들딸이
라는 것을 알라, 사랑하는 나의 아들
딸들아!
19 그리고 나의 아들을 따르는 모든 백성
들, 그리고 나의 새로운 성경을 읽고
깨우치는 모든 나의 아들과 딸 너희들
은 그와 같이 자신을 비우라는 그 의
미를 깊이 음미하도록 그리하라.

11,854 번째 하나님 말씀

2004년 6월 27일 09시 32분

1 사랑하는 나의 아들아!
2 "네, 아버님! 말씀하옵소서."
3 나 여호와가 성경에 기록하여 너희들
에게 전하기를, 참진리라 하여 이곳을
보라, 저곳을 보라, 참진리의 선지자
요, 지도자가 여기에 있다, 저기에 있

다, 혹은 저곳에 있으며 이곳에 있다
하더라도 너희들은 절대 찾아가지 말
며, 그와 같은 것을 찾아 나서지 말라
그리 성경에 기록하여 전했느니라.
4 그 뜻을 과연 종교 집단의 지도자 그
들이 지금 어떻게 가르치고 있는가?
5 그들은 이와 같은 뜻을 알지 못하며
나 여호와의 뜻을 알지 못하기에, 지
금 믿는 저희들의 종교 집단의 지도자
가 가는 길이 참진리의 길이요,
6 새로이 생기는 예언자요, 새로 탄생하
는 예언자, 그리고 새로 생기는 선지
자, 그리고 새로 나타나는 선지자, 새
로운 성경이요, 새로운 진리라 하여
새로운 말씀이 내려온다 해도,
7 어떠한 것도 너희들이 새로 나오는 것
은 사탄이요, 마귀의 것이요, 거짓된
것이니, 그를 믿고 따르지 말라 그리
너희들이 가르치느니라.
8 그리하여 오로지 너희들만이 하늘에
오르는 길이라 하여 나의 사랑하는 백
성들을 그저 담장 안에 가두어 두고
너희들이 이리저리 이끌고 가는 것이
아니더냐?
9 이것이 정녕 너희들이 나의 뜻이라 생
각하는가?
10 사랑하는 나의 아들아!
11 "네, 아버님! 말씀하옵소서."
12 '보라, 저기 있다 혹은 여기 있다.' 하
여 새로운 선지자요, 예언자요, 새로
운 종파요, 새로운 진리가 내려온다
해도 바라보지 말라 한 그 가르침이
과연 오늘의 종교 집단의 지도자들이
가르치는 그 방법이라 너도 그리 생각
하는가?
13 "네, 아버님! 저는 그와 같은 것이라
생각하지 아니하옵나이다.
14 그 모두는 아버님의 뜻이요, 아버님께
서 역사하시는 것, 그것을 그들이 모
르기 때문이라 저는 그리 생각되옵나
이다.
15 아버님께서 무엇을 이루시고자 생각
하시는 것은 참진리요, 그 아버님의
뜻을 역사하는 것은 여기에서 있고
저기에서 있고 여기서 나타나고 저기
서 나타나는 것이 아니라는 것을 그들
은 모르기 때문이라 그리 생각하옵나
이다.
16 아버님의 은혜요, 사랑이 온 세상을
다 덮고 있으며, 저희들이 아버님의
사랑 속에 같이하지 아니하는 것이 없
기 때문에, 아버님의 사랑은 그렇게
부분적으로 나타나는 것이 아니라는
것이라 저는 그리 알고 있사옵나이다.
17 그러니 어떤 곳이든 아버님의 사랑이
충만되어 있으며 아버님의 은혜 속에
모두가 다 같이 있는 것이기 때문에
여기 있다 저기 있다 하는 것을 믿지
말라 하시는 뜻이라 알고 있사옵나이
다.
18 그러니 구원을 받았다 하는 소리를 하
는 것, 어떤 곳에 와야만 그리고 저희
들을 따라야만 구원을 받는다고 말하
는 종교 집단 지도자들이 얼마나 어리
석으며 잘못 가르치는 자들인가,
19 그들을 따라 배우지 말며 그 길을 가
지 말라는 아버님의 뜻이 여기 있다
생각하옵나이다.
20 아버님의 은혜가 부분적으로 이 세상
에 있는 것이 아니요, 이 세상의 모두

를 다 전체를 덮고 있는 그 위대함을
깨우쳐 주고자 하시는 그 뜻이요,
21 결코 새로 나타나는 자, 새로운 역사
를 갖다가 배우지 말며 따르지 말라
하는 것은 아니라 생각되옵나이다.
22 아버님의 진리요, 참말씀은 변화되고
변화되어 새로운 시대를 열어 가는 것
이 아버님의 말씀이기 때문에, 아버님
께서 그와 같은 것을 명하신 것이 아
니라,
23 이 세상의 모두가 다 아버님의 은혜
속에 있으니, 여기서 나타났다, 저기
서 나타났다, 이곳에 와야만 구원을
받는다, 저곳에 와야만 구원을 받는
다, 그와 같이 가르치는 자가 잘못된
자요, 어리석은 지도자라는 것을,
24 그 말을 듣지 말라 하여 그로써 가르
친 것이라 저는 그리 생각되옵나이
다."
25 사랑하는 나의 아들아! 그러하니라.
26 내가 모두를 다 주관하며 내가 역사하
지 아니하는 것이 없거늘, 어찌하여
너희들이 부분적인 것으로써 나타난
다 그리 생각하는가?
27 그것이 다 욕심이요, 잘못된 자들의
가르침이니, 그들에게 현혹되지 말며
그들에게 속지 말라 함이니, 이 뜻을
기록하여 만백성에게 전하며 깨우쳐
주도록 그리하라.

11,855 번째 하나님 말씀

2004년 6월 27일 09시 37분

1 사랑하는 나의 아들아!
2 "네, 아버님! 말씀하옵소서."
3 이 세상의 만물이 나 여호와에 의하여
지어지지 않은 것이 없으며 나의 뜻에
의하여 이루어지지 아니한 것이 없다
고 너희들은 그리 가르치고 그리 알고
있지 않은가?
4 그렇다면 모두가 나 여호와가 지은 바
요, 내가 짓지 아니한 바가 아무것도
없음이니라.
5 그것이 나의 뜻이 아니고는 아무것도
이루어질 수 없으며 이루어질 수 없다
그리 알고 그리 믿고 가지 않느냐?
6 그러니 지어지고 이루어진 것이 나 여
호와의 뜻이 없이는 아무것도 역사할
수 없다는 걸 너희들이 잘 알고 있으
면서, 너희들은 나의 아들 예수를 또
한 뭐라 말하느냐?
7 너희들은 여기서 이제 깨우쳐야 될 것
이니라.
8 나의 아들이 세상에 와 나의 성령의
뜻을 가르치려 했던 나의 아들도 나
여호와에 의하여 그 모두가 이루어졌
으며 내 뜻에 의하여 탄생했으며, 그
모두가 나의 뜻에 의해 역사했느니라.
9 그러기에 너희들은 나 여호와의 지음
을 받은 나의 아들 예수가 나와 같다
는 그와 같은 모독하는 말을 하지 말
라.
10 너희들이 그와 같은 말을 하는 것이
모두 나를 얼마나 욕되게 하고 나를
능멸하는 말인 줄 알겠느냐?
11 너희들 인간사에 사는 이 세속에서도
아비와 자식이 다 같다는 말을 함부로
쓰지 아니하며, 그와 같은 말을 쓰는
것은 너희들의 부모에게 욕되는 말을
하는 것이 아니더냐?

12 너희들은 아비와 자식이 생각이 같고
행함이 같다 하여, 아들이 절대 아비
가 될 수는 없는 것이 아니더냐?
13 생각과 뜻이 같다 해서 아비와 자식이
똑같다 그리 말한다면, 그 생각과 뜻
이 같은 것이지, 아비와 자식의 직위
가 같은 것은 아니니라.
14 그러니 이 세상에서 아들은 절대 아비
가 될 수 없는 것이요, 아들은 아들로
서 존재하는 그 이치를 안다면,
15 너희들이 나의 아들 예수를 욕되게,
나를 욕되게 그와 같은 행위를 하지
말라 내가 기록하는 새로운 성경의 뜻
의 의미를 깊이 깨우쳐, 그와 같은 행
위를 하지 말도록 그들에게 깨우쳐 주
라.

11,856 번째 하나님 말씀

2004년 6월 27일 09시 40분

1 사랑하는 나의 아들아!
2 **"네, 아버님! 말씀하옵소서."**
3 너희들은 근본이요, 기초적인 믿음의
자세부터 다시 나지 아니하면 아니 되
느니라.
4 아들과 아비가 같다는 그와 같은 말,
예수가 나요, 내가 예수요, 내가 여자
의 몸을 빌려 예수의 형체로 세상에
나왔다 그리 말하는 망발을 절대 하지
말라.
5 이것부터 바로잡지 아니한다면, 너희
들의 모든 종교의 믿음은 곤두박질하
는 것이요, 나에게 오르는 것이 아니
라 너희들이 사탄의 앞잡이가 되어 역
사한다는 것을 알라 그리 전하라.
6 너희들은 예수의 보혈로써 구원을 받
았다 하여 나의 아들 예수를 곤욕스럽
게 하지 말며 고통스럽게 하지 말라.
7 그가 지금 얼마나 고통스러운 시간을
갖고 있는지 너희들이 과연 알고 있는
가?
8 그렇다면 너희들은 그와 같은 짓을 하
지 말라.
9 너희들이 그와 같은 행위를 함으로 인
하여 모든 이 세상의 질서를 파괴하
며, 사탄들이 득실거리도록 만들며,
자연의 아름다운 세상에 나의 뜻에 의
해 이루어진 역사가 없도록 너희들이
만든 근본이요,
10 그 말부터 그 행동부터 그 생각부터
모두 버리지 아니하면 아니 될 것이니
라.
11 보내 준 나 여호와가 있으며, 보냄을
받은 나의 아들이요,
12 너희들이 나의 주관하에 이루어지지
아니하며 역사하지 않는 것이 아무것
도 없다 하면서,
13 나의 아들 또한 나의 주관하에 나의
뜻에 의해 모두가 역사했다는 것을 너
희들이 어찌 모른단 말이더냐?
14 그와 같은 자, 나 또한 너희들을 용서
할 수 없음이니 그리 알라.
15 그러니 너희들이 이 기본이요, 근본의
믿음의 기초, 이것을 지금서부터 바로
잡고 바로 깨우쳐 너희들이 새로운 성
경을 보면, 하늘의 뜻이요, 이치를 알
게 될 것이니라.
16 그를 버리지 아니하는 자, 너희들은
결코 알 수가 없음이니라.
17 이것이 바로 너희들이 오늘에 처한 입

장이라는 것을 잊지 말라 전하라.

11,857 번째 하나님 말씀

2004년 6월 27일 09시 44분

1 사랑하는 나의 아들아!
2 "네, 아버님! 말씀하옵소서."
3 2천 년 전 예수가 세상에 나가 너희들
에게 기록하여 전하기를, 뭐라 말하였
느냐?
4 너희들에게 간곡히 부탁하였느니라.
5 '진실로 진실로 부탁하노니, 사람이
하늘에 오르는 백성으로 거듭나지 아
니하면 너희들이 하나님의 나라를 볼
수 없으며 은혜를 얻을 수 없다.' 그리
가르치지 않았더냐?
6 정녕 너희들이 지금 거듭나지 아니하
면 아니 된다 2천 년 전 나의 아들 예
수가 너희들에게 그리 전했음이니, 그
게 바로 무엇이더냐?
7 너희들의 삶을 반대로 살지 아니하면
아니 된다는, 내가 나의 아들을 통하
여 새로운 성경에 기록한 그 내용이
아니고 무엇이더냐?
8 나의 아들이 너희들이 하늘에 오르는
백성으로 거듭나는 삶을 살지 아니하
면 절대 구원할 수 없으니 다시 사는
삶을 살라 그리 가르쳤으니, 이것이
바로 무슨 의미인가를 깊이 깨달아야
될 것이니라.
9 지금의 너희들이 사는 삶을 반대로 살
며, 오른쪽으로 도는 팽이를 반대로
돌리는 그와 같은 세상의 삶을 살지
아니하면 아니 된다는, 나의 새로운
성경에 기록한 그 뜻과 같음을 알아야
될 것이니라.
10 2천 년이 지난 지금, 너희들이 거듭나
는 백성이요, 그와 같은 삶을 사는 백
성으로서 너희들이 오늘의 삶을 살았
으며 믿음이요, 신앙의 길을 왔다면,
11 오늘과 같이 160권의 새로운 성경이
역사하는 시대는 열리지 아니하였을
것이며, 오늘의 이와 같은 어려운 길
은 역사하지 아니하였을 것이니라.
12 2천 년 전에 그 백성들에게 거듭나는
삶을 살라 그리하였거늘, 그 세월이
흐르는 동안에 거듭나는 백성들이 없
었음이니라.
13 더 내 뜻을 거역하며 나로부터 멀어지
는 그와 같은 백성의 삶을 살았으니,
내가 마지막 시대에 나의 아들을 통하
여 새로운 성경을 내려보내 거듭나는
백성을 만들고자 함이니라.
14 그리고 그 세상을 이루고자 하는 것이
나 여호와의 뜻이니라.
15 너희들이 반대로 사는 세상, 거듭나는
백성, 그와 같은 자들만이 이 세상에
존재할 수 있는 이 슬픈 오늘의 현실
을, 과연 너희들은 누가 만들고 누가
이리 너희들을 타락시켰다 하는가?
16 그것은 내가 묻지 아니해도 너희들이
잘 알 것이니라.
17 다만, 나의 아들을 따르는 제자들이
요, 새로운 성경을 읽고 깨우친 만백
성 너희들은 먼저 깨달으라.
18 너희들은 반대로 사는 세상, 거듭나는
세상을 이루지 아니하면 결코 구원을
받을 수 없음이니,
19 이 세상의 삶에서 너희들 모두가 잘못
가고 첫 단추를 잘못 끼워 너희들이

제자리를 지키지 못하여 암흑의 세상
에서 헤매고 있는 것이 그 모든 종교
집단의 지도자요, 울고불고 구원을 받
았다 하는, 한 치 앞도 모르고 지금 광
란하는 그 백성이니라.
20 한 치 앞도 모르는 자, 저희들이 어찌
하여 미래를 알며 내일에 이루어지는
역사를 알 수 있다 그리하는가?
21 어찌하여 저희들이 구원을 받고 나에
게 왔다 하는가?
22 인간 세상에 살아가는 것도, 몇 분 후
에 제 앞에 이루어질 것도 모르는 주
제에, 너희들이 하늘나라에 와서 상을
받을 수 있다 하며, 저희들이 은혜를
받을 수 있다, 구원을 받았다 말하며,
23 다음 세상이요, 상상도 못 하는 하늘
나라의 이치를 깨달았다는 그 어리석
은 우를 범하지 말며, 그 이상 더 미련
하고 아둔한 짓을 하지 말라.
24 잠에서 깨어나라 하여, 그들을 너희들
이 두드려 깨우쳐야 할 것이니 그리
알라.

11,858 번째 하나님 말씀

2004년 6월 27일 09시 48분

1 사랑하는 나의 아들아!
2 "네, 아버님! 말씀하옵소서."
3 너의 제자들은 알아야 될 것이니라.
4 2천 년 전에 세상에 온 나의 아들 예
수가 너희에게 뭐라 가르쳤던가?
5 그때 그 백성에게 '진실로 진실로 너
희에게 이르노니, 사람이 물과 성령으
로 나지 아니하면 하나님의 나라에 들
어올 수 없다.' 그리 말하였음이니라.
6 그러니 만백성의 생명수요, 하늘의 뜻
에 의하여 너희들이 거듭나는 삶을 살
지 아니하면 나의 나라에 올 수 없다
하였음이니,
7 지금 내가 나의 뜻을 나의 아들을 통
하여 새로운 성경에 뭐라 너희들에게
깨우쳐 주었느냐?
8 너희들이 하늘나라에 와서 사는 것은
천사만이 사니, 천사가 사는 하늘나라
의 세상에 천사가 되지 아니하면 절대
들어오지도 못하며,
9 너희들을 들여보낸다 하여도 견디지
못하는 것이 하늘의 법도라 내가 그리
말하지 아니하였더냐?
10 너희들이 천사가 되지 아니하면 안 되
며, 변화되는 삶으로 살지 아니하면
아니 된다는 것을 너희들에게 깨우쳐
주었음이니라.
11 이것이 바로 내가 너희들에게 나의 아
들 예수를 통하여 전하고자 했음이니,
천사만이 사는 세상에 올 수 있는 것
은 천사가 되어야만 된다는 그 의미이
니라.
12 '육으로 난 것은 육이요, 성령으로 난
것은 영이니' 이것은 무슨 뜻이며 무
슨 의미던가?
13 육의 삶을 벗어나지 아니하며 너희들
이 육에 얽매이는 것은 육의 세상의
삶을 벗어나지 못하는 것이요, 하늘나
라의 뜻이요, 영의 세상을 너희들이
볼 수 없는 것이라 함이니라.
14 그러니 육으로 삶을 살면서 바르고 고
운 삶을 살아 성령으로 태어나 영의
세계를 볼 수 있는 그와 같은 삶의 한
계는 너희들이 경지에 오르는 그와 같

은 삶이 아니고는 아무것도 이룰 수
없다 함이니,
15 육의 삶에서 벗어나는 삶을 살라 너희
들에게 깨우치고 전한 그 깊은 뜻이
거기 있음을 알라.
16 육의 모든 것을 접어 두고 비워야 영
의 세상을 알 수 있으며 그 세상에 들
어갈 수 있다는 나의 새로운 성경에
기록한 그 내용을 한번 정독하고 또
읽어 보도록 그리하라.
17 내가 너희들에게 거듭나야 한다는 말
을 과연 너희들은 어찌 새겼는가?
18 나의 아들 예수를 통하여 너희들에게
거듭나지 아니하면 결코 구원을 받을
수 없으며 그 기회가 너희들에게 없다
한 그 말을 잘 깨우치라.
19 거듭나지 아니하면 너희들이 나에게
오를 수 없으며 너희들에게 기회가 없
다 그리 전하는 내용은 무엇이더냐?
20 모든 종교 집단이요, 만백성 너희들이
잘못 가고 있으며 잘못 깨우치고 있으
며 나 여호와와는 관계없는 그와 같은
길을 가고 있으며, 그리 가르치고 그
리 인도하는 세상이 되어 버렸기에,
너희들이 바로잡고 다시 시작하지 아
니하면 아니 된다 함이니라.
21 그리하여 너희들을 바로 시작하고 바
로 역사할 수 있도록 내가 이루는 것
이 무엇이더냐?
22 160권의 새로운 성경을 세상에 내보
내 이 역사를 이루는 것이니, 이를 보
고 듣지 아니하면 너희들이 구원의 길
을 볼 수 없다는 그 무서운 사실을 다
시 한 번 내가 너희들에게 전하니 그
리 알라.

11,859 번째 하나님 말씀

2004년 6월 27일 09시 54분

1 사랑하는 나의 아들아!
2 "네, 아버님! 말씀하옵소서."
3 세상에 너희들이 살아가는 속에 가장
소중한 그 바람이요, 산소요, '바람이
불어오매 너희들이 그 소리를 들어도
어디서 오며 어디로 가는지 무엇을 위
하여 가는지 알지 못한다.' 하지 않았
더냐?
4 바람이 불어오는 것이 어디서 불어와
서 어디로 흘러가는지, 무엇을 위해서
가는지를 모르는 것처럼,
5 성령으로 태어난 사람이요, 성령으로
명받은 백성이 하는 일은 이와 같이
알 수 없으며 알지 못하는 것이 하늘
의 뜻이라 내가 기록하지 않았던가?
6 너희들이 하늘의 뜻을 알 수 없음이니
라.
7 여기서 너희들이 깊이 깨우쳐야 될 것
이니라.
8 모든 종교 집단 지도자들이요, 나로부
터 명받은 자라 하며 나로부터 선택된
목자라 하며 대명을 받은 자라 그리
말하나,
9 나로부터 명을 받지 않은 백성은 아무
것도 알 수 없으며 하늘의 뜻을 알 수
없음이니,
10 그들이 하늘의 뜻을 안다는 것은 다
위장된 거짓말이라는 걸 너희들은 알
아야 될 것이니라.
11 나로부터 명받은 자만이 그 역사함을
아니, 또 나로부터 명받은 자의 그 역
사하는 것을 백성 너희들은 알 수 없

으며 깨달을 수 없는 그와 같은 삶을
살아가며 그 경지가 이루어짐이니라.
12 그러니 그와 같이 명받지 아니한 백성
은 나의 백성을 구하는 자가 아니라는
것을 너희들은 깊이 깨우쳐야 될 것이
니라.
13 나로부터 명받은 백성 외에는 아무도
하늘의 뜻을 알 수 없으며 내가 역사
하는 것을 알 수 없음이니, 너희들이
안다 말하지 말라 그리 전하라.
14 그리고 말하지 말라 전하는 것뿐만이
아니라, 너희들은 그와 같은 자의 말
을 듣지 말라.
15 아무것도 모르느니라, 또한 알 수 없
음을 너희들은 모두 알아야 될 것이니
라.
16 하늘의 뜻을 명받은 자, 나에게 선택
된 자는 하늘의 뜻이요, 그 이치를 깨
우치고 설명함이니라.
17 그러니 그는 경험하지 아니하여도 체
험하지 아니하여도 내가 그에게 역사
하니, 하늘의 뜻의 그 모두를 다 가르
침이니라.
18 사랑하는 나의 아들딸들아! 너희들이
한 지역을 가서 완전히 탐사하고 연구
한 사람과, 연구하지 아니하고 가 보
지도 않은 자가 있으니,
19 가 보지 않은 자가 가르친다면 되겠느
냐?
20 그곳에 가 고통과 시련을 체험하지 않
은 자, 그 환경에 접해 보지 않은 자,
그 세상을 접해 보지 아니하는 자는
아무리 설명하고 아무리 떠들어도,
21 아무리 고급스러운 모습이요, 화려한
모습을 차려 놓고 웅장한 모습으로써
나의 백성들을 제압하면서 강론하고
설명을 해도, 가 보지 아니하는 자는
허점투성이이니라.
22 그리고 가 본 사람이 질문할 때 그는
무너지게 될 것이니라.
23 그러니 너희들은 여기서 알아야 될 것
이니라.
24 아무리 못나고 어리석은 자라도 그것
을 탐구하고 가 보고 살고 그 모두를
깨우쳐 온 자가 이야기하는 것은 너희
들의 가슴에 와 닿을 것이며 진실임을
알 것이며, 거기에 너희들이 흥미로움
을 알 것이며, 진지한 깨달음을 얻게
될 것은 당연한 것이 아니더냐?
25 가 보고 본 자, 만져 본 자가 설명하기
때문이니라.
26 그러니 하늘에 오르는 그 길이 그러하
니라.
27 나 여호와로부터 명받은 자는 하늘의
이치요 뜻을 모두 너희들의 손에 쥐여
깨우쳐 주나,
28 가 보지 않은 자, 명받지 아니하는 자
는 새로운 것을 가르쳐 줄 수 없으며
하늘의 신비함을 가르쳐 줄 수 없음이
니라.
29 끝이 없는 하늘의 위대함이요, 그 신
비함을 보지도 아니하고 가 보지도 아
니한 자가 어찌 가르치겠느냐?
30 그러니 구약과 신약에 기록된 그 성경
내용만 가지고 평생 너희들에게 물고
늘어지고 그저 너희들을 우리에 가둬
놓은 그와 같은 행위를 함이니라.
31 그러니 가 본 자, 그 명을 듣는 자, 그
뜻에 따라 하는 자의 가르침은 신기할
것이며, 너희 마음을 열게 할 것이며,

눈을 뜨게 할 것이며, 새로운 세상을
보게 하는 것이니라.
32 이게 바로 나로부터 명받은 자요, 나
의 뜻에 따라 역사하는 자이니라.
33 이것을 구분할 줄 알아야만 될 것이니
라, 사랑하는 나의 아들딸들아!
34 하늘의 뜻은 아무나 가르칠 수 없으며
전할 수가 없음이니라.
35 내가 너희에게 명했듯이, 바람이 어디
서 불며 어디로 가며 무엇을 하는 건
지 모르듯이, 하늘의 뜻이 그와 같이
이루어지며, 하늘의 뜻으로 그 모두가
역사하기 때문이니라.
36 그러니 나로부터 명받은 자만이 그를
알 수 있으며 그를 가르칠 수 있음이
니,
37 지금 나의 아들을 통하여 새로 내리는
이 160권의 새로운 성경을 한번 읽어
보라.
38 그러면 그 속에 모두가 다 들어 있으
며, 그 모두를 주인이 가르쳐 준 대로
기록한 그 내용을 읽고 깨우칠 때, 그
세상을 완전히 알게 될 것이니라, 사
랑하는 나의 아들딸들아!

11,860 번째 하나님 말씀

2004년 6월 27일 09시 56분

1 사랑하는 나의 아들아!
2 "네, 아버님! 말씀하옵소서."
3 인간 세상에 너희들이 살아가면서 주
인의 뜻을 모르고 역사하며, 주인의
뜻을 알지 못하고 제가 무엇인가를 이
루고 행하는 것은 결코 주인으로부터
상을 받을 수 없으며 칭찬을 받을 수
없음이니라.
4 다만, 그는 주인의 재물을 손실 나게
했으며 그 모두를 낭비한 그 벌이요,
채찍질밖에 더 있겠느냐?
5 사랑하는 나의 아들딸들아, 너희들은
들으라.
6 하늘에 오르는 길에는 첫째는 구원을
받으며, 둘째는 나 여호와의 뜻에 따
라 만백성을 구하는 것이 깨우친 백성
들이 역사해야 할 길이니라.
7 그러니 너희들이 구원을 받는 하늘에
오르는 길을 오고자 한다면, 그건 바
로 너희들이 무엇을 행해야 되는가?
8 창조주 나 여호와요, 하늘의 주인이
원하는 길, 내가 바라는 것을 충실히
행하고 실천하는 자, 내 뜻에 의해 역
사하는 자만이 너희들이 나로부터 부
름을 받을 것이며 상을 받을 것이라는
그 엄연한 사실이니,
9 너희들이 그를 믿고 따라가려면 어찌
해야 하는가?
10 내가 나의 아들을 통하여 새로운 성경
을 읽고 깨우치는 길만이 구원의 길이
라 하니,
11 너희들이 이를 보기에 초조하고 불안
하거든, 구약과 신약에 기록되어 있는
그 내용을 그대로 이해하며 그대로 살
고 행하도록 하기만 해도 너희들이 숨
겨진 비밀을 알 수 있는 지혜를 얻을
것이니라.
12 바로 십계명대로 그리 지키고 살라.
13 그러면 너희들이 나에게 와 심판을 받
고 고통을 당하는 것은 그래도 면할
수 있음이니라.
14 그러니 이와 같은 나의 뜻을 너희들이

알겠는가?
15 너희들이 나의 아들을 통하여 내리는
새로운 성경 160권이 불안하고 초조
하거든 구약이요, 신약의 내용을 그대
로만 행하고 실천하도록 하라.
16 그리고 지키고 살라는 나의 계명대로
살라.
17 그러면 너희들이 진정 나 여호와의 뜻
을 스스로 알게 될 것이며, 어떤 것이
옥석인지 구분할 수 있는 지혜를 얻게
될 것이니라.
18 그리하여 위장된 것이 무엇이며 위장
되지 아니한 것이 무엇인지를 너희들
이 알게 될 것이니라, 사랑하는 나의
아들딸들아!

11,861 번째 하나님 말씀

2004년 6월 27일 10시 02분

1 사랑하는 나의 아들아!
2 "네, 아버님! 말씀하옵소서."
3 나로부터 생명의 은혜를 받았으며, 이
세상의 그 모두를 소유할 수 있는 은
혜요, 영광 속에 살아가는 백성, 너희
들이 해야 할 일이 무엇인 줄 알겠느
냐?
4 '네 이웃을 네 몸과 같이 사랑하라.'
하였음이니, 네 이웃의 어렵고 힘든
자, 그리고 병들고 가난하게 살아가는
그와 같은 백성들, 남들 앞에 떳떳하
게 나서지 못하며 고통과 시련을 인내
하는 자, 분하고 억울한 일이 있어도
말없이 참아 가는 안타까운 그 백성들,
5 과연 그들을 위하여 너희가 무엇을 할
것이며 무엇을 해 줄 수 있는 것인가
그와 같은 생각을 가지고 살아가는 백
성이 되어야 함이니라.
6 누가 뭐라 해도 나의 아들을 따르는
제자들이요, 나의 새로운 성경을 읽고
깨우친 백성, 너희들은 그와 같은 마
음을 가지고 살라.
7 병들고 어려운 자, 가난한 자, 그리고
고통 속에 사는 자, 말없이 불이익을
당하는 그 불쌍한 백성들을 위해 바로
그와 같이 살아가야 되는 그 이유가
무엇인 줄 알겠느냐?
8 나 여호와의 근심 걱정이요, 나 여호
와의 걱정거리이기 때문에 그러하니
라.
9 그와 같은 백성들을 내가 보기에 걱정
하며, 그들 때문에 나 여호와의 근심
이 그칠 날이 없음이니, 그렇다면 너
희들이 과연 어떠한 마음으로 살아야
하겠느냐?
10 너희들이 나로부터 은혜를 받아 하늘
에 오르고자, 거듭나는 은혜를 받고자
하는 백성들이라면,
11 깨우친 너희들이야말로 나의 걱정이
요, 나의 근심거리를 풀어 주고 그 해
답을 찾아야 되지 않는가?
12 육의 세상에서 이루어지는 것은 나 여
호와가 직접 관여하고 통제함이 아니
라,
13 인간인 너희들을 통하여 선하고 악한
일도 모두를 역사한다 하지 않았더냐?
14 그러니 나 여호와의 걱정이요, 근심거
리도 인간인 너희들을 통하여 모두를
해결하며 그를 풀어 나가야 되기 때문
이니,
15 너희들이 나의 걱정이요, 근심거리를

풀어 주는 것이 바로 네 주변의 어렵고 힘들게 살아가는 자, 가난하게 사는 자, 병석에 누워 있는 자, 그리고 남으로부터 억울하고 분함을 당하면서도 말없이 인내하고 참고 가는 그와 같은 불쌍한 백성들,

16 그들을 보살피고 돕는 그와 같은 삶을 살아야만 된다는 것을 잊지 말라, 사랑하는 나의 아들딸들아!

17 그 모두는 나의 걱정이요, 근심을 덜어 주는 것이니,

18 나를 그리 경배하며 나를 찾기 위하여 울고불고하는 백성이 그들을 외면하고 사는 자라면, 과연 나의 백성이라 할 수 있겠는가?

19 그리고 너희들이 그와 같은 자를 돌보는 것이 나 여호와의 근심 걱정을 덜어 주는 것이라면,

20 너희들은 그들을 진심으로 사랑할 수 있으며 진심으로 보살필 수 있는 그와 같은 마음의 싹이 너희들 몸 안에 자라날 것이니라, 사랑하는 나의 아들딸들아!

21 그러니 너희들이 어렵고 힘들며 부족하고 병든 그들에게 필요한 것이 무엇이며 정녕 베풀어야 될 것이 무엇인 줄 알겠느냐?

22 진정한 사랑이요, 진실된 보살핌이요, 진실한 대화를 나누는 것, 서로가 의지할 수 있는 여건을 만드는 것,

23 그와 같은 것이 위장된 것이 아니요, 이용하기 위한 것이 아니요, 광고 선전하기 위한 것이 아닌 진실된 위장이 없는 사랑,

24 그들은 그걸 원하며 그들은 그것을 가장 행복으로 알고 살아갈 것이니라.

25 사랑하는 나의 아들딸들아! 물질적으로만 도와주는 것이 아니요, 정신적으로 같이 대화하는 것, 서로를 존경하며 같이 살아가는 의의를 이해시키는 것, 그리고 소중하고 귀하다는 것, 너와 나와, 가진 자와 갖지 않은 자, 명예 있는 자와 없는 자가 똑같은 귀한 생명이라는 것,

26 그와 같은 깨달음이요, 정신적인 그 위로의 가르침이 물질적인 것보다 때로는 더 위대한 도움이요, 위로가 된다는 것을 잊지 말도록 그리하라, 사랑하는 나의 아들딸들아!

11,862 번째 하나님 말씀

2004년 6월 27일 10시 07분

1 사랑하는 나의 아들아!

2 "네, 아버님! 말씀하옵소서."

3 지금 나 여호와가 너를 통하여 만백성을 구하기 위해 내린 이 새로운 성경이 사탄의 것이요, 그리고 나의 아들이 마지막에 모든 백성을 혼란케 하고자 나오는 나의 아들이라 너희들이 그리 말하며 사탄이라 말한다면,

4 그 제자들 또한 사탄이요, 마귀라 그리 말한다면,

5 과연 너희들이 무엇으로써 이를 증명할 수 있으며 답할 수 있는가?

6 과연 너희들이 나의 새로운 성경 160권을 읽어 보았는가?

7 그리고 나의 아들을 통하여 내리는 강론을 들어 보았는가?

8 나의 새로운 성경을 읽어 보지도 아니

하며 강론을 들어 보지도 아니하고 사
탄이라 하는 그 죄가 얼마나 두렵고
무서운가를 너희들이 감히 알지 못하
기 때문이니라.
9 모든 백성 너희들은 들으라.
10 나의 새로운 성경이요, 나의 아들이
사탄이요, 이단이요, 그 제자들이 마
귀라 그리 말한다면,
11 나 여호와가 내리는 160권의 이 대장
정의 새로운 성경이요, 하나님 말씀이
요, 하늘에 오르는 길이라는 이 책을
너희들이 한번 읽어보고 그를 평가하
도록 하라.
12 너희들이 그 책장을 열어 보라.
13 그 속에 내가 누구를 위해 기도하도록
명했으며, 누구의 뜻에 의하여 그들이
살아가며, 누구의 뜻을 만백성에게 전
하기 위해 그들이 이 새로운 성경을
만들고 전하는 그 역사를 하고 있는가?
14 너희들이 그 책장을 열고 그 속을 들
여다보면 그들이 가고 있고 그들이 역
사하는 그 애절한 뜻을 너희들은 알
것이며,
15 나 여호와가 나약하고 불쌍한 그들을
통하여 이 세상을 다스리며 이 세상을
통제하려는 내 아픈 마음까지도 너희
들이 알게 될 것이니라.
16 그리고 너희들은 한번 들어 보라.
17 과연 너희들이 어려운 것, 힘든 것, 인
간의 힘으로 할 수 없는 그것을 이루
고자 나에게 기도하고 울고불고하며
달라, 이루어 달라는 그 기도 소리와,
18 그 제자들이요, 나의 아들이 드리는
그 기도 소리를 들어 보라.
19 그들은 말이 없느니라. 그들은 그저
'저희 죄를 용서하여 주옵시고, 하나
님의 뜻대로 살아갈 수 있는 힘을 주
옵소서.' 하고 나를 찾으며 나에게 기
도하는 것뿐이니라.
20 그러니 그들이 찾고 부르짖고 기도하
는 것은 무엇이더냐?
21 나 여호와를 경배하며 나를 찾느니라.
22 그러니 나를 찾는 기도를 하며 나를
찾아서 그들이 가는 그 길이 사탄이
요, 잘못된 것이라면,
23 과연 너희들이 울고불고 소원을 빌며
찾는 하나님은 바로 무엇이더냐?
24 너희들은 여기서 들어야 될 것이니라.
25 너희들이 그리 울고불고하는 그 하나
님이 사탄이요, 너희들이 사탄을 경배
하는 것이지,
26 나의 아들이 책으로 근거하며 책으로
증거하여 내놓고 나를 찾으며 나를 경
배하는 그 내용의 뜻을 그대로 실천하
고 가는 그 백성들,
27 계명을 지키고 가려는 나의 아들을 따
르는 제자들이 받드는 나 여호와가 정
녕 하나님이라는 것을 알라.
28 잘못된 자요, 서낭당 돌무덤에 소원을
비는 일반 백성들이 살아가며 잡신을
모시는 것처럼 너희들은 그와 같이 다
른 잡신을 찾고 있으며 다른 하나님을
모시니,
29 그는 정녕 하나님이 아니라는 것을 너
희들이 깨달을 때가 있을 것이니, 그
리 깨우치도록 하라.
30 모든 믿음의 길을 가는 백성 너희들은
나의 새로운 성경을 읽고 의문이 가며
그래도 너희들의 마음이 미심쩍으며
답을 찾을 수 없거든, 직접 나의 새로

운 성경을 정독해 보라.
31 그러면 너희들이 스스로 지혜를 얻을
것이니라.

11,863 번째 하나님 말씀

2004년 6월 27일 11시 37분

1 사랑하는 나의 아들아!
2 "네, 아버님! 말씀하옵소서."
3 나의 새로운 성경을 보급하며 전하니,
내가 새로운 방법으로써 너희들이 생
각하지 못한 그와 같은 방법으로써 모
두가 다 역사하며 이루어질 것이니라.
4 지금 내가 너희들에게 강론을 하며 내
뜻을 전하는 것도 수천 년 동안 교회
요, 모든 종교 집단에서 공부하고 배
운 그 방법과 뜻이 다르듯이,
5 모두의 역사하는 것은 바로 이와 같이
변화된 것이요, 너희들이 알지 못하는
가운데 모두가 이루어지는 것으로써
역사할 것이라는 것을 너희들은 알아
야 될 것이니라.
6 이제 너희들은 깨달음을 알며 하늘의
이치를 알며 하늘의 뜻을 앎이니, 다
만 너희들이 가슴속에 심을 것은 나
여호와가 존재함이며, 내가 존재한다
는 것을 너희들이 깊이 깨우치고 그
마음을 굳혀야 될 것이니라.
7 그리하면 너희들이 세상을 보는 것이
다르며 세상을 계산하는 것이 다르며
생각하는 것이 모두가 달라짐을 알게
될 것이니라.
8 네 이웃을 사랑하며 네 이웃의 어려움
을 도우라 하는 것은 무엇이라 했더냐?
9 나 여호와의 걱정거리요, 나 여호와의
고민을 너희들이 풀어 주며 그를 해결
하는 길이라 하지 아니하였더냐?
10 그와 같은 마음만 너희들이 확실히 갖
고 이웃에게 베풀고 도와준다 해도 너
희들은 즐거운 마음으로써 그 모두를
도울 수 있을 것이며,
11 너희들이 남남이라 하는 그와 같은 생
각을 갖지 아니하고 그들을 진정으로
진실된 마음으로 돕고 사랑할 수 있을
것이니라.
12 그러니 그와 같은 마음을 가지고 살아
가는 것이 나의 아들을 따르는 제자들
이요, 새로운 성경을 읽고 깨우친 백
성, 너희들이 가야 할 길임을 절대 잊
지 말도록 그리하라.

11,864 번째 하나님 말씀

2004년 6월 27일 18시 15분

1 사랑하는 나의 아들아!
2 "네, 아버님! 말씀하옵소서."
3 나 여호와가 너희들에게 명했느니라.
4 이 세상에 육을 가지고 있으며 생명을
가지고 있는 그 모두는 신이 아니라
내가 그리 말하였으니, 너는 과연 그
뜻을 어찌 받아들이는가?
5 "네, 아버님! 그렇사옵나이다.
6 아버님! 저는 아버님께서 명하신 것
을 제가 깨달음으로써 말씀을 올린다
면, 이 세상에 육을 가지고 생명이 있
는 것은 영원히 존재하고 살아갈 수가
없다는 것이옵나이다."
7 그 이유와 그 뜻을 너는 어찌 생각하
는가?
8 "아버님! 생명을 가진 자가, 생각할

수 있는 지혜를 가진 자가 영원히 존
재하며 죽지 아니한다면, 이는 아버님
께 도전을 하는 것이요, 제가 창조주
아버님이라 그리 말할 수 있기 때문에,
9 그 모든 육을 가지고 있는 자요, 생각
할 수 있는 지혜를 가진 저희들이요,
동식물이요, 모든 생명이 있는 것은
영원히 존재하지 못하는 그것이 하늘
의 법도요, 하늘의 이치라 그리 생각
되옵나이다.
10 그리하여 아버님께서 육을 가진 자는
신이 아니라 하신 그 말씀을 하신 뜻
이 이와 같은 것을 깨닫도록 해 주는
것이며, 그와 같은 이치를 알라 하는
것이옵나이다.
11 그리하여 생명을 가진 자들은 모두가
아버님께서 주관하시며 아버님께서
역사하셨기에 원래대로 다시 돌아가
야 된다는 것, 그것이 숙명이며 자연
의 순리라는 것,
12 그리하여 아버님께서 생명을 가진 자
가 영원히 존재하지 못하도록 하신
것은 그들이 다 신이요, 아버님께 도
전을 할 수 있으며 아버님을 능멸할
수 있는 그와 같은 일을 할 수 있기에
그와 같이 만들었다 저는 그리 생각되
옵나이다.
13 그리고 모든 사탄이요, 천사들이 인간
세상에서 무엇인가를 역사할 때는 육
을 가진 사람을 통하여 역사하도록 한
것, 또한 그것도 아버님의 통제 수단
이요, 다스리기 위한 방법이라는 것,
저는 그 모두를 그리 깨닫고 있사옵나
이다."
14 사랑하는 나의 아들아! 그러하니라.
15 그와 같은 하늘의 이치요 하늘의 뜻을
안다면 너희들이 얼마나 겸손한 자세
로써 세상을 살아가야 되며, 너희들이
나를 전지전능한 아버지라 부르는 그
전지전능함이 무엇인지 너희들은 알
것이니라.
16 너희들이 전지전능한 나를 아버지라
부르거늘, 정녕 나 여호와의 전지전능
함을 깨달아야 될 것이며, 나를 경배
하고 믿는다 하면,
17 너희들이 어떠한 고통과 시련 속에서
도 마음을 바꾸지 아니하며 등을 돌리
지 않는 그와 같은 믿음을 가지고 역
사할 때, 모두를 다 얻을 수 있으며 구
할 것을 구할 수 있는 것이 너희들이
거늘,
18 어찌하여 그 고비를 넘기지 못하며 그
고통을 넘기지 못하여 너희들이 취할
것, 얻을 것, 누릴 것 모두를 다 잃고
감이니,
19 이 세상에서 너희들이 가장 영리한 자
요, 현명한 백성들이요, 나의 아들딸
이라 하나, 이 세상의 동식물 중에서
가장 어리석고 미련한 것이 생각을 가
진 너희들이라는 것을 내가 나의 아들
을 통하여 새로운 성경에 기록함이니,
20 이 의미를 너희들이 깊이 깨우쳐 깨닫
도록 그리하라.

11,865 번째 하나님 말씀

2004년 6월 28일 06시 52분

1 "너는 나 외에는 다른 신들을 네게 있
게 말지니라.
2 너를 위하여 새긴 우상을 만들지 말

고, 또 위로 하늘에 있는 것이나 아래
로 땅에 있는 것이나 땅 아래 물속에
있는 것의 아무 형상이든지 만들지 말
며, 그것들에게 절하지 말며 그것들을
섬기지 말라.
3 너는 너의 하나님 여호와의 이름을 망
령되이 일컫지 말라.
4 안식일을 기억하여 거룩히 지키라.
5 네 부모를 공경하라.
6 살인하지 말지니라.
7 간음하지 말지니라.
8 도적질하지 말지니라.
9 네 이웃에 대하여 거짓 증거하지 말지
니라.
10 네 이웃의 집을 탐내지 말지니라.
11 나 여호와가 존재함을 믿는 그 자체가
구원의 길에 들어서는 기본이요 근본
이며, 나의 법전을 가슴에 안고 정독
하는 자, 반석 위에 서서 하늘에 오르
는 찬란한 빛을 보게 되는 영광을 얻
게 됨이니라."
12 사랑하는 나의 아들아!
13 "네, 아버님! 말씀하옵소서."
14 내가 너에게 무엇을 전했던가?
15 "네, 아버님 그렇사옵나이다.
16 이 세상에 어떠한 백성도 제가 죄를
지으며 잘못한 것은 면할 수가 없으
며, 누구든 그는 반드시 대가를 받아
야 된다는 것,
17 저 자신도 지금 살아가면서 잘못하는
것 그 모두는 용서받음이 없으며 그
대가를 모두 받아야 된다는 것,
18 그리고 어떠한 백성도 용서받지 못하
며 스스로 지은 죄요, 스스로 행한 죄
에 대해서는 책임을 져야 되며, 그대
로 넘어가는 것이 하나도 없다는 것을
알고 있사옵나이다."
19 그러니 너희들이 얼마나 아름답고 얼
마나 당당한 모습으로 살아가야 되는
지 알겠느냐?
20 이 세상의 모든 백성들이 나로부터 구
속받지 아니할 자가 없으며, 죄라는
그 쇠사슬에 얽매이지 아니하는 자가
없으니, 그 모든 고리를 끊어야 되며
그 모두를 벗어나야 됨이니,
21 네가 나에게 말했듯이 모두는 다 죄인
이요, 죄짓지 아니한 자가 없다 하니,
너희들은 정녕 그러하니라.
22 그러니 너를 따르는 제자들부터 스스
로 지금까지 지은 죄요, 그리고 너희
들이 죄라는 것을 계속 짓고 있음이니,
23 정녕 그리 가서는 아니 되며 그리 가
서는 용서받을 수 없으며 헤어날 수
없다는 것을 그들에게 깨우쳐 주라.
24 완벽한 삶을 살지 아니하면 아니 되는
것, 그 길을 가는 길밖에 없음이라 그
리 깨우쳐 주라.
25 그것을 소홀히 하며 설마 하며 너희들
이 작고 큰 죄를 그대로 짓고 넘어간
다면, 하나도 용서받을 수 없으며 지
워질 수 없는 것이니, 그 모두를 너희
들이 감당하기가 얼마나 어렵고 힘든
지 그를 알게 될 것이라는 것을 꼭 깨
우쳐 주라.

11,866 번째 하나님 말씀

2004년 6월 28일 06시 55분

1 사랑하는 나의 아들아!
2 "네, 아버님! 말씀하옵소서."

3 내가 너에게 깨우쳐 전했느니라.
4 너희들이 인간의 세상에서 하늘의 세
상이요, 다음 세상의 관문을 들어설
때는 바로 그 증표가 나의 새로운 성
경이라 하였느니라.
5 그 내용을 너희들이 가슴에 담고 오든
나의 새로운 성경을 안고 평생을 살아
가든 그와 같은 삶을 사는 것, 그것이
곧 증표라 하였느니라.
6 그러니 너희들이 지금 나의 새로운 성
경이요, 내가 나의 아들을 통하여 내
리는 그 가르침을 벗어나서는 절대 안
된다는 것을 알아야 될 것이니라.
7 너희들이 나의 새로운 성경에서 전하
는 것, 그리고 내가 일찍이 친필로 써
내린 십계명 속의 그 뜻이요, 그 가르
침을 벗어나서 사는 것은 절대 구원을
받을 수 없으며,
8 너희들이 그 길을 떠나서 살아가는
자, 어떠한 백성이든지 모두가 다 지
옥의 길이요, 지옥의 벼랑으로 떨어진
다는 것을 알아야 될 것이니라.
9 양 떼에서 제가 떨어졌을 때 결국 그
는 어찌 되는가?
10 결국, 그는 맹수에게 먹힘을 당하는
것이 아니더냐?
11 그와 마찬가지로 너희들이 지금 나의
새로운 성경이요, 그리고 나의 아들을
통하여 내리는 강론이요, 그리고 내가
친필로 써 내린 그 십계명을 벗어나서
사는 것은 결국 무엇이냐?
12 무리를 떠나 혼자 방황하는 양과 같으
니, 그는 결국 무엇이더냐?
13 먹이를 노리는 늑대요, 그 맹수에게
결국 먹힘을 당하는 것이니라.
14 그와 마찬가지로 지금의 너희들이 나
의 새로운 성경을 읽고 깨우쳐 접하지
아니하면 길 잃은 양과 같으니,
15 결국 너희들은 맹수에게 먹힘을 당한
다는 것, 사탄에게 끌려가는 운명이라
는 걸 잊지 말라.
16 그것이 너희들이 겪고 처해야 될 길이
니라.

11,867 번째 하나님 말씀

2004년 6월 28일 07시 01분

1 사랑하는 나의 아들아!
2 "네, 아버님! 말씀하옵소서."
3 내가 너희들에게 뭐라 가르쳤느냐?
4 인간 세상에 살면서 주인에게 충성을
다했으며 상사에게 충성을 다했으나,
그 상사가 저를 버렸으며 저를 배신했
다 그리 말하느니라.
5 그러나 내가 너희들에게 일찍이 깨우
쳐 주기를, 너희들이 백이라는 것에서
아흔아홉 개를 그 상사요, 주인을 위
해서 충성을 다했으나,
6 너희들이 가장 소중하고 귀한 것 하나
를 네 가슴에 안고 있었으며 네가 손
에 쥐고 있었음이니,
7 그것이 바로 아흔아홉 개보다 하나가
더 소중하기에, 너희들이 전부를 다
주었다 하나, 진정으로 충성한 자가
아니요, 주인을 위해 모두를 바친 자
가 아니라 하지 않았더냐?
8 그러니 그는 불평불만을 함이니라.
9 그와 같은 심성으로 살아서는 절대 안
됨이니라.
10 너희들이 주인의 밥을 먹으며 주인의

도움을 받으면서 돌아서서 그 주인을
욕하는 것은 바로 무엇이더냐?
11 너희들이 무지함이요, 어리석음이니
라.
12 너희들에게 모두를 주는 그 주인에게
욕하는 백성이 어디 있느냐?
13 너희들이 그 주인에게 감사하는 마음
으로 살아가는 그와 같은 백성으로서
살아나가지 아니하면 아니 됨이니라.
14 그 주인의 밥을 먹으면서 그 주인을
어리석다 욕하는 자, 그는 결국 스스
로 저 자신의 모두를 다 포기하고 버
리는 그와 같은 어리석은 백성의 행위
를 하고 있지 않더냐?
15 나는 너희들에게 묻고자 하느니라.
16 이 세상에 너희들이 살아가면서 창조
주 나 여호와가 창조하고 내가 역사한
것 외에 과연 벗어나서 사는가?
17 너희들이 나의 모든 은혜 속에서 살면
서 나를 모른다 하는 백성, 나를 찾지
않는 백성, 그리고 나의 은혜에 감사
함을 모르는 백성, 그들이 얼마나 주
인을 욕하는 자가 되느냐?
18 그러니 너희들은 들어야 될 것이니라.
19 오늘의 믿음의 길을 가는 백성 너희들
도 또한 그러하니라.
20 너희들이 주인의 뜻을 거역하며 내가
원하는 대로 행하지 아니하는 것은,
너희들이 주인 앞에서는 온갖 아양을
떨며 애교를 부리나 돌아서서 주인을
욕하며 남들 앞에서 흉을 보는 그와
같은 행위를 하는 백성과 무엇이 다르
더냐?
21 너희들도 똑같은 백성이니라.
22 그러면서 너희들이 나의 나라에 오를
수 있다 하는 것, 절대 너희들은 오를
수 없음이니라.
23 그러니 내가 너희들에게 뭐라 하느냐?
24 너희들은 주인이 옆에 오지 못하도록
하며 비밀의 얘기를 듣지 못하며 의논
하는 자리에 참석하지 못하는 그와 같
은 자가 되지 말라.
25 주인이 너희들이 있기를 바라며 너희
를 불러 쓰기를 바라며 너희가 옆에
있어 기쁨을 얻는 그와 같은 백성으로
서 삶을 산다면,
26 인간 세상에서도 너희들이 아름다운
삶을 살게 되며 승자가 될 것이며, 그
리고 남들로부터 존경을 받을 것이니
라.
27 더욱이 하늘에 오르는 길에 오는 백성
너희들이 어찌하여 나 여호와의 뜻을
거역하며 나에게 기쁨을 주는 것이 아
니요,
28 내 마음을 거역하며 나의 마음을 괴롭
히는 삶을 살면서 나에게 오를 수 있
는 백성이라 할 수 있겠느냐?
29 내가 너희들을 찾고 너희들이 내 옆에
있음을 기쁨으로 아는 그와 같은 백성
의 삶을 살라.
30 모든 종교 집단 지도자 너희들이 그와
같은 삶이 무엇인지 알겠느냐?
31 나의 계명을 지키며 사는 삶이요, 새
로운 성경의 내용대로 살고자 노력하
는 백성이 주인을 욕하지 아니하며,
모든 은혜 속에 살면서 너희들이 되레
주인에게 거역하는 행위를 하는 그와
같은 백성이 되지 않는 길이니라.
32 나 여호와로부터 받지 않는 것이 없으
며 역사하지 않은 것이 없으면서 그

속에 살면서 나를 몰라라 하며 나를
욕되게 하는 행위,
33 그것이 바로 너희들이 스스로 너희 자
신의 모두를 다 포기하는 자요, 모두
를 다 잃어버리고 너희들이 다 잃게
되는 어리석은 백성의 삶이라는 것을
잊지 말도록 그리하라.

11,868 번째 하나님 말씀

2004년 6월 28일 07시 06분

1 사랑하는 나의 아들아!
2 "네, 아버님! 말씀하옵소서."
3 이 세상의 모두가 존재하는 것은 나
여호와의 뜻이요, 내가 주관하지 아니
하는 것이 없으며 내가 명하지 아니하
는 것이 없으며 내가 역사하지 아니하
는 것이 없다 너희들은 그리 말하느니
라.
4 그러면서도 오로지 저의 종파요, 제가
믿는 그 믿음만이 하늘에 오르는 길이
라 하여 다른 것을 볼 줄 모르는 자,
5 다른 것을 보고 배우는 기회를 절대
용납하지 아니하며, 오로지 모두는 사
탄이요, 이단이라 하여 버려두며 정적
처럼 생각하며, 오로지 제 것만이 옳
다 부르짖는 그 백성이 얼마나 어리석
고 가련한 백성인 줄 알겠느냐?
6 인간의 가정사에서도 너희들이 살아
가면서 그러니라.
7 육의 부모가 자식을 여럿을 두었음이
니, 그중에서 한 자식만 편애하며 그
를 위하여 모두를 다 지원하며,
8 다른 자식들은 그냥 보통 그대로 살아
가는 그와 같은 자식이요, 그들에게
관심을 갖지 아니하고 산다 하자.
9 그러나 그것이 얼마나 어리석은 부모
의 투자이며 어리석은 부모의 교육인
줄 알겠느냐?
10 너희들이 기대하고 편애했던 자식이
무너질 것이며 잘못된다는 미래를 모
름이니라.
11 그리고 관심 없이 그저 형제들 속에서
똑같이 보통으로 기른 그 자식이 사회
에 필요한 자식으로서 성장하며 부모
에게 효도하고 온갖 정성을 다하는 세
상에 보기 드문 바람직한 자식으로서
변화되고 안 변화되는 미래를 모르기
때문이니,
12 너희들이 그와 같이 편애하는 것은 가
장 어리석은 백성의 삶이라는 것, 그
부모 또한 가장 어리석은 부모의 행위
요, 부모의 교육이라는 것을 알아야
될 것이니라.
13 지금의 모든 종교 집단의 지도자라 하
여 가는 자, 새로운 성경이요, 새로운
성령이 내려와도 너희들이 이를 보지
못하고 이를 읽지 못하도록 하는 것,
14 오로지 한 가지에만 매달리며 그것만
이 하늘에 오르는 길이라 하여 거기에
모두를 다 바치는 것,
15 그리고 남의 것이요, 이웃 것을 보지
못하도록 가르치는 지도자, 그를 또
그리 따라가는 백성처럼 어리석고 불
쌍하며 가련한 백성이 없음을 알라.
16 너희들은 미래를 모르며 미래에 변하
는 역사를 모르면서 너희들이 가는
길, 제가 믿는 종파가 과연 너희들이
죽을 때까지 어떤 기적의 역사요, 그
리고 세상을 다 통제하고 지배하는 그

와 같은 새로운 역사가 열리는가?

17 그렇지 아니하면 새로운 성경이요, 나의 뜻을 받아 기록하는 160권의 이 새로운 성경이 세상을 덮으며 하나로 통일하며 변화되는 그 위대한 역사를 과연 너희들이 알겠는가?

18 미래요, 내일, 모레도 모르는 너희들이 함부로 남의 것을 이단이요, 사탄이라 치우치며, 남도 그를 보지 못하도록 하여 남도 깨우치지 못하도록 하는 그와 같은 어리석은 행위를 하는 종교 집단의 지도자가 가장 불쌍하고 가련한 자요, 미련한 자이니, 미련한 자 앞에 현명한 백성이 나올 수 없음이니라.

19 이제라도 그와 같이 가르치는 자를 모두 너희들이 다스리며 그들을 단죄하지 아니하면, 거듭날 수 없으며 구원의 영광이요, 구원의 길을 볼 수 없다는 것을 알라, 사랑하는 나의 아들딸들아!

11,869 번째 하나님 말씀

2004년 6월 28일 07시 12분

1 사랑하는 나의 아들아!

2 "네, 아버님! 말씀하옵소서."

3 너를 따르는 제자들이요, 그리고 나의 새로운 성경을 읽고 깨우친 만백성 너희들은 들으라.

4 너희들은 나 여호와를 두려워하지 말며 나를 무서운 아버지라 그리하지 말라.

5 그리고 용서가 없는 아버지라 그리 생각하지 말라.

6 그리하면 너희들의 마음이 닫히며 눈이 멀며 귀가 들리지 않는 그와 같은 백성으로 되기 때문이니라.

7 사랑하는 나의 아들딸들아! 나는 너희들을 사랑하는 아버지요, 인자한 아버지요, 그리고 자상한 아버지라 그리 생각하라.

8 그와 같이 너희들이 나를 볼 때 나의 뜻을 알 것이며, 내가 역사하는 것을 알 수 있을 것이니라.

9 어찌하여 믿음의 길을 가는 모든 백성들이 아버지 앞에 자유로우며 구속이 없는 그와 같은 행복한 마음으로 살아가는 그 길을 가지 못하며,

10 어찌하여 무섭고 두려우며 엄한 아버지로서 너희들에게 죄를 내리는 것이요, 상을 주고 벌을 주는 그와 같은 것으로써 나를 그리 무섭고 두려운 아버지라 너희들이 그리 심어 주는가?

11 그것이 다 잘못되었음이니라.

12 너희들이 나를 전지전능한 아버지라 부르며 내가 무섭고 두려운 하나님이라 그리 가르치면서 그 백성들을 구속하며 그들로부터 공포 분위기를 조성하여 어떠한 것을 취하고 거둬들이는데 그 도구로 쓰지 말라.

13 그러니 나의 아들딸들이 어찌하여 아버지가 인자하고 용서가 있으며 사랑을 베풀며, 집 나간 자식을 기다리는 인간의 부모보다도 내가 열배 백배 헤아릴 수 없이 더 너희들을 기다리고 사랑하건만,

14 어찌하여 나를 무섭고 두려운 아버지로만 그리 비추며 용서하지 않는 아버지라 그리하는가?

15 그리하여 나의 피조물 만백성의 마음
이 굳어져 있으며 생활이 굳어져 있으
며 그 마음을 열지 못하니,
16 그들이 내 앞에서 자유롭지 못하며 기
쁨과 행복으로써 살아가지 못함이니
라.
17 이제 나의 아들을 따르는 제자들이요,
그리고 깨달은 백성, 너희들은 나 여
호와를 용서하는 아버지요, 자애로운
아버지요, 평화로운 아버지요, 그리고
너희들과 항상 기쁨을 같이하는 아버
지라 그리 생각하며,
18 너희들이 나에게 기도하고 경배하며
나의 새로운 성경을 읽고 깨우쳐 변하
도록 하라.
19 너희들이 마음을 닫아 놓으면 내가 아
무리 성령을 너희에게 내려보내도 너
희들이 받아들이지 못함이니라.
20 무서운 아버지라 너희들이 바라보고
생각할 때, 나의 성령이 너희들에게
임할 수 없으니, 네 마음이 닫혀 있기
때문이니라.
21 나는 사랑하는 아버지요, 나는 자애로
운 아버지라 너희들이 그리 생각하고,
편안한 마음으로 나를 따라오고자 하
며 내 뜻을 따라 역사하고자 할 때,
22 그 유하고 부드러운 너희들의 마음에
나의 성령이 심어질 것이며, 하늘의
지혜를 너희들이 깨닫는 은혜를 입게
될 것이니라, 사랑하는 나의 아들딸들
아!
23 그리하는 백성만이 내 뜻을 알 수 있
으며 내가 역사하는 걸 알 수 있기에,
그와 같은 아버지로 지금부터 모든 생
각을 바꾸라.
24 너희를 구속하기 위해서 두렵고 무서
운 아버지로 심어 주고 가르치는 자,
그들에게서 너희가 해방되도록 그리
하라.
25 그렇지 않으면 너희들이 하늘의 뜻이
요, 내 뜻을 알 수 없으며,
26 제 아버지를 바로 알지 못하는 자가
아버지의 유업을 어찌 받으며 아버지
의 유산을 받아 관리할 수 있는 은혜
를 얻는단 말이더냐?
27 너희는 그와 같은 어리석은 삶에서 벗
어나도록 그리하라.

11,870 번째 하나님 말씀

2004년 6월 28일 07시 18분

1 사랑하는 나의 아들아!
2 **"네, 아버님! 말씀하옵소서."**
3 너를 따르는 제자들이요, 그리고 나의
새로운 성경을 읽고 깨우친 백성, 너
희들은 사탄이 감히 너희들의 이름을
기억할 수 없도록 바르고 곧은 정의로
운 삶을 살아야 될 것이니라.
4 너희들이 나의 십계명이요, 나의 새로
운 성경대로 하늘을 향하여 한 점의
부끄럼이 없이 살아가는 너희들이라
면, 그들은 감히 두려워 너희들의 이
름을 기억하지 못할 것이니라.
5 그러나 너희들이 지금 잘못 살며 흔들
리는 삶을 산다면, 사탄들은 너희들을
노리기 위하여 너희들의 이름을 기억
하게 될 것이니라.
6 그러니 사탄들이 너희들의 이름을 기
억하게 되면 그것으로써 끝이 아니니
라.

7 사탄들은 이제 기억한 너희들의 이름
을 부르기 시작할 것이며, 너희들을
부르는 이름에 대답하게 되어 있는 것
이 인간 너희들이 아니더냐?
8 너희들의 이름을 부름으로 인하여 서
서히 잠식하기 시작하며 너희들은 결
국 무너지며, 너희를 무너트리기 위해
그들이 유혹하며 유도하느니라.
9 내가 일찍이 나의 새로운 성경에 기록
하여 전하기를 뭐라 했느냐?
10 너희들이 발목까지 빠졌을 때는 나올
수 있으나, 무릎이 빠지며 허리가 빠
지며 너희들이 스스로 나올 수가 없으
며, 가슴 높이까지 빠지면 결국 죽음
으로 가는 길밖에 없다 하지 않았더냐?
11 그러니 사탄들이 너희들의 이름을 기
억하여 너희들의 이름을 부르기 시작
하면, 그들이 무너트리고자 하는 방법
대로 너희들이 무너져 결국 쇠사슬에
얽매여 지옥으로 흘러가는 그와 같은
삶을 살게 되는 것이니라.
12 사랑하는 나의 아들딸들아!
13 그와 같이 사탄이 네 이름을 기억하지
못하며 네 이름을 감히 부르지 못하도
록 하는 것은, 너희들이 십계명이라는
내가 내린 계명을 지키고 그대로 재무
장하며,
14 그리고 새로운 성경에 따라서 무장하
는 마음의 자세로써 하나의 부끄럼이
없는 삶을 살도록 간다면,
15 그들이 감히 두려워 너희들의 이름을
기억하지 못할 것이니라.
16 그러나 너희들이 그와 같이 살아가지
아니할 때, 사탄이 너희들의 이름을
기억한다면, 그때부터 너희들은 무너
지는 길을 가며,
17 거기에서 헤어나기가 그렇게 어렵고
힘듦을 알라.
18 사랑하는 나의 아들딸들아! 아예 사
탄이 이름을 기억하지 못하며 너희들
을 부르지 못하도록 그와 같은 삶을
살라.
19 그렇지 않으면 너희들의 모두를 다 앗
아 감이니라.
20 그리고 그들은 너희들의 모두를 짓밟
고 일어설 것이며, 그때는 너희들이
그 사탄의 노예요, 종이 되어, 나의 아
들이 가는 그 길을 훼방하며 나의 새
로운 성경을 이단이요, 사탄이요, 거
짓된 것이라 말하는 것처럼, 너희들이
그와 같이 앞장서서 나의 아들을 공격
하는 슬픈 삶을 살게 될 것이니,
21 그러니 너희들이 지혜로운 자가 되어
그 지혜로움을 발휘하여,
22 사탄이 기억하여 부르며 짓밟고 노예
가 되어 끌려가는 그와 같은 불쌍한
백성이 되지 않도록 그리하라, 사랑하
는 나의 아들딸들아!

11,871 번째 하나님 말씀

2004년 6월 28일 09시 20분

1 사랑하는 나의 아들아!
2 "네, 아버님! 말씀하옵소서."
3 나 여호와가 160권의 새로운 성경을
세상에 내보내 구할 자와 버릴 자를
구분하는 심판의 역사를 이루고 있음
을 너희들은 알고 있지 않은가?
4 나 여호와가 이와 같은 아픔을 행하지
아니하면 아니 되는 것이 무엇이더냐?

5 나의 피조물 만백성 너희들이 나에게
오르는 길이요, 진리를 깨달아 사는
것이 아니라, 이 세상의 아름다운 그
모두를 다 짓밟아 온 세상을 사탄으로
만든 것이 지금 믿음의 길을 가는 종
교 집단의 지도자요, 너희들이 역사한
길이라면 과연 믿겠느냐?
6 모든 종교 집단이 이 세상을 사탄으로
만들어 놓고, 참진리요, 하늘의 뜻이
내려간다 해도 너희들이 이를 받아들
이지 아니하며,
7 더욱이 그들을 사탄이요, 이단이라 그
리 몰아붙이는 흉악한 짓을 하고 있는
것이 너희들이 아니더냐?
8 이 세상을 험악하게 만들었으며, 말세
요, 종말이요, 도둑이 들끓는 그와 같
은 세상을 만든 것은, 수천 년 동안 흘
러온 지금의 종교 집단의 지도자요,
9 만백성을 구원의 길로 인도한다는 뿌
리를 가지고 있는 자요, 방대한 조직
이요, 그리고 방대한 힘을 가지고 있
고, 그와 같은 방대한 조직을 가지고
있는 자들이 이 모두를 다 무너트리지
아니하였더냐?
10 그러니 너희들이 바로 원흉이요, 너희
들이 바로 이 세상을 사탄의 세상으로
만들어, 나 여호와가 새로운 진리요,
참진리를 내려보내도 받아들이지 아
니하며 뿌리를 내리지 못하도록 지금
하고 있는 자들이니라.
11 그러니 내가 이를 더 볼 수 없으며 내
가 이를 용서할 수 없기에 지금 나의
아들을 통하여 모든 새로운 역사요,
새 시대를 열어 감이니,
12 버릴 자 버리며 구할 자 구함이니, 너
희들이 지금이라도 이 세상을 사탄으
로 만든 그 죄를 알며, 그를 회개하여
새로운 성경을 읽고 깨우치는 자는 구
원을 받을 것이며,
13 너희들이 끝까지 고집을 피우며 이를
접하지 않는 자는 나로부터 구원을 받
을 수 없다는 것을 알라.
14 이제 나의 아들을 따르는 제자 너희들
은 두려워하지 말라.
15 이 세상을 과연 누가 사탄의 세상으로
만들었는가?
16 너희들 스스로 평가해 봐도 알 것이
며, 창조주 나 여호와가 과연 그들을
그대로 존재하도록 놔두겠는가?
17 내가 반드시 그들을 다스린다는 것을
너희들이 생각해도 알 수 있을 것이니
라.
18 그와 같은 것을 역사하는 것이며 그
시대가 열려 감이니, 너희들이 그 앞
에 서서 모두를 나 여호와를 대행하는
자들이니라.
19 너희들이 두려워하지 말라 함이 여기
있음이니라, 사랑하는 나의 아들딸들
아!
20 온통 세상을 사탄으로 만든 자가, 천
사가 내려와 모두를 깨우쳐 전하는 것
을 사탄이요, 마귀의 대왕이라 그리
몰아붙이는 것이니,
21 그를 더 이상 볼 수 없으며 용서할 수
없다는 것을 알라 그리 전하라.

11,872 번째 하나님 말씀

2004년 6월 28일 09시 23분

1 사랑하는 나의 아들아!

2 “네, 아버님! 말씀하옵소서.”
3 너희들은 사랑을 베풀며 정의롭게 살
라, 그리고 바른 믿음의 길을 가라, 참
진리의 길을 가라, 그리고 나에게 오
르는 진정한 길을 보라 내가 수없이
가르쳤느니라.
4 그러나 지금의 믿음의 길을 가는 그
백성들이 정녕 그리 돌아서지 아니하
며 그들이 깨달음이 없음이니,
5 내가 그들에게 새로운 성경에 기록하
여 전한 이 대목을 다시 한 번 그들에
게 전하느니라.
6 구원을 받기 위한 믿음의 길을 가지
말며, 너 자신이 구원을 받기 위한 신
앙생활을 하지 말며,
7 하나밖에 없는 구원의 자리를 양보하
기 위한 믿음이요, 양보하는 신앙의
길을 가라 그리 전하라.
8 너희들이 그리 가지 아니하면 나에게
올 수 없으며 구원을 받을 수 없다는
엄연한 사실을 다시 한 번 그들에게
전해 주라.
9 그와 같은 말을 듣고 너희들을 비아냥
거리는 자, 너희들을 욕되게 하는 자,
그는 정녕 사랑을 모르는 것이요, 나
의 뜻을 모르는 자니, 그 대가는 제가
그대로 받을 것이니라.
10 그들이 너희들에게 구원이 아니면 무
엇 때문에 이 어려운 길을 가느냐 반
문하든, 너희들을 정신 이상자라 말하
든, 사탄이요, 마귀라 말하든, 그들의
말에 개의치 말라.
11 그들이 한 말에 대한 것은 제가 그 대
가를 치를 것이니, 다만 너희들은 그
뜻을 전하라.
12 정녕 나 여호와의 뜻에 따라 가는 백
성이요, 나를 경배하고 사랑하는 백성
이라면,
13 너희들이 최종적으로 갈구하는 구원
이라는 것을 남에게 양보하기 위한 기
도를 하며, 양보하기 위한 훈련의 믿
음이요, 종교 생활을 하는 것, 신앙생
활을 해야 된다는 것을 전해 주고 글
로써 기록하여 그들에게 전하라.
14 그럼으로써 너희들의 소임이요, 대명
은 다했을 것이니라.
15 그들이 그를 보고 깨우치고 안 깨우치
는 것은 저희들 것이요, 그다음은 너
희들에게 책임이 없으니, 반드시 이를
전하라.
16 그리하여 이와 같은 것을 깨우쳐 주고
이를 보고 얻고 잃고 하는 것은 저희
들에게 달렸음이니라.
17 이를 꼭 다시 한 번 전하도록 그리하
라.
18 구원을 받기 위한 믿음이 아니라, 구
원을 양보하는 믿음이요, 그 훈련의
길을 가는 것이 신앙인이요, 믿음의
길을 가는 백성들이요, 나로부터 선택
된 백성들이 가야 할 길이라는 것, 너
희들 자신도 이를 가슴에 새겨 두도록
그리하라.

11,873 번째 하나님 말씀

2004년 6월 28일 09시 26분

1 사랑하는 나의 아들아!
2 “네, 아버님! 말씀하옵소서.”
3 너희들이 새로운 성경을 읽고 깨우치
며 나의 아들을 통하여 내리는 강론을

듣고 깨우쳐 얻을 것을 얻었으며 너희
들이 하늘의 이치를 알며 깨달음을 얻
었다면,
4 정녕 말로써 자랑하지 말며 말로써 모
두의 풍성한 잔치를 벌이지 말도록 그
리하라.
5 말로써 이루는 것은 아무것도 이루어
짐이 없음이니라.
6 너희들이 말로써 이루는 것은 남에게
실수할 수 있으며 남에게 신뢰를 받지
못하도록 하며 너희들을 따르지 아니
하는 그와 같은 결과가 될 것이며,
7 위로는 나 여호와를 믿지 아니하며 새
로 내리는 160권의 성경을 그들이 믿
지 아니하게 됨이니라.
8 그러니 말장난으로써 말로써 자랑하
지 말며 말잔치로써 판을 벌이지 말도
록 그리하라.
9 너희들이 깨우쳤으면 깨우친 대로 조
용히 모두를 행동으로써 옮기며 행동
으로써 보여 주도록 그리하라.
10 행동으로써 보여 주는 것이 남들 앞에
서 너희들이 수치스러운 일을 당하지
아니하며 부끄럼을 당하지 아니하며,
11 그리고 행동으로써 보여 주면 너희들
이 가지고 공부하고 깨우치는 새로운
성경을 그들이 감히 함부로 이단이요,
사탄이라 말하지 못할 것이며, 또한
그를 내려보낸 나 여호와를 거짓된 하
나님이라 그리 말하지 못할 것이니라.
12 그러니 너희들은 말로써 풍성히 잔치
하지 말며 말로써 모두를 자랑하지 말
라.
13 조용히 물이 흐르듯이 행동으로써 보
여 주어 그들이 깨달음을 얻도록 그리
하면, 너희들 또한 그들에게 실수가
없으며 모든 백성으로부터 너희들이
수치스러운 일을 당하지 아니한다 하
지 아니하였더냐?
14 그와 같은 방법으로써 역사하도록 하
라, 사랑하는 나의 아들딸들아!

11,874 번째 하나님 말씀

2004년 6월 28일 09시 32분

1 사랑하는 나의 아들아!
2 "네, 아버님! 말씀하옵소서."
3 너희들이 살아가면서 인간관계를 형
성함에 있어서 사람의 외형을 보고 평
가하며 화려하게 치장함에 마음을 뺏
기며 그를 보고 사람을 평가한다면,
결국 너희들은 무엇이더냐?
4 치장한 화려함은 지워지게 되어 있으
며, 너희들이 아름다운 모습의 외형을
보고 따른다면 그 외형은 어떠한 형태
든 변화되며 그 시초의 모습을 보게
될 것이니라.
5 그때 너희들이 실망함은 과연 어떠하
겠는가?
6 그러니 너희들이 모두를 평가할 때,
외형이요, 외모를 보고 해서는 아니
됨이니라.
7 더욱이 하늘에 오르는 길이요, 구원의
길을 선택하는 것, 믿음의 길을 선택
하는 너희들이 얼마나 심사숙고해야
되는가?
8 너희들이 종교 집단에 몸을 담는 것,
신앙의 생활에 몸을 던지는 것, 외형
이 화려하며 그 방대한 것에 의하여
그 길을 선택하며 그 길을 간다면,

9 너희들은 진정한 참진리요, 하늘의 뜻
을 따르는 그와 같은 것에 역점을 두
는 것이 아니라, 외형적인 화려함 속
에 너희들 자신이 같이 어울려 더불어
살아가는 그와 같은 것을 앞에 두고
생각함이니,
10 그것은 진정한 진리요, 믿음과는 관계
없다 하였음이니라.
11 결국, 너희들이 믿음을 찾는 그 목적
은 무엇이더냐?
12 나에게 오르는 길이요, 구원의 길을
얻는 것이 아니더냐?
13 너희들의 목표는 그러하며 목적은 그
러하며 소원하는 것은 구원이라 하면
서 너희들이 정녕 그 길을 선택하는
것은 기본이요, 근본이요, 원칙에 의
한 것이 아니라,
14 외형이요, 화려함과 숫자에 따라서 방
대한 조직의 위압적인 자세에 의하여
너희들이 믿음의 길을 선택하는 것은
곧 멸망의 길이요,
15 너희들이 사람을 평가할 때 외형의 아
름다움이요, 치장함을 보고 모두를 바
치며 그를 따르는 어리석은 형국이 된
다는 것을 잊지 말도록 그리 전하라,
사랑하는 나의 아들아!

11,875 번째 하나님 말씀

2004년 6월 28일 09시 35분

1 사랑하는 나의 아들아!
2 "네, 아버님! 말씀하옵소서."
3 가장 귀하고 소중한 거듭나는 길을 가
는 것, 너희들이 말하는 믿음이요, 신
앙의 길을 찾는 것을 나 여호와의 진
리요, 그 길을 보지 아니하며 소홀히
선택하며 쉽게 선택하는 것이 너희들
이라 하였음이니라.
4 가장 신중을 기해야 되며 가장 심사숙
고해야 되며, 생각하고 연구하고 연구
해서 선택해야 할 것, 그것이 영원한
삶이요, 거듭나는 은혜를 입느냐 못
입느냐, 너희들이 얻느냐 못 얻느냐
하는 그와 같은 중요한 것을 너희들은
가장 쉽게 선택하니, 그리하여 내가
뭐라 말하였느냐?
5 외형이 화려하며 갖춰진 것이요, 방대
한 조직의 힘에 의하여 너희들이 그
길을 쉽게 선택한다 하였음이니, 너희
들은 이 중요한 것을 그리 선택하여서
는 아니 됨이니라.
6 너희가 너무나 소홀히 선택하며 쉽게
선택하여 너희 자신을 버리는 그와 같
은 길을 가기에,
7 나 여호와가 나의 아들을 통하여 너희
들에게 그를 엄중히 검증하고 엄중히
시험하여 선택하라 함이니라.
8 너희들에게 화려함을 탐하지 말라는
그 의미가 무엇인 줄 알겠느냐?
9 외형적인 것이요, 화려함을 탐하여 너
희들이 그를 선택하는 그와 같은 믿음
의 길을 간다면, 너희들은 비참한 지
옥으로 인도하는 것이요, 너희 자신을
그리 이끌고 가는 형국이 됨이니라.
10 사랑하는 나의 아들딸들아!
11 너희들이 정녕 거듭나는 영광이요, 구
원의 영광을 얻고자 한다면, 너희들이
화려한 외형이요, 그와 같은 것을 탐
해서 믿음의 길을 선택하지 말도록 그
리하라, 사랑하는 나의 아들딸들아!

12 화려함에 너희 자신을 던져서는 결코
아니 됨이니라.
13 참진리요, 지도자의 가르치고 전하는
그 뜻, 과거의 것에 연연하지 아니하
며 미래의 것이요, 새로운 시대요, 새
로운 세상이 열리는 미래를 알려 주는
것, 내가 성서에 기록하여 너희들에게
전하지 않았더냐?
14 진정한 지도자요, 너희들을 이끄는 자
는 과거와 현재와 미래를 예언해 주며
미래를 너희들에게 깨우쳐 주며 미래
를 인도한다는 그와 같은 소중하고 귀
한 뜻을 함부로 들어 넘기지 말라.
15 이것이 너희들이 바로 봐야 될 것이
며, 바로 선택하지 아니하면 아니 되
는 것이니 그리 알라.

11,876 번째 하나님 말씀

2004년 6월 28일 09시 41분

1 사랑하는 나의 아들아!
2 "네, 아버님! 말씀하옵소서."
3 너희들이 살아가는 백성 중에 저 자신
의 소중함을 모르며 인간의 생명의 존
귀함을 모르는 그와 같은 백성들과 너
희들이 더불어 갈 수는 없는 것이며
더불어 가서는 아니 됨이니라.
4 인간의 생명이 귀중하며 나로부터 생
명을 받은 그 존귀함을 알지 못하는
백성, 저 자신을 소홀히 생각하는 백
성, 그와 같은 백성들과 더불어 가는
것은 차라리 혼자 걸어가느니만 못하
다는 것을 알아야 될 것이니라.
5 사랑하는 나의 아들딸들아! 너희들이
나로부터 생명을 받은 그것이 얼마나
귀한 것이더냐?
6 생명의 존귀함을 모르는 자, 그 누구
와도 너희들은 같이 행해서는 아니 되
느니라.
7 그와 같은 사람들과 너희들이 같이 행
하며 같이 역사하면 결국 너희들이 모
두 무너지는 백성이 되기 때문에 그러
함을 알라.
8 제가 누구 때문에 세상에 태어났으며
누구 때문에 세상에 존재하는 것인가
그 기본 원리요, 그 뜻도 모르며 그를
알지 못하는 백성, 그 모두는 저 자신
의 소중함을 모르며 이 세상이 귀함과
소중함을 모르느니라.
9 그러니 소중함을 모르는 자, 이 세상
에 존재하는 그 지혜를 얻지 못하는
자는 하늘의 뜻이 무엇인지 모르며 내
가 역사하는 것에 감사함도 모르는 마
음을 가지고 사는 그와 같은 백성들이
니라.
10 그러니 제가 태어난 것, 이 세상의 은
혜 속에 사는 것, 그것을 내려 준 이가
있으며 베풀어 준 이가 있다는 그 감
사함을 모르는 자가 얼마나 어리석고
얼마나 미련한 백성의 삶인 줄 알겠느
냐?
11 사랑하는 나의 아들딸들아! 그들은
하늘의 지혜를 얻을 수 없으며 미래의
지혜를 얻을 수 없기 때문이니라.
12 그러니 그와 같은 백성들과 너희들이
동행하여 길을 간다면, 결국 너희들이
얻은 지혜까지 그들로 하여금 모두를
잃게 되며 버리게 됨이니,
13 그리하여 내가 너희들과 같이 갈 수
있는 사람이 못 된다 함이니라.

14 사랑하는 나의 아들딸들아! 나 여호
와를 알며, 나 여호와가 내려 준 것을
알며, 생명의 존귀함을 알며, 그 존재
를 알며 감사하는 마음을 아는 백성들
과 더불어 가도록 그리하라.
15 그리하면 너희들에게 버팀목이 될 것
이며, 서로가 지혜를 얻어 하늘의 지
혜를 얻는 그와 같은 영광을 얻을 수
있을 것이니라.
16 존귀함을 모르는 자와 너희들이 더불
어 여행해서도 아니 되며 같이 가서도
아니 되는 것이니라.
17 지혜가 없는 자는 아무리 깨우쳐 주고
부어 줘도 알지 못함이니라.
18 그러니 아무리 너희들이 전해도 그를
알지 못함이니라.
19 그러니 그 뜻을 모르며 그 의미를 모
른다면 과연 어찌하겠느냐?
20 지금의 믿음의 길을 가는 모든 백성이
요, 종교 집단들이 왜 오늘의 이와 같
은 험악한 세상이 되었는 줄 알겠느냐?
21 나 여호와의 뜻을 받아들일 수 있는
지혜 있는 백성이 한 명도 없었기 때
문이니라.
22 지혜를 가지고 내 뜻을 아는 백성이
있었더라면, 오늘의 이와 같은 형국은
결코 열리지 아니하였을 것이니라.
23 너희들이 내 뜻대로 이를 받아들여 행
하는 종교 집단의 지도자요, 백성이
있었다면, 나는 그들을 통하여 모두를
역사하고 모두를 이루었을 것이니라.
24 주인이 종에게 시키며, 상사가 아랫사
람에게 시키느니라.
25 그리고 책임자가 밑에 있는 사람에게
시키니,
26 그가 알아듣지 못하며 그 뜻을 이해하
지 못한다면, 결국 그는 존재하지 아
니함만 못하다 내가 나의 새로운 성경
에 전하지 않았더냐?
27 내가 너희들에게 깨우치며 깨달을 수
있도록 많은 것을 내려보냈느니라.
28 구약을 내려보냈고 신약을 내려보냈
고 나의 아들 예수를 내려보냈고 십계
명이라는 너희들이 지켜야 할 친필을
내려보냈느니라.
29 그러나 너희들이 이를 알지 못하며 이
를 이대로 행하지 못함이니, 차라리
너희들이 없는 것만 못한 그와 같은
오늘의 형국이 되었음이니라.
30 모든 종교 집단의 지도자요, 하늘에
오르는 길이요, 저희들만이 하늘에 오
르는 길이라 저희들이 울고불고 그리
아우성을 치고 다른 종파는 정적으로
생각하나,
31 그들은 내 뜻을 모르며 내가 원하는
것을 모르며 주인의 뜻을 모르며 창조
주 나 여호와의 행함을 전혀 모름이
니, 그들은 차라리 없느니만 못함이니
라.
32 그러니 내가 전해도 전해도 알아듣지
못하면 결국 어찌하는가?
33 종이요, 부리는 자가 그 뜻을 알아듣
지 못할 때, 결국 주인은 그를 걷어붙
이고 스스로 그 일을 역사하게 될 것
이니, 종은 설 자리가 없을 것이니라.
34 오늘에 내가 새로운 성경을 내려보내
는 것을 뭐라 말하였느냐?
35 나의 새로운 성경은 내가 너희들과 같
이하며, 너희들이 책을 열고 정독할
때 내가 같이한다 하지 않았더냐?

36 내가 모든 것을 나의 백성들에게 내려
주었으며 시켰으며 내가 성령으로 가
르쳐 주었으나,
37 그들이 알아듣지 못하며 내가 원하는
방법으로써 그를 이루지 못하고 역사
하지 못하기 때문에,
38 지금은 창조주 나 여호와가 팔을 걷어
붙이고 직접 관리하고 통제하는 시대
이니, 이게 바로 심판의 시대가 역사
함이라 그리 알라.
39 너희들이 알아듣지 못하며 내 뜻을 따
라 행하지 못하기에, 그리하여 직접
내가 모두를 역사하는 것이 지금 나의
아들을 통하여 160권의 새로운 성경
으로써 너희들과 더불어 모두를 다시
시작하며 역사하고자 함이니 그리 알
라 전하라.

11,877 번째 하나님 말씀

2004년 6월 28일 09시 46분

1 사랑하는 나의 아들아!
2 "네, 아버님! 말씀하옵소서."
3 주인이 종에게 시킬 것을 명함이니,
그 종이 그를 알아듣지 못하며 그를
이해하지 못함이니, 그대로 행하지 못
할 때 결국 주인은 어찌한다 했느냐?
4 주인이 걷어붙이고 그가 모두를 직접
행하게 됨이니, 그리되면 그 종이 설
자리가 어디 있으며 그가 있을 자리가
어디 있는가?
5 그는 결국 내침을 받을 것이며 스스로
제가 물러 떠나가게 되지 않더냐?
6 차라리 떠나는 종은 현명한 종이요,
떠나지 아니하고 밀어붙일 때까지 기
다리는 종은 어리석은 종이 아니더냐?
7 지금 나의 피조물 만백성 너희들은 들
으라.
8 지금의 믿음의 길을 가는 백성 너희들
이 바로 주인의 뜻을 모르며 주인이
역사하고자 하는 걸 모르는 어리석은
종과 같은 것이 오늘의 종교 집단의
지도자요,
9 울고불고 광분하며 하늘에 오르는 길
을 인도한다, 그리고 천국에 와 받을
상밖에 없다 하며 재물을 바치라 하여
하늘을 속이며 모든 백성을 속이는 그
와 같은 자들,
10 그들이 바로 나 여호와의 뜻을 알지
못하며 내가 원하는 것을 행하지도 못
하는 어리석은 백성들이니라.
11 그러니 너희들이 스스로 여기에서 떠
나기를 바라는 것이 나 여호와의 마음
이 아니던가?
12 주인의 마음은 같을 것이니라.
13 그러니 너희들이 떠나지 아니하며 계
속 그를 가지고 존재하며 그 자리를
지키려 한다면,
14 그 주인은 그를 용서하지 않을 것이
니, 나 여호와는 너희들을 용서하지
못함이니라.
15 너희들이 바로 무엇이더냐?
16 내가 나의 아들을 통하여 내리는 160
권의 새로운 성경을 보고 읽고 깨우쳐
변하는 것은 너희들이 스스로 떠나는
백성과 같은 것이요, 종과 같음이니라.
17 그러나 너희들이 이를 보고 깨우치지
아니하는 자는 그저 자리만 지키며 제
위치를 모르며 제가 어찌하고 있는지
모르며, 제가 스스로 못 하기에 주인

이 대신함이니,
18 그는 주인을 원망하며 제가 할 수 있
는 것을 왜 주인이 하는지, 아래위 모
두를 다 다스리고 통제하는 주인이 욕
심 있는 자라 너희들은 나가서 비방할
것이며, 다른 종들에게 주인을 흉볼
것이니라.
19 그렇다 하여 그 주인이 그를 모를 것
같으며 그를 듣지 아니한다 생각하느
냐?
20 그렇다 해서 주인의 마음이 돌아설 것
이며 그를 더 신뢰할 것이라 생각하느
냐?
21 제자리를 지키지 못하는 자가 나가서
다른 종에게 불평함이니, 그 또한 주
인이 그를 더 신뢰하지 못할 것이니라.
22 오늘의 모든 종교 집단이요, 그 신도
들은 들으라.
23 너희 것이 잘못되며, 너희들이 직분을
다하지 못하며 자리를 지키지 못하여
오늘의 새로운 성경이 세상에 내려가
니,
24 이를 핍박하며 나를 공격하며 나를 욕
되게 하는 행위를 하지 말라.
25 지금이라도 너희들이 스스로 알아 깨
우치는 그 길을 아는 자는 주인에게
부끄러움을 알며 자신의 무능함을 알
아 너희들이 깨달음의 길을 가다 구원
의 길을 얻을 수 있는 백성이요,
26 그렇지 아니하는 자는 영영 내침을 받
는 그와 같은 백성이니,
27 너희들이 나로부터 내침을 받았을 때
어떠한 것이더냐?
28 불필요한 가라지는 내가 유황불에 던
진다 하였으니, 변화되지 아니할 때
너희들은 유황불에 던져질 자들이요,
29 내가 가라지는 다 태워 버린다 하였음
이니, 그 고통을 겪는 것만이 너희들
에게 남아 있으며, 너희들이 앞으로
견디고 가야 할 길이라는 이 무서운
사실을 잠시도 잊어서는 아니 되거늘,
30 어찌하여 너희들이 그리 마음의 여유
가 있으며 그리 방심하고 살아가는가?
31 그와 같은 너희들의 마음 자세를 다스
리며, 새로 내리는 160권의 새로운 성
경이요, 이 기적의 역사를 너희들이
기적의 역사라 생각하고 들여다보는
은혜요, 현명함을 얻도록 그리하는
자, 구원의 길을 볼 것이니라.
32 그렇지 않은 자는 결국 그리 갈구하는
하늘에 오르는 길이요, 천국의 문에
들어서는 일은 너희들에게는 상상할
수도 없으며 꿈에도 그릴 수 없는 일
이라는 것을 알라.

11,878 번째 하나님 말씀

2004년 6월 29일 05시 09분

1 사랑하는 나의 아들아!
2 "네, 아버님! 말씀하옵소서."
3 내가 나의 뜻을 전하는 것 또한 지금
의 백성들이요, 종교 집단이 가는 그
와 같은 형국이요, 방법으로써 모두를
역사하지 아니한다 하였음이니라.
4 지금 나의 새로운 성경이 세상에 내려
감이니, 지금의 종교 집단의 지도자들
이 잘못 가고 있으며 잘못 깨우친다
하였으니,
5 그들과 같은 부류로써 그들에게 박수
를 받으며 가는 그와 같은 새로운 성

경이라면, 이는 결코 잘못된 것이니라.
6 그러니 모든 종교 집단이요, 믿음의
길을 가는 백성들, 그들로부터 핍박을
받으며 너희들이 사탄이요, 이단이라
하는 이야기를 듣는 것은 당연한 것이
니라.
7 그와 마찬가지이니라, 사랑하는 나의
아들아!
8 네가 살아가면서 너의 제자들의 살아
가는 그 생활 속에서 모든 백성들이
살아가는 그와 같은 인간의 생각으로
써 벗어나지 못하면 아무것도 이루어
질 수가 없음이니라.
9 너희들이 하고 가는 것, 하는 행동이
요, 살아가는 삶을 다른 백성들이 이
해하지 못하며 너희들의 그 뜻을 알지
못하는 그와 같은 삶을 살게 되어 있
으며, 너희들은 그와 같은 삶을 사느
니라.
10 그들이 이해할 수 없음이니, 그것이
무엇인 줄 알겠느냐?
11 그들이 인간적인 생각으로 사람이 살
아가는 도리요, 그 한계를 벗어나지
못하고 생각하기에, 너희들이 생각하
고 행하는 것을 이해하지 못할 것이
며, 그리고 너희들을 따라올 수 없음
을 그들은 모르고 있음이니라.
12 그러니 그들은 자기들이 인간 세상에
사는 그 순리요, 도리로써 모두를 기
준하여 평가하니, 너희들을 알지 못하
며 너희들과 대화하지 못하는 것이니
라.
13 그러니 너희들은 어려운 자를 돕기 위
하여 무엇인가를 전하고자 하여 그저
희생과 봉사를 진심으로 원하는 삶을
사니, 그들이 너희들을 알 수 없는 것
은 당연한 것이니라.
14 그들과 같은 생각으로써, 같은 형태로
써 너희들이 살아간다면 또한 너희들
이 잘못된 것이라 그리 알아야 됨을
알라.
15 내가 너희들에게 뭐라 말을 했느냐?
16 내가 예를 들어 너희들에게 깨우쳐 주
지 않았더냐?
17 모든 믿음의 길을 가는 백성이요, 그
들은 저희들이 거듭나는 것, 제가 구
원을 받기 위한 믿음으로 가며 저희들
이 기도하고 울고불고한다 하지 않았
더냐?
18 너희들은 그와 같은 것이 아니요, 너
희들이 구원을 받을 수 있는 그것을
양보하는 훈련이요, 그와 같은 삶을
살아가는 것, 너희들을 그리 다스려
가는 것,
19 그것이 너희들이 믿음의 길이요, 나를
경배하는 길이라 그리 가르치니, 그들
이 그 말을 알며 그 뜻을 이해하더냐?
20 절대 못 함이니라.
21 그러니 너희들이 하고 가는 것, 행하
는 그 행동을 그들은 이해하지 못하
며, 그들과의 차별화가 거기에 있음이
니라.
22 그러니 그와 같은 삶에 당황하지 말
며, 그와 같은 삶을 남들이 색안경을
쓰고 보는 것, 너희들 말대로 의심하
고 보는 것, 저희들에게 무엇인가를
갈취하기 위해, 무엇인가를 더 얻기
위하여 베풀고 나눠 주며 살아가는 삶
으로 그리 평가할 것이니,
23 그것이 인간의 한계요, 인간의 생각을

벗어나지 못한 그들의 한계이니라.
24 그러니 거기에 마음이 흔들리지 말며 동요되지 말라.
25 그저 새로운 성경에 내린 내용대로, 그리고 나의 계명대로 살아가도록 그리하면 될 것이니라.
26 사랑하는 나의 아들딸들아! 모두가 너희들이 반대로 가야 되며 모두가 다시 태어나며 다시 부어야 한다 하지 않았더냐?
27 그러니 너희들의 삶을 이해하지 못하는 것이니라.
28 인간적인 한계의 생각을 벗어나서 하는 것, 그들은 그를 알 수 없음이니,
29 그것이 하늘의 법도요, 정당한 것이요, 진정한 삶이라는 것을 너희들은 알라.
30 그리고 너희들은 주저하지 말며 실망하지 말며, 너희들이 그와 같은 삶을 살아가는 것을 의심하지 말며, 불안한 생각을 갖고 살지 말라.
31 오로지 너희들이 그 삶을 사는 대로 그대로 가며, 믿음을 믿은 대로 그리 가면 될 것이니라.
32 모두가 같은 방향이요, 그들로부터 너희들이 기립 박수를 받으며 찬양을 듣는 그와 같은 길은 결코 아님이니 그리 알라 전하라.

11,879 번째 하나님 말씀

2004년 6월 29일 05시 17분

1 사랑하는 나의 아들아!
2 "네, 아버님! 말씀하옵소서."
3 너희들이 지금 가고 있는 믿음이요, 신앙생활 하는 그 백성들, 요란한 행동이요, 울고불고하는 것, 그리고 너희들의 그 화려한 모습이요, 온갖 형식에 치우치는 것,
4 그와 같은 것으로써 하늘에 오를 수 있으며 구원을 받을 수 있다면 오죽이나 편안한 길이며 좋겠느냐?
5 그러나 하늘에 오르는 길이요, 참진리의 길은 요란한 것, 그리고 울고불고 아우성치는 것, 광란의 짓을 하는 것, 그와 같은 것으로써 결코 하늘의 길에 오를 수 없으며,
6 내가 너희들에게 내려 준 모든 재물을 거둬들여 그를 바침으로, 너희들이 가지고 있는 것을 바침으로 구원을 받고 하늘에 오르는 길이라면, 얼마나 간단하고 편안한 길이겠느냐?
7 그러나 절대 그와 같은 것으로써 역사할 수 없음이니, 너희들이 거듭나지 아니하면 아니 됨이니라.
8 모든 종교 집단의 지도자요, 너희들이 가고 있는 그와 같은 방법으로써는 구원의 길에 들어설 수 없으며 나를 볼 수 없으니, 절대 구원의 길을 보지도 못하며 들어서지도 못하는 것이니라.
9 사랑하는 나의 아들딸들아! 내가 너희들에게 뭐라 말하였느냐?
10 낮은 자세로써 너희들이 낮은 자로서 세상을 살라 하였음이니라.
11 오만하지 아니하며 공손한 마음이요, 공손한 자세로써 나의 새로 내리는 성경을 읽고 깨우쳐 그 속에서 진리를 찾으며,
12 그리고 나의 아들을 통하여 내리는 강론을 경청하여 너희들이 바로 사는 변

화의 삶을 살지 아니하면 결코 역사할
수 없다 하였느니라.
13 내가 하늘에서 내리는 것은 한 곳을
통하여 한 사람을 통하여 모두를 다
역사한다 하지 않았더냐?
14 그러니 그와 같이 역사하는 것을 가지
고 너희들이 따르고 배우지 아니하면
절대 아니 됨이니라.
15 창조주 나 여호와가 역사하는 것이 아
니라면 내가 너희들에게 하늘에서 콩
을 뿌리듯이 그저 수없이 내려보낼
것이니라.
16 그리고 아무에게나 그와 같은 능력을
내릴 수 있을 것이니라.
17 그러나 너희들이 말하기를, 나를 전지
전능한 아버지요, 창조주 아버지라 하
지 않더냐?
18 창조주 아버지요, 너희들이 전지전능
한 아버지라 함이니, 그러기에 내가
한 사람을 통하여 한 곳의 거점을 통
하여 하늘의 뜻을 세상에 내려보내며
전할 수 있으며, 그가 모두를 다 역사
할 수 있는 것이 바로 내가 역사함이
니라.
19 나 여호와가 역사하지 않는 것이 아니
요, 내가 이루는 것이 아니라면,
20 지금 내가 나의 아들을 통하여 말했듯
이 하늘에서 수많은 곳에 수많은 백
성, 헤아릴 수 없는 백성들에게 내가
하늘의 뜻이요, 깨달음을 내려보내,
완전한 것을 내려보내어 너희들이 하
루에 이루게 할 수 있으나,
21 창조주 나 여호와요, 너희들이 말하는
전지전능한 아버지이기에 내가 그와
같은 방법으로 하지 아니하여도 모두
를 다 덮을 수 있으며 모두를 다스릴
수 있으며 모두를 역사할 수 있음이니
라.
22 그러니 지금 내가 새로운 성경을 내려
보내어 한 곳에 나의 아들을 통하여
지상에 모두를 내려보내 만백성을 구
하고자 역사하는 것이 바로 너희들이
반대 방향에서 보게 되면,
23 이는 나 여호와의 뜻이요, 하늘의 뜻
이요, 전지전능한 아버지만이 역사할
수 있다는 것을 너희들이 알 것이니라.
24 그러니 내가 나의 새로운 성경을 읽고
깨우쳐 뼈와 살을 붙여 너희 것으로
만드는 지혜를 얻으라 하지 아니하였
더냐?
25 너희들이 뼈를 붙이고 살을 붙이되,
그 모두가 인간의 생각이요, 사람이
사는 한계를 벗어나지 못한다면, 너희
들은 나의 새로운 성경도 알 수가 없
음이니라.
26 그리하여 하늘의 지혜를 얻는 너희들
의 마음을 비우는 백성으로 살라 함이
여기에 있음이니라.
27 한 권서부터 160권까지 모두 연계되
어 있으며 그 뜻이 같이 있으며, 그러
기에 너희들이 읽고 깨우쳐 깨닫는 그
와 같은 현명함을 얻도록 그리하라.
28 그리하기 시작하면 너희들이 하늘의
뜻이 무엇인가를 알며, 너희들이 역사
할 것이 무엇이며 가야 할 것이 무엇
인가, 지금의 삶에서 반대의 삶을 사
는 그 길을 보게 될 것이니라.

11,880 번째 하나님 말씀

2004년 6월 29일 05시 22분

1 사랑하는 나의 아들아!
2 "네, 아버님! 말씀하옵소서."
3 이 세상에서 가장 소중한 것, 그리고
가장 위대한 것을 손에 쥐고 있는 나
의 아들을 따르는 제자들이요, 그리고
나의 새로운 성경을 읽은 백성, 너희
들은 과연 어떠한 삶을 살겠는가?
4 나 여호와로부터 새로운 성경을 듣고
강론을 들으며 이를 읽고 깨우치는 역
사의 그 은혜 속에 사는 것이 너희들
이니,
5 모든 인간 세상에서 살아가는 백성들
중에 너희들보다 더 큰 은혜요, 위대
한 영광을 받은 자가 없음을 알라.
6 그러니 이 세상에 누구도 누릴 수 없
는 하늘의 나 여호와에게 부름이요,
내 뜻에 따라 역사하는 선택된 너희들
은 그보다 더 큰 상이 없음이니,
7 가장 큰 상을 받은 자요, 그리고 가장
소중한 것이요, 가장 위대함을 가지고
있는 나로부터 선택된 백성 너희들이
가시발길인들 어찌하여 불평을 할 수
있으며, 가시발길을 가면서 발이 아프
다 말할 수 있는가?
8 너희들은 시련과 고통의 길을 외면한
다면, 과연 너희들이 나로부터 은혜를
받은 것을 갚는 백성이요, 감사의 뜻
으로써 살아가는 백성들이던가?
9 모두를 역으로 갚는 그와 같은 백성들
이 아니더냐?
10 가장 귀하고 소중한 것을 가진 백성
너희들이 어찌하여 가시발길이 어렵
고 힘들며, 고통과 시련의 길을 즐거
운 마음으로 가는 그와 같은 백성들이
되지 아니하고,
11 이를 외면하며 이를 피해 가는 그와
같은 백성이라면, 너희들은 나의 마음
을 울리게 하는 자요, 나를 고통스럽
게 하는 자이니라.
12 그러니 이제 나의 아들을 따르는 제자
너희들은 들으라.
13 새로운 성경이 무엇이라 말하였느냐?
14 하늘에 들어오는 그 증표라 하였거늘,
하늘에 들어오는 그 증표를 받은 자가
어찌하여 가시발길이 어렵고 힘든 길
이라 하여 불평불만을 할 수 있으며,
그 길을 마다하여 가지 않으려 하는가?
15 이것이 과연 너희들이 나에게 은혜를
갚는 것이더냐?
16 내가 너희들에게 뭐라 말하였느냐?
17 하늘에서 내리는 소낙비 속에 황금 빗
방울이 떨어지니, 그 한 방울을 너희
들이 손으로 받는 영광이요, 은혜가
나의 새로운 성경이라 하였거늘,
18 그와 같이 위대하고 귀한 것을 받은
자요, 나로부터 명받아 만백성을 구하
는 대명을 받은 자들이, 너희들이 가
시발길이요, 어려운 그 고통의 길을
외면하며 그 길을 가지 아니하려 한다
면 아니 됨이니라.
19 그와 같이 위대하고 영광스러운 상을
받은 너희들이 그 상에 대한 은혜를
갚는 길이라면,
20 어떠한 어렵고 힘든 길이라도 육의 세
상에서 마다하지 아니하고 가는 것이
너희들의 도리요, 가야 할 길이라는
것을 알라 그리 전하라, 사랑하는 나

의 아들아!

11,881 번째 하나님 말씀

2004년 6월 29일 05시 29분

1 사랑하는 나의 아들아!
2 "네, 아버님! 말씀하옵소서."
3 인간 세상에 너희들이 살아가면서 재
물을 가지고 있는 자, 권력 있는 자요,
그리고 능력 있는 자가 빵을 훔치면
너희들은 뭐라 말하느냐?
4 그가 훔치는 것은 장난이요, 그저 웃
어넘기는 것으로써 모두를 그리 생각
하느니라.
5 그리고 그와 같이 있는 자에게는 너그
러운 마음을 가지고 사는 것, 너그럽
게 대하는 것이 인간의 세상이니라.
6 그러나 가난한 자가 똑같이 빵을 하나
훔쳤을 때, 그는 도적으로 몰리며 그
는 용서하지 아니하며, 그는 모두를
사랑으로써 너그러운 대우를 받을 수
없는 것이니라.
7 그 대가를 치르도록 하는 것이 인간
세상의 너희들의 인정이요, 지금의 생
활의 삶이 아니더냐?
8 이것이 바로 너희들이 가지고 있는 마
음이요, 생각하는 마음이니라.
9 그러니 너희들이 그와 같은 속에서 과
연 사랑이 있는 것이며, 정의로운 삶
을 사는 것이요, 너희들이 가난한 자
를 돕고 가난한 자를 사랑하는 마음으
로 살아가는가?
10 나 여호와가 너희들에게 뭐라 말하였
느냐?
11 어렵고 힘든 자, 가난한 자, 병든 자,
그와 같은 자들을 내가 돕고 직접 그
들에게 그를 들어주지 못함이니, 오로
지 인간 너희들을 통하여 역사하는 것
이라 하였음이니라.
12 그러니 너희들이 그들을 돕고 베푸는
것이 나 여호와요, 너희들이 말하는
부모의 근심 걱정을 덜어 주는 형제와
같다 하지 않았더냐?
13 그러나 너희들이 지금의 살아가는 형
태의 마음이 그러하니라.
14 여유 있는 자가 남의 것을 훔치는 것
은 그저 장난이요, 오락으로 생각하며
너그럽게 용서하고 이해를 함이니라.
15 그리고 너희들이 같이 손뼉 치고 웃기
고 즐기느니라.
16 그러나 정녕 배고픈 자, 가난한 자가
그와 같은 행위를 했을 때, 그들을 너
그럽게 용서하며 그 마음을 이해하는
것이 아니라,
17 너희들이 구속할 수 있는 방법이요,
그에게 할 수 있는 모든 잔인한 방법
을 다 동원하는 것이 너희들의 행동이
아니더냐?
18 이 세상이 이와 같이 되었으니, 이게
천국이라 말하며 하늘의 나라라 내가
생각할 수 있겠느냐?
19 사랑하는 나의 아들딸들아!
20 이와 같은 백성을 바로잡으며 이와 같
은 백성들을 깨우치며, 가난한 자가
빵을 훔쳤을 때 그를 용서하고 그를
너그럽게 베풀어 주는 그와 같은 세상
이 되는 것이 하늘의 뜻이라는 것을
너희들은 알라.
21 내가 도적질하는 자를 도우라 하는 것
이 아니요, 너희들의 생각 속에 마음

의 형태가 그리 가라 함이니라.
22 지금 살아가는 모든 백성 너희들이 가
지고 있는 권력이요, 재물이요, 권세
의 능력을 모두 만족하게 생각하여 나
에게 감사하게 생각하며 남에게 베풀
고자 하는 그와 같은 생각을 가지고
과연 살 수 없느냐?
23 모든 백성들의 마음이 그와 같으면,
이 세상에 가난이 없으며 도적이 없으
며 고통이 없음이니라.
24 그러니 이를 어찌한단 말이더냐?
25 있는 자가 훔치는 것은 장난이요, 가
난한 자는 도적처럼, 가진 자가 더 갖
고자, 더 이루고자, 그리고 없는 자의
고통을 외면하며, 그들에게 고통을 준
다 해도 너희들이 더 배부르고 더 호
화로운 삶을 살기 위하여 모두를 다
착취하는 그와 같은 것이 인간 세상의
오늘의 삶이요, 오늘의 형국의 흐름이
니,
26 과연 이것이 나 여호와가 이루고자 하
는 하늘에서 이루어진 지상의 낙원의
틀이 잡혀 있으며 그 길을 위하여 간
다 생각하느냐?
27 이 세상이 이와 같이 험악하게 되었음
이니라.
28 이를 들여다보라 하며 이를 바로잡으
라 하는 것이 나 여호와의 뜻이며,
160권의 새로운 성경이 내려감이니라.
29 그러니 이제 나의 아들을 따르는 제자
너희들은 오늘의 삶을 행복하게 생각
하며 그것을 감사하게 생각하는 마음
으로 살며,
30 있는 자, 가진 자요, 그들이 실수하는
것은 너희들이 너그러운 마음으로 이
해를 하나,
31 없고 능력 없고 불쌍한 자가 실수할
때는 냉혹한 그와 같은 삶을 반대의
삶으로 살라 하는 것이며,
32 그리 살아가는 것이 나의 아들을 따르
는 제자들이요, 나의 새로운 성경을
읽고 깨우친 백성 너희들이 가야 하는
길이라는 걸 잊지 말라, 사랑하는 나
의 아들딸들아!

11,882 번째 하나님 말씀

2004년 6월 29일 05시 37분

1 사랑하는 나의 아들아!
2 "네, 아버님! 말씀하옵소서."
3 세상에 살아가는 백성들이요, 그 모두
가 다 동반자니라.
4 그리고 너희들과 더불어 버팀목이요,
같이 모두를 역사하니, 저 자신이 혼
자 세상을 살아가는 백성은 없지 않더
냐?
5 그러니 너희들이 살아가면서 동반자
요, 너희들과 모든 것을 같이 갈 수 있
는 그 백성, 더불어 할 수 있는 백성은
과연 어떠한 백성들이더냐?
6 너희들은 알아야 될 것이니라.
7 참진리요, 그리고 정의로움을 두렵고
무섭게 생각하는 백성, 그와 같은 백
성들을 너희들이 따르며 그들과 더불
어 살아가는 그와 같은 삶을 살도록
그리하라.
8 그 백성이야말로 순리를 알며 이 세상
의 살아가는 모든 이치를 아는 백성들
이 아니더냐?
9 더욱이 창조주 나 여호와를 두려워하

지 아니하며 하늘의 존재함을 두려워
하지 아니하는 그와 같은 백성들과 너
희들이 더불어 여행하며 더불어 그 길
을 같이 가서는 아니 됩이니라.
10 사랑하는 나의 백성들아! 너희들이
나 여호와를 두려워하며 하늘의 이치
를 두려워하며 참진리의 길을 가는 것
을 두렵게 생각하는 그와 같은 백성들
과 너희들이 같이 가라.
11 그를 두려워하지 아니하는 자와 너희
들이 동행해서는 아니 됩이니라.
12 하늘로부터 내리는 것, 그리고 나 여
호와가 존재한다는 것, 그리고 이 세
상의 모두는 나 여호와가 역사하며,
내가 역사하지 아니하는 것이 없다 생
각하는 자,
13 그러니 그와 같은 것을 너희들이 기쁨
이요, 축복이요, 영광이라고만 생각하
지 말며, 더욱이 그 속에서 악한 마음
을 가지고 살아가며 선함을 버리는 그
와 같은 백성들이 아니라, 이를 두려
워하며 무서워하는 백성들과 너희들
이 같이 가도록 그리하라.
14 그와 같은 백성들은 하늘의 지혜를 얻
은 자요, 지혜로운 삶을 사는 백성들
이니라.
15 나 여호와가 존재하며, 하늘이 있음을
두려워하며, 정의로움을 두려워하며
무섭게 생각하는 그와 같은 백성, 그
들은 깨달음이 있는 자요, 지혜가 있
으며 나의 뜻에 의해 살아가는 백성
이라는 것을 너희들은 알라.
16 그와 같은 백성들과 너희들이 같이하
며 동행하도록 그리하라.
17 이를 무서워하지 아니하며 두려워하
지 아니하는 백성이야말로 어리석은
백성이요, 욕심에 차 있는 백성이니,
18 스스로 무너지며 같이 동행하는 자까
지 모두를 무너트리는 그와 같은 결
과를 갖게 되는 것이니라.
19 사랑하는 나의 아들딸들아! 나 여호
와가 존재함을 두려워하며, 하늘이 있
음을 두려워하며, 참진리의 길을 가는
것을 두려워하며, 정의로움을 두려워
하는 그와 같은 백성들, 그들과 너희
들이 동행하며 같이 가도록 그리하라.
20 그리하면 너희들이 무너짐이 없으며
패함이 없을 것이니라.
21 내가 사랑하는 나의 아들딸들아! 너
희들이 그와 같은 사람을 찾아 더불어
가되, 또한 다른 사람들이 찾는 사람
이 너희들이 되도록 그와 같은 삶을
살아가도록 그리하라, 사랑하는 나의
아들딸들아! 너희들이 그와 같은 사
람이요, 그와 같은 의인을 찾기 전에,
너희들이 의인이 되어 있어야 하며,
너희들을 찾는 사람이 되도록 그리하
라.
22 나의 아들을 따르는 제자들이요, 새로
운 성경을 읽고 깨우친 백성, 너희들
에게 내가 진실로 진실로 이를 이르느
니라.

11,883 번째 하나님 말씀

2004년 6월 29일 05시 43분

1 사랑하는 나의 아들아!
2 "네, 아버님! 말씀하옵소서."
3 내가 너희들에게 말하지 아니하였더
냐?

4 나의 아들을 따르는 제자 너희들은 가
난한 자를 도우며 어려운 자를 도우며
불쌍한 네 이웃을 돕고 살라 그리하였
음이니라.
5 죄를 짓고 그 대가를 치르는 자, 병든
자, 어려운 자, 그와 같은 백성들을 위
하여 살아가며 그들을 기억하라 하지
아니하였더냐?
6 그리고 내가 너희들에게 말하기를 너
희들보다 낮은 자, 그리고 너희들보다
가진 것이 없는 자, 그리고 너희들에
게 무엇을 얻고자 하는 자, 너희들에
게 무엇을 요구하는 자,
7 그와 같은 백성들을 반기며 그들을 사
랑하라 하지 아니하였더냐?
8 그것이 너희들이 살아가는 길이요, 하
늘의 뜻이라 하였느니라.
9 사랑하는 나의 아들딸들아! 내가 너
희들에게 권력이 있는 자, 가진 자, 재
물이 있는 자, 능력이 있는 자들을 너
희들이 반기며 그들을 기뻐하게 하는
것은 사랑이 아니요, 아부라 하였느니
라.
10 그러니 너희들을 도와주는 자, 그리고
너보다 권력 있는 자, 능력 있고 힘 있
는 자를 맞이하고 반기는 그와 같은
마음으로써, 너희보다 부족한 자, 너
희보다 낮은 자, 그와 같은 백성을 사
랑하며 그리 받아들이라 내가 그리함
을 명심하고 또 명심하도록 그리하라.
11 사랑하는 나의 아들딸들아! 너희들이
그와 같이 있는 자, 권력 있는 자를 반
기며 그에게 아부함으로 너희들이 무
엇인가를 얻고 이룰 수 있을지도 모르
느니라.
12 그러나 육의 세상에서 너희들이 그 작
은 것을 얻고 이룰지는 모르나, 그것
이 너희들의 행복이요, 축복이라 그리
생각할지 모르나, 그는 나와 관계없음
을 너희들은 알아야 될 것이니라.
13 비록 너희들이 받는 것이 없으며 얻을
것이 없다 해도, 가난하고 불쌍하고
병든 자, 그리고 죄의 대가를 치르는
자, 그리고 몸이 불편한 자, 그리고 너
희보다 낮은 자, 초라한 자를 너희들
이 사랑하며 그들을 기쁨으로 맞이하
는 것, 그것이 더 큰 상이요, 위대함이
있느니라.
14 그들에게는 당장 얻고 받는 것이 없으
며 너희들에게 손해가 있다 생각하나,
어찌하여 세상에 그들이 태어났는가?
15 그 모두도 그들이 이 세상에 태어나
존재할 가치가 있으며, 그리고 160권
의 새로운 성경에 뭐라 기록하였느냐?
16 그들로 하여금 성한 자, 능력 있는 자
들이 보고 배우고 깨닫도록 하기 위하
여, 그들을 본보기로서, 희생양으로서
세상에 내가 내려보낸 것이라 한 그
대목을 알겠느냐?
17 그러니 내가 그와 같이 부족하고 어리
석고 병들고 모자란 백성으로 세상에
내보내 만백성이 보고 깨우치도록 하
였으니, 그들을 사랑함으로 인하여 너
희가 나로부터 상을 받는다는 것을 어
찌하여 모른단 말이더냐?
18 내가 그와 같이 내려보낸 그 백성들을
사랑하고 아끼는 자, 그들에게 베푸는
자, 그들을 형제처럼 반기는 백성,
19 그와 같은 백성들을 내려보낸 나 여호
와가 그들에게 너희들이 사랑하는 것

만큼 상을 내릴 것이며 은혜가 있다는
것을 너희들은 어찌 모른단 말이더냐?
20 사랑하는 나의 아들딸들아!
21 모든 잘못되고 어리석고 불쌍하고 가
난하고 힘들게 살아가는 백성은 있는
자에게 교훈이요, 병든 자는 건강한
자에게 교훈이요, 그리하여 그들을 희
생양으로서 세상에 내려보낸 자들이
라 내가 했으니,
22 내려보낸 나 여호와가 그들을 사랑하
고 아끼는 자에게 그 보상이요, 상을
내리지 않겠는가?
23 이와 같은 이치를 안다면 너희들이 나
에게 와서 받을 수 있는 상이 얼마나
크고 위대하며 영광스러운 것인지 알
겠느냐?
24 낮은 자요, 불행하고 불쌍한 그 백성
들을 너희들이 반기고 사랑하도록 하
며, 나누며 살도록 그리하라.
25 그들을 보낸 이로부터 너희들이 상상
할 수 없고 생각할 수 없는 몇십 배,
몇천 배의 상과 은혜가 내려질 것이라
그리 전하라.

11,884 번째 하나님 말씀

2004년 6월 29일 05시 47분

1 사랑하는 나의 아들아!
2 "네, 아버님! 말씀하옵소서."
3 인간 세상에서 너희들이 살아가면서
부모의 뜻을 따르지 아니하며 부모의
뜻을 거역하며 방탕하고 탕진하는 그
와 같은 삶을 사는 자식들을 과연 그
부모는 어찌하는가?
4 그를 다스리기 위해서 온갖 것을 다
투자할 것이며, 그를 바로잡는 것이
세상에 가장 큰 기쁨이라 너희들은 그
리 생각할 것이니라.
5 그리고 그와 같이 삐뚤어지며 잘못 가
는 자식을 자식으로서 도리를 깨달으
며 부모의 은혜를 아는 자로서, 부모
에게 반박하고 언성을 높이는 그와 같
은 자식을 부모에게 공손하며 부모를
존경하는 자식으로서 가르친다면, 그
가르친 선생을 그 부모는 얼마나 은혜
로 생각하겠는가?
6 세상에 무엇보다도 감사하고 고마운
마음으로 그는 생각할 것이니라.
7 사랑하는 나의 아들딸들아!
8 2천 년이라는 길고도 긴 그 세월 속에
나의 사랑하는 백성이요, 나의 아들딸
들이 부모요, 나 여호와의 뜻에 따라
살아가는 것이 아니라,
9 내 뜻을 거역하며 방탕한 삶이요, 그
길을 갔으며, 내 뜻을 거역하는 그와
같은 삶으로 살아왔음이니라.
10 그러니 그들을 바로잡을 수 없으며,
그 방탕하고 무지함을 부모의 능력으
로써는 다스릴 수 없는 그와 같은 형
국이 되었음이니라.
11 오늘의 종교 집단의 지도자들이 그와
같이 되었음이니, 그를 보는 나 여호
와의 마음이 얼마나 아프겠느냐?
12 그리하여 내가 그들을 바로잡기 위하
여 나의 새로운 성경을 내려보냄이니,
이를 가지고 만백성을 구하는 대역사
를 이루는 대명을 받은 자가 누구더냐?
13 바로 너희들이니라.
14 그러니 내가 너희들에게 말하지 않았
더냐?

15 인간 세상에서 자식이 부모의 마음을
상하게 하며 부모의 마음의 기쁨의 모
두를 앗아 가며 부모에게 근심 걱정으
로 살아가게 하는 그 자식이요, 방탕
한 자를,
16 이웃의 스승이요, 이웃 사람이 그를
바로잡아 깨우쳐 부모에게 효성스러
운 자식으로 만들었을 때,
17 그 부모는 그에게 어떤 은혜를 갚든
어떠한 것이든 보답을 하며, 무엇으로
도 바꾸지 아니하며 모든 재산을 다
줘도 아깝지 않은 그와 같은 마음을
갖는 것이 부모의 마음일 것이니라.
18 그러니 지금 나의 아들을 통하여 내리
는 새로운 성경을 가지고 나로부터 부
름을 받아 너희들이 지금 만백성을 바
로 깨우치며 바로 지도하며 바른길을
올 수 있도록 잡아 감이니,
19 그것이 바로 이웃의 선생이 자식을 잡
아 준 그와 같은 공이 있음이니, 그 공
은 나로부터 받을 것이니라, 사랑하는
나의 아들딸들아!
20 그와 같은 이치요, 그와 같은 오늘의
형국이니, 너희들은 최선을 다하며 가
시밭길이요, 고통스러운 길을 인내하
고 그를 다스리고 깨우치는 데 게을리
해서는 아니 되니,
21 게을리하는 자, 나에게 받을 상이 없
을 것이며, 최선을 다하여 모두를 역
사하는 백성은 나로부터 상이 있을 것
이니라, 사랑하는 나의 아들딸들아!

11,885 번째 하나님 말씀

2004년 6월 29일 05시 56분

1 사랑하는 나의 아들아!
2 "네, 아버님! 말씀하옵소서."
3 인간 세상에 살아가는 너희들의 법도
도 그러하니라.
4 네 부모가 정성을 다하여 이룬 것, 그
리고 역사한 것, 그 부모는 부모대로
그것이 소중하고 귀하니라.
5 그래도 자식만큼이야 귀하겠는가?
6 그보다 더 사랑하고 소중한 것이 자식
이니라.
7 그러니 그 부모가 자식을 사랑하되,
그 부모가 평생을 다 바쳐 이룬 것, 남
들이 역사하지 못하는 것을 이룬 그
모두를 그 자식에게 물려주며 남겨 주
고 싶은 것이 부모의 마음이 아니더냐?
8 그러나 그 자식이 탕아로서, 방탕한
자로서 그를 받을 수 없으며 이어 갈
자격이 없다면, 그 부모의 마음은 과
연 어떠하겠는가?
9 그 부모는 어찌 그를 맡기고 갈 수 있
단 말이더냐?
10 그러니라, 사랑하는 아들딸들아!
11 지금 수천 년 동안 나의 수많은 아들
딸들이 세상에 나와 살아갔으나, 종교
집단의 지도자들이 잘못 끼운 단추요,
잘못 시작한 그 믿음이요, 신앙으로
인하여 그곳에 모두를 다 매달려 바치
고 있는 나의 백성들이 이 세상을 지
배하고 덮고 있음이니라.
12 그러니 그들이 내 뜻에 따라서 역사하
는 것이 아니요, 내 뜻을 거역하며 하
늘의 뜻을 거역하는 그와 같은 행위를

하고 살아감이니,
13 과연 나 여호와의 유업을 이어받을 수
있는 자가 없으며 나의 뜻을 계승하여
역사할 수 있는 그와 같은 나의 아들
딸이 없음이니, 이를 어찌한단 말이더
냐?
14 그리하여 나 여호와가 평생을 바쳐 이
룬 그 육을 가진 부모가 자식에게 맡
기며 그 자식에게 남기지 못하는 그와
같은 불안한 마음의 고통보다도 천배
만배 더한 것이 나 여호와의 뜻이니라.
15 그러니 너희들이 그를 받을 수 없으며
그를 역사할 수 없는 그와 같은 백성
이 되었으니, 내가 이를 어찌한단 말
이더냐?
16 내가 2천 년 동안 너희들을 기다렸으
며 인내하였음이니라.
17 그래도 나는 너희들을 마지막까지 버
리지 아니하며 부모가 선생을 찾아 그
자식을 다스려서라도 그 모두를 넘기
고 싶은 그 마음처럼,
18 내가 그보다 더한 마음으로 오늘 나의
아들을 통하여 160권의 새로운 성경
을 세상에 내려보내는 것은 무엇이더
냐?
19 지금 잘못 가는 믿음이요, 신앙의 길
에서 너희들을 바로잡고자 하는 것이
니라.
20 그리하여 나의 유업이요, 나의 뜻을
계승할 수 있는 백성으로서, 나의 아
들딸로서 거듭나게 하고자 하는 것이
오늘의 내가 역사하는 것임을 너희들
은 알겠느냐?
21 사랑하는 나의 아들딸들아! 육의 세
상에서 부모가 자식을 믿지 못하며 그
에게 모두를 넘기지 못하며 그에게 맡
기지 못한다면 그 마음이 어떠하겠는
가?
22 모든 인간 너희들이 살아가면서 반드
시 그와 같은 과정을 누구든지 다 겪
게 될 것이니라.
23 그러나 그때 너희들이 깨우쳐 나 여호
와의 뜻에 의해 모두를 맡길 수 있는
백성으로 거듭나려 해도 너희들의 명
이 다했으며 육이 다했음이니, 그때는
이미 때가 늦음이니라.
24 사랑하는 나의 아들딸들아! 내가 나
의 아들을 통하여 내리는 160권의 새
로운 성경을 읽고 또 읽고 정독하고
깨우치라.
25 이것이 하늘에 오르는 길이요, 너희들
이 거듭나는 길이요, 나로부터 유업을
받을 수 있는 자식으로서 거듭나는 길
이라는 것을 절대 잊지 말라.
26 나 여호와가 나의 모두를 받을 수 있
으며 누릴 수 있는 나의 아들딸로서
거듭나도록 하기 위하여 이 모두를 역
사한다 하였으니,
27 나의 이 애절한 마음을 너희들이 어찌
그리 외면하고 모른단 말이더냐?
28 사랑하는 나의 아들딸들아! 이 세상
에 존재하는 모든 것은 내 뜻에 의해
이룬다 그리 말하면서, 어찌하여 너희
들은 말은 그리하면서 행동은 그리하
지 아니한단 말이더냐?
29 말보다 행동이 더 소중함이니라.
30 내가 역사하는 대장정의 160권의 새
로운 성경이 세상에 나옴이니, 너희들
이 이를 읽고 깨우쳐 들여다보도록 그
리하라.

31 그리하여 나의 유업이요, 내 뜻을 계
승할 수 있는 아들딸로서 거듭나는 영
광이요, 나에게 그 기쁨을 줄 수는 없
는가?
32 나의 이 애절한 마음을 기쁨으로써 존
재할 수 있도록 그 길을 가도록 그리
하라, 사랑하는 나의 아들딸들아! 내
가 진실로 너희들에게 바라고 원하느
니라.

11,886 번째 하나님 말씀

2004년 6월 29일 06시 02분

1 사랑하는 나의 아들아!
2 "네, 아버님! 말씀하옵소서."
3 이 세상에 그 많은 나의 아들딸이 내
뜻이요, 나의 유업을 받을 수 있는 자
세로써 살아가지 못함이니, 나 여호와
의 마음이 아프다 하였느니라.
4 그리하여 그들을 바로잡고 역사하기
위해 내가 새로운 성경을 내려보낸다
하지 않았더냐?
5 그러니 너희들은 여기서 들어야 될 것
이니라.
6 나의 새로운 성경을 접하지 아니하며
너희들이 읽고 깨우치지 아니하면 하
늘에 오르는 길이 없다 하지 않았더냐?
7 이게 바로 모든 동물이요, 미물들이
마시지 아니하면 아니 되는 그와 같은
물과 같은 것이요, 호수의 물과 같은
것이니라.
8 호수에 그득히 물이 있음이니, 그 생
수가 있음이니, 모든 미생물이요, 동
물들이 와 자유로이 그를 마시며 취할
수 있는 것, 그리고 날짐승이요, 모든
동식물이 살아가면서 양분을 취하는
것, 그 양분이 없으면 그들이 살아갈
수 없는 것이 아니더냐?
9 그러니 그것보다 더 소중하고 귀한 것
이 바로 무엇인 줄 알겠느냐?
10 나의 새로 내리는 160권의 성경임을
알라, 사랑하는 나의 아들딸들아!
11 이제 나의 아들을 따라서 나의 아들의
명을 받아 내가 나의 아들을 통하여
내리는 이것을 너희들이 책으로 만들
며 이 모두를 역사하는 것, 나의 새로
운 성경을 가지고 그 역할을 하도록
해야 되는 것이 너희들이 해야 할 일
이니라.
12 사랑하는 나의 아들딸들아! 너희들이
육에서 살면서 산소를 마시지 아니하
고 물을 마시지 아니하고 흡수하지 아
니하고 동식물이 살아갈 수 없는 것처
럼,
13 바로 너희들이 나의 새로운 성경을 읽
고 깨우치지 아니하면 아니 됨이니라.
14 육의 세상에서 너희들이 존재하는 그
물이요, 공기처럼, 하늘에 오르는 길
에 산소요, 생명수는 바로 나의 새로
운 성경임을 너희들은 알아야 될 것이
니라, 사랑하는 나의 아들딸들아!
15 내가 새로운 성경을 만들어 하얀 눈이
세상을 덮은 것처럼 덮으라 함이 무엇
인 줄 알겠느냐?
16 너희들이 수분이 필요한 나무줄기에
수분이 되어 주며, 목마른 동물들이
물을 먹는 그 호수와 같은 역할을 해
주는 것이 나의 새로운 성경임을 너희
들은 알아야 될 것이니라.
17 나의 새로운 성경은 그와 같은 역할을

함이니라.

18 미물에서부터 동식물이요, 모두에게 필요한 것을 공급해 주는 그와 같은 가장 귀하고 소중한 것이 나의 새로운 성경이라는 것을 너희들은 알라.

19 그러니 너희들이 살아남고 존재하기 위해서 흡수해야 되는 물이요, 산소처럼,

20 나의 새로운 성경이 너희들이 하늘에 오르는 길이요, 다음 세상을 위해서 그와 같은 역할을 하며, 그리하지 아니하면 너희들이 살 수 없는 것이라 함을 알겠느냐?

21 육의 세상에서 너희들이 물을 흡수하지 아니하며 산소를 마시지 아니하면 살 수 없듯이,

22 너희들이 다음의 거듭나는 세상이요, 사후의 세상에 역사할 때는 나의 새로운 성경이요, 이를 가지고 깨우치지 않는 자, 이를 가슴에 간직하지 아니한 백성은 결코 거듭날 수 없으며 살아갈 수 없는 것이라는 걸 알라.

23 지상에서 물과 산소가 귀한 것처럼, 나의 새로운 성경이 다음의 세상에서는 그와 같은 것이라는 것을 그들에게 깨우쳐 주라.

24 이리 내가 전하고 너희들에게 깨우쳐 주거늘, 이를 믿지 아니하며 이를 따르지 아니하는 백성 너희들은 어떠한 결과요, 그 대가를 치르며 살아가는 것인가 너희들은 상상할 수 없는 일이니라.

25 지금 너희들이 다음의 세상을 위한 물이요, 산소를 저버리는 어리석은 삶을 살지 말라.

26 육의 세상에서 너희들이 물과 산소 없이 살아갈 수 있다는 백성, 몇 분도 살 수 없는 백성이 그리 말한다면 얼마나 어리석은 백성들이더냐?

27 다음의 세상이요, 거듭나는 세상이요, 영원히 사는 세상에 심판의 기준이요, 모든 구원의 길이요, 하늘에 오르고 못 오르는 것은 나의 새로운 성경을 읽고 너희들이 얼마만큼 깨우쳤으며, 얼마만큼 그와 같이 행하는 삶으로써 거듭나느냐 하는 것이라 하였음이니,

28 육의 세상의 물과 산소보다도 더 귀하고 소중한 것이 다음 세상에 나의 새로운 성경이라는 것을 너희들은 잊지 말라 그리 전하라.

11,887 번째 하나님 말씀

2004년 6월 29일 06시 08분

1 사랑하는 나의 아들아!

2 **"네, 아버님! 말씀하옵소서."**

3 내가 너희들에게 바로 서라, 거듭나야 한다, 그리고 너희들은 완전해야 된다는 것이 무엇인 줄 알겠느냐?

4 계명대로 살라, 그리고 나의 새로운 성경을 정독하여 손에서 놓지 말며 너희들의 가슴에서 놓지 말며,

5 항상 너희 가슴에 심고 손에 들고 읽고 깨우치라 내가 하지 아니하였더냐?

6 내가 그와 같은 뜻을 무엇으로써 왜 그리 명하는지 알겠느냐?

7 너희들은 그렇게 아니하면 아니 됨이니라.

8 사탄들이 너희들을 유혹하고 무너뜨리기 위하여 항상 너희를 시험해 보며

너희들에게 접근해 보느니라.
9 그리고 너희들을 건드려 보느니라.
10 그때마다 너희들이 바로 서지 못했으
며 완벽한 백성으로 서지 못하여, 만
일에 그 사탄에게 허점을 보이는 그와
같은 결과가 나왔을 때,
11 사탄들은 결국 그를 그냥 지나가지 아
니하며 너희들의 그 약점을 물고 늘어
지느니라.
12 맹수가 먹이를 물고 놓지 않는 것처럼
너희들을 찔러 보고 시험해 보다 너희
들의 허점이 보일 때,
13 사탄들은 가차없이 너희들의 약점을
물고 늘어져, 너희들에게 상처가 날
때까지, 너희들의 숨통을 끊을 때까지
절대 놓지 아니함이니라.
14 그리하여 너희들이 무너지는 것이며,
사탄의 굴레에 의하여 사탄의 종이 되
는 그와 같은 형국으로 가기 때문이니
라.
15 사랑하는 나의 아들딸들아! 너희들이
유혹에 넘어지지 않는 것은 약점을 보
이지 않는 것이니라.
16 그리고 너희들이 그들에게 허점을 보
이지 말아야 되는 것이니라.
17 너희들이 나의 새로운 성경으로써 모
두를 바치고자 하는 굳은 마음이요,
그리하여 나의 새로운 성경을 읽고 깨
우쳐 가슴에 묻어 두며,
18 또 새로운 성경을 읽고 깨우쳐 네 손
에서 놓지 아니하는 그와 같은 굳건한
마음으로 살아갈 때, 사탄은 너희들을
공격하지 못하며 유혹하지 못함이니
라.
19 다만, 사탄들이 너희들에게 던져 보는
그 시험에 걸려들어 약점이 보이면,
그들은 너희들의 숨통이 끊어질 때까
지 절대 놓지 않음이니,
20 너희들을 그와 같은 대상으로 공격하
고 공략하기 때문에 결국은 너희들이
무너짐이니라.
21 그러니 사탄의 시험에 아예 걸려들지
않는 너희들이 되어야 될 것이며, 허
점을 보이는 백성이 되어서는 아니 되
기 때문에,
22 완벽한 백성들이 되라, 완전한 백성들
이 되라, 그리고 나를 믿으라, 믿는 마
음으로 너희들이 재무장하라,
23 그리고 새로운 성경이 나의 뜻이요,
이 길대로 살아가겠다는 마음을 재무
장하고 또 재무장하지 아니하면, 사탄
의 시험에 걸려 너희들이 무너지며 모
두 그들에게 먹이가 된다는 것을 잊지
말라 전한 뜻이 여기 있음이니라.
24 사랑하는 나의 아들딸들아! 이를 명
심하도록 그리하라.

부 록

【하나님께서 가르쳐 주신 운동】

천재지변이 일어날 때, 동물이나 미물들은 미리 알고 대피하지만, 인간은 알지 못하고 큰 화를 당합니다. 하나님께서 인간에게 가장 높은 지혜를 주시고 완벽하게 창조해 주셨기에 동물들보다 더 잘 알 수 있지만, 욕심으로 마음이 혼탁해져서 한 치 앞을 보지 못하는 것입니다.

마찬가지로, 인간은 누구나 스스로 필요한 운동을 해서 건강을 지킬 수 있도록 하나님께서 만들어 주셨습니다. 우리의 머리에서 우리 몸에 필요한 동작을 해 달라고 끊임없이 신호를 보내지만, 인간이 혼탁하게 살아서 그 신호를 알아채지 못합니다. 그러니 자연스럽게 자기 몸이 원하는 그 신호를 따라서 운동하는 것이 하나님께서 가르쳐 주신 운동 방법입니다. 바로, 우리의 영이 육을 이끄는 운동입니다.

▶ 하나님 운동법

1. 눈을 감고, 발을 어깨너비로 벌리고 바르게 선다.
2. 몸에 힘을 풀고, 허리를 숙이면서 손과 머리를 아래로 내린다.
3. 허리를 펴고 싶을 때, 천천히 펴면서 하고 싶은 동작을 하면 운동이 시작된다. (사람마다 다르다.)
4. 멈추지 말고, 어떤 동작이든지 자기 몸의 느낌대로 계속 이어서 한다.

▶ 참고 사항

① 눈을 감은 상태로 아무 생각 하지 않고, 자기 몸의 느낌대로 움직입니다.
② 마음을 비우고, 욕심을 버리고, 지난 날의 잘못을 반성하면서 몇 차례 시도하다 보면, 자기도 모르게 하고 싶은 동작이 끊임없이 생깁니다.
③ 운동 장소는 방 안이든 운동장이든 관계없으며, 걷거나 달리고 싶을 때는 눈을 떠도 됩니다.
④ 매일 40분 이상, 주 4회 이상, 3개월 이상 하면 음식 조절에 들어갑니다.
- 음식으로 생긴 병은 음식으로 치료하게 되며, 어떤 음식을 먹어야 하는지 스스로 알게 됩니다.
(자기 몸에 필요한 음식만 먹고 싶어집니다.)
⑤ 사랑하는 사람과 함께 운동하면 서로 치료해 주기도 합니다.
⑥ 운동을 하다가 몸의 어느 한 부분을 계속 손으로 자극한다면 그쪽에 이상이 있는 것이니, 의사에게 상담을 받고 적절한 치료를 받으면 됩니다.
⑦ 다이어트 및 기타 건강관리에 효과적입니다.
⑧ 꾸준히 운동하여 영이 맑아지면, 자신의 과거와 미래를 스스로 보게 됩니다.

누구나 스스로 하실 수 있습니다.

간 행 사

《새로운 성경》은:

· 새로운 성경은, 하나님께서 선량하고 선한 자를 선택하여 십계명을 암송하도록 하시고, 십계명을 암송한 다음에 음성으로써 들려주시는 말씀을 듣고 그대로 카세트테이프에 녹음해서 받아쓴 책입니다.

· 90분짜리 녹음테이프 700여 개에 달하는 말씀으로, 1999년 8월부터 2004년 7월까지 총 160권(권당 288쪽)을 완성하였으며, 그 이후에도 현재까지 계속 말씀을 내려 주고 계십니다.

· 새로운 성경은 "하늘을 두루마리 삼고 바닷물을 먹물 삼아 쓰고 써도 다 못 쓴다"는, 끝없이 방대한 하나님의 말씀이 두루마리로 직접 내려오는 것입니다. 이러한 새로운 성경은 구약과 신약을 폐하려는 것이 아니라 "인봉된 성서의 비유의 뜻"을 상세히 설명하여 완성하고자 하나님께서 직접 내려 주신 말씀입니다.

《새로운 성경》의 구성:

· 제 목: 2013년, 160권 모음집을 발간하면서, 본 도서의 제목을 "하나님! 말씀하옵소서"에서 《새로운 성경》 으로 명해 주셨습니다.

· 단행본: 각 권당 288쪽(신국판) 책이 160권까지 시리즈로 출판됩니다.
(모음집은 단행본을 16권씩 묶어서, 총 10부로 구성됩니다.)

《새로운 성경》의 성경적 근거:

· 신약 성경 [요한복음] 16장 13절에 "진리의 성령이 오시면 그가 너희를 모든 진리 가운데로 인도하시리니 그가 자의로 말하지 않고, 오직 듣는 것만을 말하며" 하신 말씀처럼 하나님의 음성을 들은 것만 기록하였으며,

· "장래 일을 너희에게 알리시리라" 하신 말씀과 같이 개인, 나라, 인류의 "장래"일을 하나님께서 알려 주시는 것만 기록하여 책으로 만들었습니다.

《새로운 성경》의 기록 방법:

· 1999년 8월부터 하나님께서 저에게 들려주시는 음성을 기록하였습니다. 처음에는 제가 들은 말씀을 불러 주면 저의 아내가 기록하여, 2000년 1월 29일에 1권 초판이 세상에 나왔습니다. 2000년 4월부터는 주시는 말씀을 받아 녹음기에 기록하기 시작하였습니다.

· 녹음을 시작하면서 하나님의 말씀을 받는 데 가속도가 붙었고, 2001년 5월 3일에 1부(1~16권까지)를 인쇄하여 출판하였으며, 2004년 7월까지 총 160권 분량의 말씀을 받아 기록하였습니다.

하나님께서 저에게 주신 것은:

· 첫째, 만백성을 상대로 내려 주시는 "기도", 둘째, 수시로 내려 주시는 "묵상", 셋째, 개인의 과거, 현재, 미래를 알려 주시는 "개인 기도", 넷째, 개인의 건강을 위해서 내려 주시는 "음식 처방", 다섯째, 하나님께서 가르쳐 주신 "운동"등이 있습니다. 이 중에 첫 번째, "기도"를 책으로 편찬하였습니다. 사람의 생사, 개인의 미래에 관한 천기는 수록하지 말라 하셨습니다.

강론 안내:

· 하나님께서는 지금도 매일 저에게 새로운 하늘의 비밀의 말씀을 내려 주고 계십니다. 수시로 내려 주시는 말씀을 정리해서 제자를 육성하라는 말씀에 따라 매주 강론을 하고 있습니다. 누구나 무료로 들으실 수 있습니다. (book160.com)

《새로운 성경》을 읽는 분들에게 드리는 선물:

· 개인 기도: 개인의 과거, 현재, 미래에 관하여 말씀을 내려 주십니다.

· 음식 처방: 사람은 음식을 먹고살다가 건강을 잃으니, 음식과 운동으로 건강을 되찾는 방법을 알려 드립니다. 단, 하나님이 계심을 믿고, 십계명을 지키겠다고 진실로 서약하는 분들께 알려드립니다.

《새로운 성경》의 은혜와 기적:

· 새로운 성경 전160권은 16권씩 묶어서 총 10부의 모음집으로 구성됩니다. 모음집 한 부를 읽고 깨우치는 자에게 하나님께서 다음과 같은 기적이 있다고 하셨습니다.

· "첫째, 그가 죽어 하늘에 갔을 때 그의 죄를 묻지 아니하며, 구원을 받는 위대한 은혜가 있으며, 둘째, 그의 소원과 소망이 이루어지고, 셋째, 죽은 자(부모, 형제, 자식, 사랑하고 은혜 입은 분)의 이름으로 구입한 책을 읽고 누군가 한 사람이 깨우칠 때, 그 죽은 자가 지옥에서 천국으로 구원을 받게 되며, 넷째, 유산, 중절 수술 등으로 태어나지 못한 아이를 위하여 구입한 책을 보고 한 명이 깨우쳤을 때, 그 아이가 사람으로 다시 한 번 태어나는 은혜를 받는다."

· "새로운 성경"을 3회 이상 정성을 다해 정독하는 자, 성서의 비밀을 알게 되고, 세상의 이치를 알게 되며, 세상을 지배하고 통제할 수 있는 지혜를 다 얻게 된다고 하셨습니다. 이 책은 만백성이 정독하고 이웃에게 전하여, 평생 가슴에 묻은 슬픔과 고통의 짐을 벗고 미래를 위한 힘찬 삶을 살아가도록 하는 책입니다.

끝으로

· 하나님께서는 흰 눈이 세상을 덮듯이 새로운 성경을 온 세상에 전하라고 하셨습니다. 《새로운 성경》을 각국어로 번역해서 온 인류에게 구원의 길을 깨우쳐 주고, 그 수익으로 가난하고 어려운 백성을 구제하여, 만백성의 영과 육을 함께 구원하는 선지자의 임무를 수행하라고 저에게 명하셨습니다.

· 하늘에서 내려 주신 말씀의 보화를 만백성에게 나누어 주는 것이 선지자의 임무라고 하셨습니다. 새로운 성경을 통해서 얻는 재물을 사용할 곳도 하나님께서 일일이 명해 주십니다. 모든 재물은 저의 자의로 쓸 수 없고, 하나님께서 명하시는 대로만 쓰여집니다.

· 어떤 명분으로든 십일조나 각종 헌금을 거두어들이지 말라 하셨으며, 국내뿐 아니라 각국에 성전과 단독 서점을 운영하며, 한국의 많은 젊은이들을 전 세계에 지도자로 내보내라고 하셨습니다.

· 우리는 세계적으로 새로운 성경을 보급하며 어려운 이들을 돕는 역사를 해 나갈 것입니다. 지금까지 비록 몇 명 안 되는 제자들과 함께 이러한 일을 역사했지만, 앞으로도 계속 하나님께서 기뻐하시는 일들을 해 나갈 것입니다. 부족한 저희에게 여러분들의 지혜와 성원을 보내 주시기를 바랍니다. 많은 분들의 참여와 도움을 간절히 기다립니다. 감사합니다.

한국어로 내려온 《새로운 성경》 단행본을 출간하며
2016년 4월 10일

발행인 **김 용 철**

한국어로 내려온

새로운 **성 경** · 10부 · 제155권

지은이 하나님 말씀
대역자 김용철

초판인쇄 1쇄 2017년 2월 1일
2쇄 2017년 6월 21일

펴낸 곳 도서출판 하얀마음
등록번호 제 10-2107호 (2001년 2월 14일)
주소 서울시 노원구 덕릉로86길 5, 2층
전화번호 02) 313-1114
팩스 02) 393-5554
전자우편 book160@hanmail.net
편집위원 조나영 김미향 이석교
제작지원 김서영 이상빈

도서상담 1600-7527
ISBN 978-89-5875-255-4 (04230)
978-89-5875-100-7 (세 트)

값 10,000원
잘못된 책은 구입하신 곳에서 바꾸어 드립니다.

※이 책은 10부로 제작되며, 각 부 16권씩 총160권으로 구성됩니다.※

1부	2부	3부	4부	5부	6부	7부	8부	9부	**10부**
1권	17권	33권	49권	65권	81권	97권	113권	129권	145권
2권	18권	34권	50권	66권	82권	98권	114권	130권	146권
3권	19권	35권	51권	67권	83권	99권	115권	131권	147권
4권	20권	36권	52권	68권	84권	100권	116권	132권	148권
5권	21권	37권	53권	69권	85권	101권	117권	133권	149권
6권	22권	38권	54권	70권	86권	102권	118권	134권	150권
7권	23권	39권	55권	71권	87권	103권	119권	135권	151권
8권	24권	40권	56권	72권	88권	104권	120권	136권	152권
9권	25권	41권	57권	73권	89권	105권	121권	137권	153권
10권	26권	42권	58권	74권	90권	106권	122권	138권	154권
11권	27권	43권	59권	75권	91권	107권	123권	139권	155권
12권	28권	44권	60권	76권	92권	108권	124권	140권	156권
13권	29권	45권	61권	77권	93권	109권	125권	141권	157권
14권	30권	46권	62권	78권	94권	110권	126권	142권	158권
15권	31권	47권	63권	79권	95권	111권	127권	143권	159권
16권	32권	48권	64권	80권	96권	112권	128권	144권	160권